Carol Diethe
Vergiß die Peitsche – Nietzsche und die Frauen

EUROPA
VERLAG

Aus dem Englischen von Michael Haupt

CAROL DIETHE

VERGISS DIE PEITSCHE

NIETZSCHE UND DIE FRAUEN

EUROPA VERLAG
HAMBURG · WIEN

Die Deutsche Bibliothek – CIP-Einheitsaufnahme

Ein Titeldatensatz für diese Publikation ist bei
Der Deutschen Bibliothek erhältlich

Originalausgabe:
Nietzsches Women – Beyond the Whip
© Walter de Gruyter & Co., Berlin 1996

Deutsche Erstausgabe
© Europa Verlag GmbH Hamburg/Wien, März 2000
Lektorat: Aenne Glienke
Umschlaggestaltung: Kathrin Steigerwald, Hamburg
Herstellung: H & G Herstellung, Hamburg
Druck und Bindung: Wiener Verlag, Himberg bei Wien
ISBN 3-203-76029-0

Für Informationen schreiben Sie an:
Europa Verlag, Neuer Wall 10, 20354 Hamburg

Inhalt

Abkürzungen

Aus den Werken Nietzsches wird nach der von Giorgio Colli und Mazzino Montinari herausgegebenen »Kritischen Studienausgabe« (= KSA; Friedrich Nietzsche, *Sämtliche Werke. Kritische Studienausgabe*. 15 Bde. München und Berlin/New York 1980) unter Angabe von Band und Seitenzahl zitiert. Einzelschriften werden zusätzlich unter Angabe einer Sigle und der Nummer des betreffenden Aphorismus zitiert. Folgende Siglen werden verwendet:

AC:	Der Antichrist (KSA 6, 165–253)
EH:	Ecce Homo (KSA 6, 255–374)
FW:	Die fröhliche Wissenschaft (KSA 3, 9–332)
GD:	Götzen-Dämmerung (KSA 6, 55–153)
GM:	Zur Genealogie der Moral (KSA 5, 245–412)
JGB:	Jenseits von Gut und Böse (KSA 5, 9–243)
M:	Morgenröthe (KSA 3, 343–651)
MA I/II:	Menschliches Allzumenschliches Bd. I und II (KSA 2)
Z:	Also sprach Zarathustra (KSA 4)

Aus den Briefen von und an Nietzsche wird unter Angabe von Band und Seitenzahl nach der von Giorgio Colli und Mazzino Montinari herausgegebenen »Kritischen Gesamtausgabe« (= KGA; Nietzsche, *Briefwechsel. Kritische Gesamtausgabe*. Berlin/New York 1967 ff.) zitiert.

Dokumente aus dem Goethe-Schiller-Archiv in Weimar werden mit der Sigle GSA unter Angabe der Katalognummer zitiert.

EINLEITUNG

In diesem Buch möchte ich das Thema »Nietzsche und die Frauen« unter Berücksichtigung geschichtlicher und kultureller Konstellationen untersuchen. Über die Problematik an sich ist während der letzten zwei Jahrzehnte gerade von seiten der Philosophie und des Feminismus viel geschrieben worden, wobei es sich zumeist um Auseinandersetzungen mit dem Dekonstruktivismus handelt, der zunächst in Frankreich und dann auch im angelsächsischen Bereich die akademische Diskussion beeinflußte.[1] Besonders das 1977 erschienene Buch Jacques Derridas *Eperons. Les styles de Nietzsche* (dt.: *Sporen. Die Stile Nietzsches*) bot mit seinem Vorschlag, von der »Frau« als einer Trope, einer Metapher zu sprechen, einer ganzen Generation von Feministinnen die freudig begrüßte Möglichkeit, die Position der Frau auf neue Weise zu bestimmen. Leider wurde dieser Ansatz, der sich als Reaktion auf ein Dogma und als neue Methode begriff, die der heutigen Gesellschaft zugrundeliegenden patriarchalen Strukturen aufzudecken, seinerseits zum Dogma. Meiner Auffassung nach ist in den letzten Jahren den Frauen, mit denen Nietzsche direkten Kontakt hatte und die ihn daher gewissermaßen mit dem Rohstoff für seine Äußerungen versorgten, zu wenig Aufmerksamkeit gewidmet worden. Ich werde zeigen, daß Nietzsche in dieser Hinsicht mit einem doppelten Maßstab arbeitete, denn seine Ansichten über die Beschränkung der Frau auf den häuslichen Bereich und ihre Rolle als Ehefrau und Mutter bildeten sich heraus, als er noch ein junger Mann war und das antike Griechenland als Modell für eine Gesellschaft betrachtete, in der sich die von ihm bewunderten Werte verwirklichen ließen. Diese Beschäftigung mit einer vergangenen Kultur gab seiner Philosophie insgesamt einen paradoxen Anstrich und ließ ihn bei seinem im Namen aristokratischer Werte und Rangunterschiede geführten Kampf gegen den noch jungen

Sozialismus als konservativen Bilderstürmer erscheinen.
Ähnlich paradox war auch Nietzsches Haltung zur Frauenfrage: Einerseits behandelte er die Vertreterinnen der gerade
entstehenden Frauenbewegung mit Verachtung, während er
andererseits für die Anerkennung der weiblichen Sexualität
und gegen die affektierte Prüderie plädierte, mit der die
Gesellschaft junge Frauen behandelte. Das waren für die bor-
nierte und heuchlerische Öffentlichkeit der wilhelminischen
Gesellschaft in der Tat höchst provozierende Gedanken.
    Wer die Haltung der griechischen Antike gegenüber jun-
gen Frauen kennt, sieht sofort, daß Nietzsches Vorstellungen
ein ebenso erstaunlicher wie unversöhnlicher Widerspruch
zugrundeliegt: Den griechischen Ehemann kümmerten die
sexuellen Bedürfnisse seiner Frau ebensowenig wie das
Heimweh seiner Sklaven.[2] Gerade weil sich die griechischen
Männer mit solchen Sorgen nicht belasteten und daher kalt,
hart und frei sein konnten, fühlte Nietzsche sich zu ihrer
Kultur hingezogen. Er war der Ansicht, daß nur diejenigen
zu großen Taten fähig seien, deren Gefühlsleben nicht durch
Nebensächlichkeiten abgelenkt ist. In dem Aufsatz »Homer's
Wettkampf« (1872) bestimmt er Grausamkeit als eine positi-
ve Eigenschaft: »So haben die Griechen, die humansten Men-
schen der alten Zeit, einen Zug von Grausamkeit, von tiger-
artiger Vernichtungslust an sich…« (KSA 1, 783) Fünfzehn
Jahre später, in der *Genealogie der Moral* (GM, Zweite
Abhandlung, Aph. 6; KSA 5, 300 ff.), wird er auf diesen Punkt
zurückkommen. Nietzsche erkannte indes nicht, daß die von
Grund auf reaktionäre wilhelminische Gesellschaft seiner
Zeit, die er sehr bald als degeneriert angriff, die Marginalisierung der Frauen ebenso beförderte wie seinerzeit der griechische Staat. Allerdings hatten sich die sozialen Bedingungen
geändert, ging es jetzt doch darum, die Rolle der auf den
häuslichen Bereich beschränkten bürgerlichen Frau zu idea-
lisieren, deren Tätigkeitsbereich sich im 19. Jahrhundert tiefgreifend gewandelt hatte. Vordem waren die Frauen der bürgerlichen Schicht vielfach damit beschäftigt gewesen, einen

großen Haushalt zu führen, während sie jetzt quasi gezwungen waren, Müßiggang zu pflegen, in dem sich der materielle Erfolg ihrer Ehemänner widerspiegeln sollte. Die Gesetzgebung bekräftigte ihren untergeordneten Status und leistete einer Ideologie Vorschub, die die Rolle der Ehefrau und Mutter idealisierte. So verhielt sich Nietzsche den Frauen gegenüber zugleich als Tabubrecher wie als Vertreter der Konvention, weshalb wir in seinem Umgang mit dem weiblichen Geschlecht fortwährend auf Paradoxien stoßen werden.

Das Buch besteht aus zwei Teilen, deren erster sich mit Frauen beschäftigt, die Nietzsche persönlich bekannt waren. Dabei ist das Anfangskapitel natürlich Nietzsches Beziehung zu den Frauen seiner Familie, vor allem der Mutter und der Schwester gewidmet. Neuere Versuche, den Grund für Nietzsches Widersprüche vor allem in der Religiosität seiner Mutter Franziska zu sehen, untersuche ich anhand der Frage, ob sie anders hätte handeln können. Wie ich zeigen werde, war Nietzsches Mutter letztlich das Opfer religiöser Einflüsse: Sie konnte sich der pietistischen Religiosität ihres Vaters und ihres Ehemannes so wenig entziehen, daß eine andere charakterliche Entwicklung höchst erstaunlich gewesen wäre. Ähnlich argumentiere ich im Hinblick auf Nietzsches Schwester Elisabeth, die von ihm verehrt, aber auch kritisiert wurde. Diese widersprüchliche Beziehung ist angesichts der familiären Umstände nicht schwer zu verstehen: Elisabeth hatte einen rebellischen Charakter, zugleich aber fehlte (was für Nietzsche ebenfalls ein Problem darstellte) in der Familie ein Mann, auf den sie sich hätte beziehen können. So konnte sie ihre Fähigkeiten, zu denen – was immer man sonst über sie sagen mag – ein beträchtliches Organisationstalent gehörte, nicht angemessen entfalten. Bis weit ins 20. Jahrhundert hinein gab es für Mädchen keine mit Schulpforta, wo Nietzsche so gründlich auf das Studium vorbereitet wurde, vergleichbare Bildungsinstitution (ein Manko, dessen Behebung deutsche Feministinnen aller Fraktionen forderten). Mit der Behauptung, Nietzsche habe seine

Schwester »geliebt« oder »gehaßt«, macht man es sich also viel zu einfach. Mein Interesse gilt darüber hinaus auch den anderen Frauen in Nietzsches Familie: der Großmutter und den beiden Tanten, Augusta und Rosalie. Ferner beschäftige ich mich mit Frauen, die für Nietzsche wichtig waren (wie Sophie Ritschl und Cosima Wagner), denen er etwas bedeutete (Marie Baumgartner) oder von denen er sich angezogen fühlte (Louise Ott u. a.). Aus der Analyse dieser unterschiedlichen Beziehungen schließe ich, daß Nietzsche den mütterlichen Frauentyp bevorzugte und die geistlosen Salondamen seiner Epoche verachtete, ohne jedoch der Tatsache, daß diese Geistlosigkeit auch mit dem Mangel an Bildungsmöglichkeiten zusammenhing, weitere Aufmerksamkeit zu schenken.

Im zweiten Kapitel skizziere ich Nietzsches Haltung zur weiblichen Sexualität und stelle ihr die Theorien von Lou Salomé gegenüber. Auch widme ich der persönlichen Begegnung der beiden eine detaillierte Untersuchung. Der »perfide Rat, die Peitsche nicht zu vergessen«[3], wird in seiner Mehrdeutigkeit zum Ausgangspunkt für die Frage, welche Absicht Nietzsche hegte, als er seine Argumentation mit diesem Sprengstoff anreicherte. Über diese Gesichtspunkte hinausweisend will ich zeigen, daß Nietzsche und Lou Salomé gleichermaßen für den Anspruch der Frauen auf sexuellen Genuß eintraten. Hier geht Nietzsche über die in der Medizin und anderen Gebieten vertretene konventionell-männliche Ansicht hinaus, daß die vornehme Frau keine sexuelle Befriedigung erwarte.[4] Seine normativen Vorstellungen über die Mutterrolle untersuche ich im Zusammenhang mit den Gedanken über Zucht und Züchtung, die für seinen Plan zur Erneuerung der Gesellschaft von entscheidender Bedeutung waren. Nietzsche hielt alle Feministinnen für Lesbierinnen, womit er sich der herrschenden Meinung vorbehaltlos anschloß. In dieser Angelegenheit sind Nachforschungen schwierig, und beweisen läßt sich schon gar nichts (abgesehen von der Tatsache, daß die Beziehung zwischen Lida

Gustava Heymann und Anita Augspurg nahezu unwider-
sprochen als lesbisch bezeichnet wird); jedoch ging man
damals allgemein davon aus, daß Frauen, die für Gleichberechtigung kämpften, ein *Zeichen* für ihre lesbische Orientierung setzten.[5]

Insofern fühlte Nietzsche sich zu der Schlußfolgerung
berechtigt, daß Frauenrechtlerinnen für die Gesundheit
der neuen Rasse von »Übermenschen«, die er schaffen
wollte, eine Gefahr darstellten. Sein Verständnis des »Ewig-
Weiblichen« ist, wie ich zeigen werde, keineswegs nur kritisch; vielmehr begreift auch er die Frau als Erlöserin des
Mannes und befürwortet damit eine der zentralen Bedeu-
tungen dieses Ausdrucks. Gretchen errettet Faust, und das
ist von der – vielleicht ironisch gebrochenen – Verkündigung im »Zarathustra«, die Frau sei die Gefährtin des Mannes, gar nicht so weit entfernt. Paradoxerweise aber vertreten auch »gemäßigte« Frauenrechtlerinnen wie Helene
Lange diese Auffassung, ganz zu schweigen von dem Wert,
den Ellen Key, eine schwedische Anhängerin Nietzsches,
der Mutterrolle zuschrieb.[6] Dennoch hat Nietzsche das,
wofür der Ausdruck »das Ewig-Weibliche« steht, in seinem
Werk immer wieder angegriffen. In diesem Zusammenhang
vergleiche ich auch Nietzsches Haltung zur Frauenfrage mit
der Position Rousseaus. Wiewohl ein erklärter Gegner von
Rousseau, versuchte Nietzsche, dessen Theorie vom grundsätzlich anderen und dazu noch zwiespältigen Wesen der
Frau fortzuschreiben. Rousseaus Äußerungen zu diesem
Thema sind nicht weniger problematisch als die Nietzsches,
aber wir sollten nicht vergessen, daß beide tiefe Ehrfurcht
vor der griechischen Kultur empfanden, in der die Frauen
systematisch von allen Macht- und Einflußsphären fernge-
halten wurden.

Das dritte Kapitel erörtert Nietzsches freundschaftliche
Beziehungen zu emanzipierten Frauen. Auch sie sahen die
Fallgruben im Begriff des »Ewig-Weiblichen«, doch weigerte
Nietzsche sich standhaft, sich dem Feldzug für die Emanzipa-

tion der Frauen anzuschließen, der den unbefriedigenden Status quo doch immerhin *verändern* wollte. Ich beschreibe hier die beschränkten Bildungsmöglichkeiten für Frauen und benutze den Ausdruck »neue Frau« für diejenigen, die durch eine universitäre Bildung die Gleichberechtigung anstrebten. Nietzsche jedoch – und mit ihm viele Anhängerinnen der Frauenbewegung, die schließlich von der konservativen Fraktion beherrscht wurde – glaubte, daß der »Blaustrumpf« in seinem Bildungsstreben das eigentliche Wesen der Frau verleugne. Wahrhaft erstaunlich ist, daß seine Urbanität im Umgang mit emanzipierten Frauen (wie etwa Malwida von Meysenbug, Meta von Salis, Resa von Schirnhofer und Helene von Druskowitz, von denen die drei letzteren in Zürich studiert und promoviert hatten) ihre Freundschaft von seinen Auslassungen über die Bildung von Frauen gänzlich unberührt ließ. Allerdings wären sie vielleicht weniger optimistisch gewesen, wenn sie erfahren hätten, was Nietzsche in seinen Briefen an Dritte über sie mitteilte. Nur Helene von Druskowitz griff ihn öffentlich an, doch richtete sich ihre Kritik bemerkenswerterweise nicht gegen seinen Antifeminismus, sondern zielte auf seine Ausführungen zur Moral.

Im zweiten Teil geht es um Frauen, die Nietzsche nicht persönlich kannten, sondern von seinen Gedanken und Theorien beeinflußt wurden. Das vierte Kapitel beschäftigt sich mit Künstlerinnen und Schriftstellerinnen, die um die Jahrhundertwende aktiv waren. Während über Nietzsches Bedeutung für die männlichen Expressionisten schon viel geschrieben worden ist, erörtere ich seinen Einfluß auf die kreativsten Frauen der expressionistischen Bewegung – Paula Modersohn-Becker, Gabriele Münter und Marianne Werefkin. Es gab noch andere Denker, deren Ideen für die künstlerische Avantgarde der Jahrhundertwende wichtig waren, wie etwa Paul de Lagarde und Julius Langbehn; bisweilen wurden ihre Lehren mit denen Nietzsches zu einem seltsamen Gebräu vermischt, so als stünde das »Völkische« mit seiner Philosophie in völligem Einklang (tatsächlich gebrauchte er das Wort »Deutschland« nur in höchst abfälligem Sinn). Ähnliches galt für den Nacktheits- und Jugendkult und für den exotischen Mystizismus der »Kosmiker« um Karl Wolfskehl. Im Gegensatz zu den Malerinnen waren expressionistische Dichterinnen zwar eher selten oder gehörten (wie Claire Goll) einer späteren Epoche an, aber es gab eine ganze Anzahl weniger avantgardistischer Schriftstellerinnen wie Franziska zu Reventlow, Laura Marholm und Gabriele Reuter, deren Beeinflussung durch Nietzsche ich zum Abschluß des Kapitels diskutiere. Ricarda Huch hingegen, die erklärte, Nietzsche habe auf sie und ihr Werk keinen nennenswerten Einfluß gehabt, bleibt unberücksichtigt.[7]

Im abschließenden Kapitel diskutiere ich die Frauenbewegung in Deutschland und ihre Auseinandersetzung mit Nietzsches Ideen. Dabei geht es zum einen um gemäßigte Frauenrechtlerinnen wie Helene Lange, die seinen Einfluß nicht schätzten und eher darauf bedacht waren, daß die Würde der Frau anerkannt und sie ermutigt werde, ihre »Persönlichkeit«[8] zu entwickeln, zum anderen um radikalere Vertreterinnen wie Hedwig Dohm, Lily Braun und Helene Stöcker, die zwar auch den Persönlichkeitsaspekt betonten, aber zugleich an Nietzsche anknüpfen wollten. Wie die Illustrationen im zweiten Teil zeigen, wurden aktive Frauenrechtlerinnen häufig zur Zielscheibe gnadenlosen Spotts, ob sie nun zum radikalen Flügel der Frauenbewegung zählten oder nicht. Obwohl der deutsche Feminismus von mehreren Spaltungen heimgesucht wurde, machte die Öffentlichkeit zwischen den einzelnen Gruppen keinen Unterschied. 1908 gewann der rechte Flügel die Vorherrschaft, nachdem verschiedene Fraktionen einen Vernichtungskrieg gegeneinander geführt hatten. Es gab heiße Debatten um die Notwendigkeit, für das Frauenwahlrecht und die Bewegung für neue Ethik zu kämpfen, und auch die gymnasialen und universitären Bildungsmöglichkeiten für Frauen wurden kontrovers diskutiert. Allerdings herrschte Einstimmigkeit darüber, daß die Ausbildung der Mädchen und damit auch der Lehr-

kräfte verbessert werden müßte.[9] Wenn eine Frau das Recht
auf universitäre Ausbildung in einem der traditionellen
Fächer forderte, wollte sie offensichtlich eine berufliche
Laufbahn einschlagen, was sie automatisch in den Augen
der Männer zu einer Frauenrechtlerin und in den Augen der
Frauen zu einer radikalen Feministin machte. Gegen Ende
des 19. Jahrhunderts haßte niemand in Deutschland die
»neue Frau« mehr als der gemäßigte Feminismus, natürlich
mit Ausnahme von Nietzsche. Dennoch entschuldigten solche Frauen selbst seine schlimmsten antifeministischen Ausfälle, hatte er ihnen doch eine Freiheitsperspektive eröffnet,
für die sie unendlich dankbar waren. Für mich als Autorin
liegt einer der seltsamsten Aspekte des Buchs darin, daß
Nietzsches Ideen auch bei den radikalen Feministinnen so
verbreitet waren, obgleich er schon im Begriff »feministisch«
einen Mißbrauch erblickte.

Was sich in diesem Buch als Subtext entwickelte, ist die
Tatsache, daß nahezu jede geistig kreative oder aktive Frau
aus Nietzsches Generation sich in irgendeiner Weise auf
sein Werk bezog, um seinen Einfluß dann mit anderen Strö-
mungen zu amalgamieren. Diese Frauen nahmen sich – ähnlich den Männern – aus Nietzsches Werk genau das, was sie
brauchten, und waren sich in der Haltung dankbarer Anerkennung überwältigend einig. Wie läßt sich das erklären?
Offensichtlich hatten diese Frauen das, wenngleich trügeri-
sche, Gefühl, Nietzsche habe sie in seinen Entwurf des
»Übermenschen« mit eingeschlossen und sie bei ihrer Befreiung unterstützt. Das dürfte nicht ganz falsch sein, auch wenn
es im Widerspruch zu dem steht, was er de facto lehrte. Die
Ironie, die in der Anerkennung liegt, mit der radikale Frauenrechtlerinnen wie Helene Stöcker Nietzsche bedachten, verleiht dem Buch eine passende paradoxe Schlußwendung.

TEIL EINS

ERSTES KAPITEL

NIETZSCHES FAMILIE UND FREUNDESKREIS

Nietzsches wetterwendische Haltung gegenüber Frauen ist überaus komplex. Aus seinem Briefwechsel geht hervor, daß seine Einstellung zu Frauen, die er kannte, je nach Laune wechseln konnte, während sein Benehmen ihnen gegenüber immer von makelloser Ritterlichkeit geprägt war. Insofern ist es nicht überraschend, daß er die Freundschaft vieler kluger, z. T. universitär gebildeter Frauen gewann. Sie waren bereit, über die frauenfeindlichen Bemerkungen in seinen Schriften hinwegzusehen, weil sie das alle anderen Erwägungen verdrängende Gefühl hatten, daß sein Begriff des Übermenschen auch für *sie* gelte. Dazu mußten sie Nietzsches Bemerkungen über die verderblichen Auswirkungen der Gelehrsamkeit auf Frauen geflissentlich ignorieren, was angesichts der Hindernisse, die sie, um ihre Ausbildung erhalten zu können, überwinden mußten, schon an sich bemerkenswert ist. Denn Nietzsche macht deutlich, daß in seiner von Übermenschen gestalteten Idealgesellschaft die Frauen auf den Haushalt beschränkt bleiben und ihre Mutterrolle zu erfüllen haben. Aus heutiger Sicht ist klar, daß Frauen (und Männer) schon sehr früh Nietzsches Philosophie das entnahmen, was sie für wichtig hielten, und hier steht der Begriff der Freiheit an allererster Stelle. Daß diese Freiheit mit der von Nietzsche für die Frau vorgesehenen Rolle als Hausfrau und Mutter nicht in Einklang zu bringen war, ist ein Paradox, das nur selten problematisiert wurde.

Andererseits betrachteten Frauen, die der Konvention verhaftet waren, seine Forderung nach Freiheit (auch in sexueller Hinsicht) mit tiefem Mißtrauen, während sie seine Betonung der Mutterrolle befürworten konnten – ebenfalls ein Widerspruch, wenn man bedenkt, daß Nietzsche ansonsten darauf bedacht war, die von ihm scharf kritisierten Werte des wilhelminischen Deutschland umzustürzen.[1]

In mancher Hinsicht war Nietzsche ein durch den Wilhelminismus geprägter »Herr«, dessen Hemmungen und Vorurteile gegenüber Frauen eher »viktorianisch« als »zarathustrisch« anmuten. Um den Widerstreit seiner Gefühle zu verstehen, werde ich zunächst die Beziehungen untersuchen, die er zu den Frauen seiner Familie in seiner Kindheit und Reifezeit unterhielt. Die matriarchale Familienstruktur bewirkte, daß Nietzsche – zumindest bis zu seiner Bekanntschaft mit Lou Salomé – sich vorwiegend zu jungen Müttern hingezogen fühlte, deren »Fürsorglichkeit« keine sexuelle Bedrohung darstellte. Ebenso schätzte er ältere, mütterliche Frauen wie Malwida von Meysenbug, die sich als treue Freundin erwies. Durch sie lernte er einige junge Frauen kennen, die alles andere als mütterlich waren. Aber davon handeln die folgenden Kapitel.

Die Frauen in Nietzsches Familie

Ganz offensichtlich war Nietzsche – wie übrigens auch sein Vater – an die Vorherrschaft von Frauen in der Familie gewöhnt. Als seine Mutter, Franziska Nietzsche, geb. Oehler (1826–1897) mit noch nicht einmal achtzehn Jahren ihr lebhaftes Zuhause, die Pfarrei in Pobles, verließ, um in den sehr viel strengeren Haushalt in Röcken zu ziehen, wurden ihr ein rückseitig gelegenes Wohnzimmer und zwei Schlafräume zugewiesen, während ihre alles beherrschende Schwiegermutter, Erdmuthe Nietzsche (1778–1856), in den sonnigen Räumen im Erdgeschoß das Regiment führte. Zum Haushalt

Franziska Nietzsche, 1845

gehörten auch noch zwei unverheiratete Tanten, Augusta
(1815–1855) und Rosalie (1811–1867), und das Dienstmädchen Mine. Franziska entstammte (auch wenn Elisabeth Förster-Nietzsche das Gegenteil behauptet[2]) einer pietistischen
Familie, in der viel Wert auf Bibellektüre und den regelmäßi-
gen sonntäglichen Kirchgang gelegt wurde, während die
Nietzsches einem streng rationalen Luthertum anhingen,
das schon die Predigten von Nietzsches Großvater (väterli-
cherseits) geprägt hatte.[3] Elisabeth mißverstand die Bedeutung des Wortes »Pietismus« und nahm an, die Kinder der
Familie Oehler würden durch den pietistischen Glauben
von sportlicher Betätigung abgehalten, während Pastor Oehler seinen elf lebhaften Kindern einen einfachen, klaren Glauben ohne großen theoretischen Hintergrund zu vermitteln
suchte. Die »Erweckungsbewegung« im Deutschland des
19. Jahrhunderts zielte im wesentlichen auf die mit dem
Losungswort *praxis pietatis* bezeichnete Umsetzung des
Glaubens in die Alltagspraxis. Carl Ludwig Nietzsche, Franziskas Ehemann, hatte sich während seines Theologiestudi-
ums dem Pietismus zugewandt, was er seiner streng luthera-
nisch eingestellten Mutter verheimlichte. Erdmuthe, eine in
jeder Hinsicht sehr entschieden auftretende Person, die von
Elisabeth einmal scherzhaft als »Frau Superintendent Dr.
Erdmuthe Nietzsche«[4] bezeichnet wurde, kam aus den besseren Kreisen der Naumburger Gesellschaft und war bei aller
Frömmigkeit nicht bereit, die eher egalitären Prinzipien des
Pietismus und seine Wertschätzung des Gefühls gegenüber
dem Verstand zu akzeptieren. Kein Wunder also, daß die
Frauen im Röckener Haushalt Franziskas pietistisch
geformte Verhaltensweisen als taktlos empfinden mußten.
Mittlerweile ist es unter den Biografen gang und gäbe, Franziska als naiv anzusehen. Auch Elisabeth betont, wie schwierig sie als Mutter war (wobei Nietzsches Schwester als Kind
wohl häufiger bestraft worden ist, wenn sie damals auch
schon so halsstarrig war wie als Erwachsene). In neueren
Arbeiten wird die Unterdrückung, der Franziska nach ihrer

Rosalie Nietzsche

Erdmuthe Nietzsche

Heirat offensichtlich ausgesetzt war, im Zusammenhang mit den schädlichen Auswirkungen ihrer Erziehungsmethoden auf den heranwachsenden Nietzsche untersucht.[5]

Jedenfalls war Franziskas Pietismus in Röcken nicht gerade wohlgelitten, ausgenommen bei ihrem Mann und vielleicht der Hausangestellten, die von Franziska ganz selbstverständlich als gleichrangig behandelt wurde. Bei dieser Gelegenheit sollten wir auch anmerken, daß Carl Ludwig bei aller Liebe zu seiner Frau ihr – und indirekt damit auch den Kindern – großes Unrecht antat, indem er zuließ, daß seine Mutter Franziska so herablassend behandelte. Eigentlich hätten ihr, als Ehefrau des Amtsinhabers, die vorderen Räume des Pfarrhauses zugestanden, was gegen eine Erdmuthe sicherlich nicht einfach durchzusetzen war. Da Franziska zu jung war, um aufbegehren zu können, hätte sich der Ehemann für sie einsetzen müssen. Seine Schwäche wirkte sich auf alle, die unmittelbar von ihm abhingen, verhängnisvoll aus. Franziska konnte in einer solchen Atmosphäre, wo sie halb Gast und halb Dienstbote war, nicht heranreifen, was, wie ich meine, gewisse Eigenheiten ihres Charakters erklärt, die allzu oft als naiv oder sentimental beschrieben werden.

Nietzsche war noch keine fünf Jahre alt, als sein Vater 1849 starb. Franziskas drittes Kind, ein Junge, war kurz nach dem Tod des Vaters gestorben. So bestand die Familie, zu der noch Nietzsches um zwei Jahre jüngere Schwester Elisabeth gehörte, fast ausschließlich aus Frauen. Das Röckener Pfarrhaus mußte nach dem Tod von Carl Ludwig Nietzsche aufgegeben werden, da es ein Dienstgebäude war, und so zogen alle nach Naumburg, Erdmuthes Geburtsort. Eigentlich hätte die junge und gutaussehende Franziska sich wieder verheiraten können, und sei es nur, um ihre untergeordnete Position in der Familie endlich loszuwerden. In Naumburg nämlich, wo sie ebenfalls dunkle Hinterzimmer bewohnte, war alles für sie noch schwieriger, da sie nun, nach dem Tod des Gatten, nicht einmal mehr nominell die Frau des Hauses war. Ihr Neffe, Adalbert Oehler, schildert in seinem Buch[6] auf

Konfirmation Friedrich Nietzsche, 1861

Konfirmation Elisabeth Nietzsche, 1863 (?)

bewegende Weise, wie einsam und deprimiert sie sich in Naumburg gefühlt haben muß. Jedoch schien sie der festen Überzeugung zu sein, daß es keinen anderen Weg gebe, sich und die Kinder über Wasser zu halten, und so fügte sie sich in die Lage und beklagte sich nie darüber. Vermutlich haben auch finanzielle Abhängigkeiten sie genötigt, sich unterzuordnen.[7] Auf jeden Fall ging die Schwiegermutter ganz selbstverständlich davon aus, daß Franziska und ihre Kinder ein Zuhause haben müßten; Erdmuthe war also durchaus hilfsbereit, konnte die Schwiegertochter jedoch nicht recht als erwachsene und eigenständige Person betrachten.

Jedenfalls berichtet Franziska in ihrer unvollständig gebliebenen Autobiografie[8], daß ihre Schwiegermutter sie von Anfang an für zu jung, eigentlich für ein Kind gehalten habe. Diese Erinnerungen schrieb sie 1895 für ihren Neffen, nachdem Elisabeth den ersten Band von *Das Leben Friedrich Nietzsches* veröffentlicht hatte. Franziska wollte vor allem den von ihrer Tochter erweckten Eindruck korrigieren, den größten Einfluß auf den jungen Nietzsche habe Erdmuthe ausgeübt.[9] Trotz alledem blickt Franziska in ihren Erinnerungen mit großer Freude auf ihre Verlobungs- und Ehezeit zurück und erinnert sich an viele kleine Einzelheiten bis hin zu den Hochzeitsgeschenken der Gemeindemitglieder. Mit der Beschreibung des Alltags im Röckener Pfarrhaus – Augusta kochte die Mahlzeiten, und sie nähte ihre Aussteuer – bricht ihr Bericht unvermittelt ab.[10] Die Aussteuer war aufgrund der überstürzten Verlobung nicht fertig geworden. Die Hochzeit erfolgte bereits drei Monate später, weil Carl Ludwig unbedingt an seinem Geburtstag heiraten wollte.

Die Sache mit der Aussteuer mag trivial erscheinen, aber es handelt sich dabei um einen wichtigen Bestandteil der Heiratsvorbereitungen im 19. Jahrhundert. Franziska ist zur Hochzeit gedrängt worden. Ihre Erinnerungen verdeutlichen, daß die Eheschließung etwas Außergewöhnliches war, weil die meisten Gemeindemitglieder wie auch ihre Schwiegermutter sie für zu jung hielten und die Hochzeit auch

deshalb mißtrauisch beäugten, weil es noch drei ältere unverheiratete Schwestern gab, die dem Ereignis nicht ganz ohne
Neid zugeschaut haben dürften. (Ganz abgesehen von Augusta und Rosalie, die aber bereits zu den »Mauerblümchen«
zählten.) Auch Franziska spürte die Diskrepanz. Am Tag
ihrer Verlobung gestand sie, obwohl aufgeregt und geschmei-
chelt, ihrer Mutter: »Der einzige Fehler ist nur daß ich zu jung
bin, Mutterchen.«[11] Der Pietismus brachte Franziska dazu,
sich als Kind zu empfinden, das bei allem, was ihm widerfährt, auf den himmlischen Vater vertraut, und als gehorsa-
mes Mädchen akzeptierte sie die von ihrer Schwiegermutter
aufgestellten Regeln, denen zufolge sie ihre Tätigkeit in der
Familie im wesentlichen auf die Erziehung ihrer Kinder zu
beschränken hatte. Als sie 1858 in Naumburg mit ihren Kindern ihren eigenen Hausstand gründen konnte, war ihre Persönlichkeitsentwicklung abgeschlossen und die Religiosität
ihre hervorstechendste Charaktereigenschaft.

Hat sich diese Religiosität negativ auf ihre Kinder ausgewirkt? Das ist in neueren Untersuchungen immer wieder
behauptet worden. Ein Vorwurf lautet, sie habe Nietzsche
und seine Schwester bei ungehorsamem Verhalten durch die
Androhung von Gottes Zorn unter Druck gesetzt und sie
durch Zuwendung belohnt, wenn sie folgsam waren (wobei
Gott natürlich die Vaterstelle vertrat). Jørgen Kjaer[12] z. B.
geht dieser Frage anhand der psychoanalytischen Theorie
von Alice Miller nach, die beschreibt, was mit Kindern
geschieht, wenn sie von ihren Eltern (insbesondere der Mutter) emotional erpreßt werden. Für Kjaer sind alle Werke
Nietzsches ein Versuch, mit den durch Franziskas manipulative Erziehungsmethoden verursachten inneren Spannungen
und unbewältigten Konflikten fertig zu werden, was der
Autor anhand des *Zarathustra* nachzuweisen sucht. Zwar ist
für ihn auch Franziska ein Opfer der Umstände, doch berücksichtigt er dies in seiner Argumentation nicht weiter. Auch
Klaus Goch[13] zeichnet Franziska als eine Mutter, die dem
Sohn ihre Zuneigung entzogen habe, um ihn zu bestrafen.

Bei der Lektüre dieser Werke könnte man auf den Gedanken kommen, tiefgläubige Frauen wie Franziska seien im 19. Jahrhundert eher die Ausnahme gewesen; doch war eine religiöse Einstellung vor allem in der Mittelschicht weit verbreitet oder galt zumindest als wünschenswert. Und um zu einer religionsskeptischen Haltung à la George Eliot zu kommen, bedurfte es einer gewissen Bildung.[14] Wer behauptet, Nietzsche sei durch die dogmatische Religiosität seiner Mutter eingeengt worden, sollte daran denken, daß der Philosoph für Frauen wie Eliot, die nach neuen Lebenszielen suchten, wenig Sympathie empfand. Jedenfalls zeigt seine verächtliche Reaktion auf die englische Schriftstellerin[15] seine reaktionäre Einstellung gegenüber weitergehenden Bildungsmöglichkeiten für Frauen und erhellt zugleich seine paradoxe Haltung in dieser Frage: Er schätzte ungebildete Frauen ebensowenig wie die Versuche, dieser Unbildung abzuhelfen, was in Deutschland ohnehin Schwerstarbeit bedeutete. Wir sollten also mit Franziska nicht zu hart ins Gericht gehen, wenn sie nur das wiederholte, was ihr in der Kindheit vermittelt worden war. Keine der Frauen, die Nietzsche nahestanden, hatte auch nur einen Bruchteil dessen lernen können, was ihm in Schulpforta beigebracht worden war (und wovon er, bei aller späterer Kritik, die er am deutschen Gymnasialsystem übte, kräftig profitierte). Wir können auch fragen, ob die Familienatmosphäre der Nietzsches ohne den frühen Tod des Vaters weniger religionsgesättigt gewesen wäre.[16]

Rosalie Nietzsche, die ältere der beiden Tanten, beschäftigte sich viel mit kirchlichen und karitativen Dingen. Sie war, wie Franziska, sehr fromm und neigte in ihrer Verehrung Gottes ebenfalls dazu, sich »noch als ein kleines Kind« (GSA 100/1036) zu betrachten; so jedenfalls lesen wir es in einem kurzen, andachtsvollen Gedicht, das sie an ihrem dreiundvierzigsten Geburtstag (1854) schrieb. Ihr Einfluß auf den heranwachsenden Nietzsche ist bislang viel zu wenig beachtet worden. Sie unterstützte sein schon früh erwachtes Interesse an Musik, indem sie ihm zu seinem zwölften Geburtstag Transkriptionen von Haydn-Symphonien schenkte, und war auch sonst eine großzügige und liebevolle Tante. Die Briefe, die Nietzsche ihr aus Schulpforta schrieb, zeugen von Zuneigung und Dankbarkeit. Dabei lag ihr am körperlichen Wohlbefinden des Neffen ebensoviel wie am geistigen, was wir seinem Dankesbrief vom Oktober 1859 entnehmen können: »Der Kuchen und die Nüsse haben trefflich den [sic] Magen, Humboldts Biographie dem Geiste gemundet und mundet noch immer.« (KGA I, 1, S. 82) Sie widmete sich ihm mit selbstloser Hingabe, und sein Glück lag ihr auch dann noch am Herzen, als er das Theologiestudium aufgab und damit die von der gesamten Familie leidenschaftlich gehegte Hoffnung zerstörte, er werde in die Fußstapfen seines Vaters treten.[17]

Immerhin las Rosalie Nietzsche, die natürlich weder Intellektuelle noch Blaustrumpf war, die Zeitung[18] und hatte sich in Naumburg einer karitativen Frauenorganisation angeschlossen. Das Goethe-Schiller-Archiv in Weimar enthält einige Zeugnisse ihrer religiösen Einstellung: Abschriften von Predigten und Gedichten religiösen Inhalts (u. a. von Rückert), eine Geburtstagsliste und eine Liste mit Sterbedaten, die die Überschrift »Mit Gott« trägt (GSA 100/1035). Einige fein ausgeführte Skizzen zeigen ihr zeichnerisches Talent, das sie leider nicht entfalten konnte, weil der Rökkener Haushalt andere Prioritäten setzte. Die einzige von ihr erhaltene Photographie zeigt eine ziemlich resignierte und melancholische Frau.

Augusta Nietzsche war nicht so religiös wie ihre Schwester, vielmehr belegen die Archivdokumente ihr Interesse am Patience-Legen und anderem eher weltlichen Zeitvertreib. Unter der Überschrift »Blicke in die Zukunft« hat sie in Schönschrift ein Verzeichnis über die Sprache der Blumen und den damit verbundenen Aberglauben angelegt (GSA 100/1093). Offenbar war Tante Augusta weniger als die anderen bereit, sich religiösen Tätigkeiten zu widmen, fand jedoch, abgesehen von ihrer durchaus wichtigen Aufgabe als Familienköchin (von der einige Rechnungen im Archiv zeugen), wenig, was ihrem Leben einen Mittelpunkt hätte geben können. Auch bei ihr verweist eine sehr schöne Bleistiftzeichnung (GSA 100/1093) auf ein Talent, das nicht zum Leben erwachte. Von ihr hat sich keine Photographie erhalten, so daß sie für uns im wörtlichen Sinne unsichtbar bleibt.

Angesichts dessen, daß es den Frauen im Nietzscheschen Haushalt an geistigen Anreizen mangelte, hat Franziska das, was sie mit ihrem Mann verband, nicht ohne Würde zu bewahren versucht. Jacques Lacan hat untersucht, auf welche Weise die Frauen das patriarchalische Gesellschaftssystem aufrechterhalten und auch dann »im Namen des Vaters« handeln, wenn der Patriarch gar nicht anwesend ist. Den Grund dafür sieht Lacan in den aller menschlichen Erfahrung vorhergehenden Strukturen der Sprache, die ihrerseits patriarchalisch geprägt ist und das Denken bestimmt. Diese Muster kann man auch und gerade als Frau nicht einfach verlassen.[19] Des weiteren hat Nietzsche in seiner Schrift *Zur Genealogie der Moral* gezeigt, daß die religiöse Heuchelei in der patriarchalen Gesellschaft sich nicht einfach individueller Böswilligkeit verdankt, sondern unserer Zivilisation zugrunde liegt und für unser Verständnis von »gut« und »böse« von entscheidender Bedeutung ist. Auf diese Weise hat Franziska nolens volens den Namen des Vaters aufrechterhalten: Zum einen in ihren refrainartigen Verweisen auf den »lieben Gott«, die ihre Briefe durchziehen, zum anderen in ihrem mit großer Ernsthaftigkeit verfolgten Bestreben, den Kindern den Vater zu ersetzen. Daraus würde sich auch ihr (zumindest von Elisabeth als streng empfundenes) Verhalten erklären lassen.

Allerdings benötigt man keine psychoanalytische Theorie, um zu begreifen, welcher Druck auf Nietzsche und seiner Schwester lastete, deren Mutter schon mit dreiundzwanzig Jahren jede Regung der Libido unterdrücken und sublimieren mußte. Ich kann Goch, der Franziska für eine kalte und berechnende Mutter hält[20], nicht folgen, und gebe

Kjaer nur insoweit recht, als Nietzsche – wiewohl unbewußt – tatsächlich beträchtliche seelische Schäden zugefügt
wurden, halte aber seine Unterscheidung zwischen einer
»guten« und einer »bösen« Mutter[21] selbst für trügerisch
und frauenfeindlich, weil er kein Wort über die christliche
Indoktrination verliert, die von den Pastoren der Familien
Nietzsche und Oehler betrieben wurde, und die ihr Geld
mit der Verkündigung eben der Dogmen verdienten, derer
sich Franziska (im wörtlichen Sinne) guten Glaubens
bediente. Ich will damit den Glauben weder angreifen noch
verteidigen, sondern nur begreiflich machen, warum Franziska so und nicht anders handelte. Meiner Meinung nach
hat sie viel zu jung geheiratet.

Obwohl Nietzsche seine Mutter über alles liebte und sie
wegen ihrer Opferbereitschaft achtete, verwarf er doch später ihren allzu einfachen Glauben und die falschen Urteile,
die daraus resultierten. Das führte zu paradoxen Verhaltensweisen: So nahm er z. B. aus seiner Feindschaft gegen das
Christentum pietistisch beeinflußte Lutheraner aus, von
denen einige, wie etwa Wilhelm Pinder und Gustav Krug,
schon seit der Kindheit zu seinen Freunden gehörten. Seine
Briefe aus Bonn, wo er 1864/65 studierte, belegen, daß er die
ersten Monate noch den Gottesdienst besuchte, Ostern 1865
jedoch entschlossen war, die Theologie zugunsten der Philologie aufzugeben. (Zugleich entdeckte er Schopenhauer und
damit seine Neigung zur Philosophie.) In Basel, wo er 1869
den Lehrstuhl für Philologie übernahm, zählten pietistisch
beeinflußte Gelehrte wie Jacob Burckhardt und Johann
Jakob Bachofen zu seinem Freundeskreis.

In Basel machte sich der Einfluß von Pietismus und
Erweckungsbewegung besonders stark bemerkbar. Ursache
dafür war die Genfer *Reveil*-Bewegung, die sich wiederum
auf von Robert Haldane[22] vermittelte Impulse der freikirch-
lichen Bewegung in England stützte. Ludwig von Gerlach
war der wichtigste Vermittler zwischen dem Genfer *Reveil*
und der Baseler Erweckungsbewegung. In Basel wurde 1815

die *Evangelische Missionsgesellschaft* gegründet, die 1869, als
Nietzsche seine Professur antrat, ein eigenes Seminar besaß,
wo Missionare für Stationen in Afrika, China und Ostindien
ausgebildet wurden. Die Missionsgesellschaft gab zudem
eigene Zeitschriften und eine Publikationsreihe heraus.
Auch Franz Overbeck, einer der treuesten Freunde Nietzsches, fühlte sich in Basel zunächst zum Pietismus hingezogen, bevor er, wie Nietzsche, Atheist wurde. Allerdings
stellte der Atheismus für ihn nicht die existentielle Krise
dar, die Nietzsche durchlebte.[23] Auffällig ist, daß Nietzsche,
der ab Mitte der sechziger Jahre immer stärkere Zweifel am
Christentum anmeldete, sich nichtsdestotrotz bei Freunden
wohlfühlte, deren Haushalt in religiöser Hinsicht ähnlich
pietistisch war wie der seiner Mutter. Erst nach dem Debakel
mit Lou Salomé, dem die Entfremdung von Mutter und
Schwester folgte, machte sein entschiedener Skeptizismus
ihn heimatlos und gottlos zugleich. Insofern hatte Elisabeth
allen Grund – wenngleich ihre Begründungen sämtlich falsch
waren –, den zweiten Teil der Biographie ihres Bruders mit
Der einsame Nietzsche zu betiteln.

In seiner Kindheit war Nietzsche zunächst der kleinstäd-
tischen Atmosphäre Naumburgs mit ihrer »grauenhaften
bürgerlichen Konventionalität, ihrem Konformismus und
religiösen Konservatismus« ausgesetzt[24], später, in Schulpforta, wo er 1858 aufgenommen wurde, dem Religionsun-
terricht Robert Buddensiegs. In Schulpforta herrschte spar-
tanische Disziplin. Vielleicht waren Nietzsches Beziehungen
zu Frauen auch deshalb so problematisch, weil er aus einem
rein weiblichen Haushalt abrupt in eine rein männliche Institution überwechselte. Goch, der die These vertritt, daß
Nietzsche homosexuell war, sieht die häusliche Atmosphäre
in Naumburg mit ihren repressiven Strukturen als verschär-
fendes Element, während die in Schulpforta übliche Vermittlung der antiken Kultur in gewisser Weise befreiend gewirkt
haben könnte, weil Nietzsche hier auf eine Gesellschaft stieß,
in der Homosexualität normal war.[25]

Ungeachtet Nietzsches Bewunderung für das antike Griechenland, wo Homosexualität nicht nur als normal, sondern
sogar als erwünscht galt und wo es eine »Leidenschaft für die
männliche nackte Schönheit« gab (M, Aph. 170, KSA 3, 150),
bin ich bezüglich Gochs Behauptung, Nietzsche habe homosexuelle Neigungen gehabt, skeptisch. Offenkundig fühlte
Nietzsche sich zu Frauen hingezogen, war dabei aber
gehemmt und ein bißchen puritanisch. Als ihm zu Ohren
kam, daß Wagner seinen (Nietzsches) Arzt, Dr. Eiser, kon-
taktiert habe, schrieb er empört an Heinrich Köselitz (Peter
Gast):

> »Wagner ist reich an bösen Einfällen; aber was sagen Sie dazu,
> daß er Briefe darüber gewechselt hat (sogar mit meinen Ärz-
> ten) um seine *Überzeugung* auszudrücken, meine veränderte
> Denkweise sei die Folge unnatürlicher Ausschweifungen, mit
> Hindeutungen auf Päderastie?« (21. April 1883; KGA III, 1,
> S. 365)

Natürlich sollte man Verdrängungen seit Freud[26] mit Mißtrauen betrachten, doch klingt Nietzsches Entrüstung sehr
überzeugend. (Im übrigen war er einem Gerücht aufgesessen,
denn Wagners Erkundungen beruhten auf der Annahme,
Nietzsche sei Onanist. Die Medizin ging damals noch davon
aus, daß Onanie Blindheit bewirke.[27]) Dafür spricht auch
seine Abneigung gegen »abnorme« Personen gleich welchen
Geschlechts, deren Sexualität keinen gesunden Nachwuchs
hervorbringen würde (man denke an die Verachtung, die er
»moralischen« Onanisten und ›Selbstbefriediger[n]‹« entge-
genbringt; GM, Dritte Abhandlung, Aph. 14; KSA 5, 370).
Tatsächlich war, wie ich noch zeigen werde, Nietzsche vor
allem deshalb gegen die emanzipierte Frau, weil er sie der
»sexuellen Inversion« verdächtigte.

Ich denke, daß Nietzsches Misogynie sich nicht auf eine –
vermeintliche – homosexuelle Neigung zurückführen läßt,
sondern von dem in der wilhelminischen Gesellschaft so verbreiteten und auch von Frauen übernommenen Sexismus

beeinflußt wurde. Frauenrechtlerinnen wurden als Mannweiber karikiert, was viele Frauen gerade in den »besseren
Kreisen« daran hinderte, sich zu den Zielen der Emanzipationsbewegung zu bekennen. Daher glaube ich, daß Nietzsches Antifeminismus in erster Linie mit den Frauen seiner
Familie und ihrem konventionellen Rollendenken zusammenhängt, das dem Mann die Intellektualität und der Frau
das fürsorgliche, mütterliche Wesen zuschrieb. Auch Nietzsche akzeptierte diese Rollenverteilung, doch durchschaute
er die mit der Brautwerbung einhergehende Heuchelei. Da
junge, unverheiratete Frauen einen Ehemann finden mußten,
blieb ihnen oft nichts anderes übrig, als sich hübsch und hilf-
los zu geben. Eine Frau, die unverheiratet blieb, konnte kaum
über den Status hinausgelangen, der Nietzsches Tanten zugewiesen worden war. Allerdings verweigerte sich Nietzsche
konsequent der Einsicht, daß die Frauen, wollten sie ihre
Lage verbessern, dringend berufliche Tätigkeitsfelder außerhalb des Haushalts benötigten. Auch seine Mutter und seine
Tanten fanden sich mit den Gegebenheiten ab und bemühten
sich, die mit dem Begriff des »Ewig-Weiblichen«[28] verbundenen Werte zu leben.

Faust, der sexuell begehrende Mann, kann nur durch die
Reinheit der Frau – Gretchen – erlöst werden, wobei Goethe,
indem er eine Kindesmörderin zur Heldin des Schauspiels
machte, durchaus einen kritischen Blick auf die Gesellschaft
warf, die jedoch viel zu sehr damit beschäftigt war, die Frauen
in »Huren« und »Madonnen« einzuteilen, und es vorzog,
Gretchen, dem Archetypus der gefallenen Frau, die Madon-
nenrolle zuzuweisen. Zwar machte Nietzsche sich über die
selbstgerechten Ehefrauen lustig, die für ihre Männer den
»Erlösungsengel« spielen wollten, obwohl sie in Wirklichkeit
geistig und moralisch bankrott waren, doch hatte er zuviel
Achtung vor Goethe, um den Begriff des »Ewig-Weiblichen«
einfach zu verwerfen. Überdies mußte sein philologisch
geschultes Ohr sich von der Lautung und Kadenz des Ausdrucks angezogen fühlen. Nicht zufällig vielleicht klingt das

»Ewig-Weibliche« in der »Ewigen Wiederkunft« nach. Dieser Begriff gewann übrigens für Nietzsche besondere Bedeutung durch die Diskussionen, die er mit Lou Salomé 1882 in Rom führte. Wie wir noch sehen werden, gründete sich Nietzsches Beziehung zu Lou vorwiegend auf die Hoffnung, in ihr eine philosophische Gefährtin zu finden, was dem Wunsch, das Ewig-Weibliche möge als Muse vergeistigte Gestalt annehmen, nicht allzu fern steht. Als diese Träume zerplatzten, änderte sich Nietzsches Ton, und er griff die wilhelminische Auffassung vom Ewig-Weiblichen mit scharfen und bitteren Worten an. Dabei betonte er jedoch immer das Recht der Frau auf sexuellen Genuß, den er auch der Madonna nicht vorenthalten wollte. Das mußte die Frauen seiner Familie, die überdies keine oder nur kurzfristige eheliche Erfahrungen gemacht hatten, zutiefst schockieren.

Elisabeth Förster-Nietzsche
(1846–1935)

Seit frühester Kindheit stand Elisabeth ihrem Bruder außergewöhnlich nahe. Ihre enge Beziehung hielt bis zu dem Zeitpunkt, da Elisabeth die Freundschaft mit Lou Salomé torpedierte, woraufhin Nietzsche sie in Briefen an Overbeck verachtungsvoll als »Naumburger ›Tugend‹« bezeichnete und sich beklagte, er könne ihre Stimme nicht mehr ertragen.[29] Der durch die »Affäre Lou« entstandene Bruch wurde nie wieder geheilt. Davor jedoch war ihre Beziehung von gegenseitiger Hilfsbereitschaft geprägt. So führte Nietzsche seine Schwester in den Kreis um Wagner ein, wo Elisabeth bald so beliebt war, daß sie im Frühjahr 1876 von Cosima Wagner gebeten wurde, auf ihre Kinder aufzupassen, während sie mit ihrem Mann verreiste; und in ihren Briefen an Elisabeth benutzt Cosima das vertrauliche »Du«.[30]

Elisabeth sorgte sich vor allem um die angeschlagene Gesundheit ihres Bruders und betreute ihn, wo es nur ging.

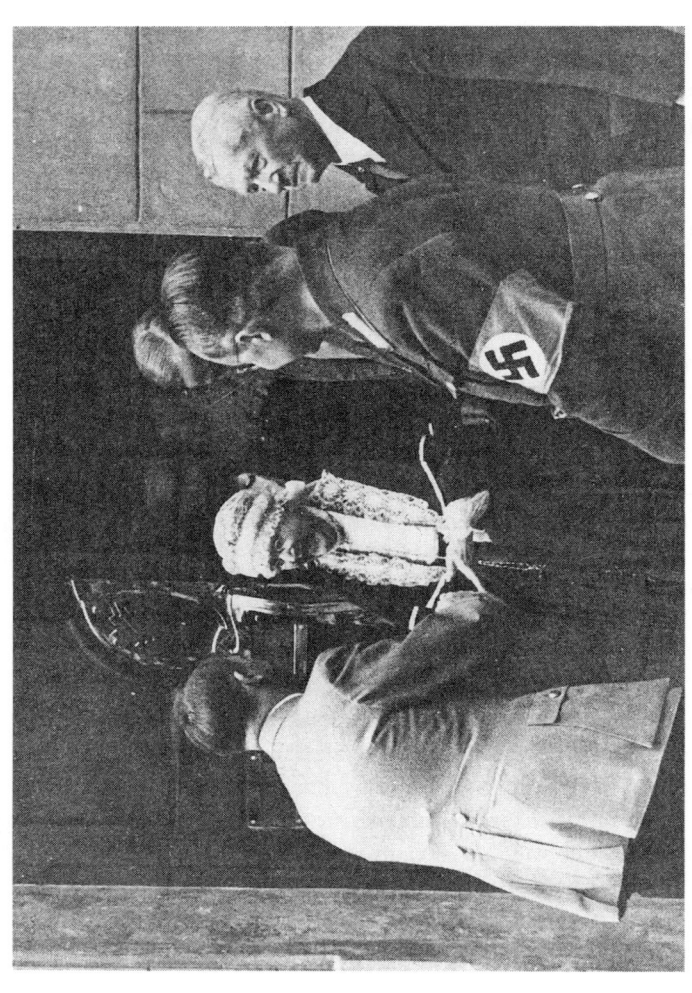

*Elisabeth Förster-Nietzsche mit Hitler, Ehmke und
Leuthäuser vor dem Nietzsche-Archiv, 1934*

Während seiner Baseler Zeit litt er beständig unter Migräneanfällen und Magenbeschwerden, so daß er froh war, 1875 mit Elisabeth eine gemeinsame Wohnung zu beziehen, damit sie sich um ihn kümmern konnte. Elisabeth pendelte eine Zeitlang zwischen Naumburg und Basel hin und her, während Nietzsches Gesundheitszustand sich trotz aller schwesterlichen Pflege dermaßen verschlechterte, daß er nach zehn Jahren Tätigkeit seine Professur 1879 aufgeben mußte.

Elisabeth war nicht nur um die Gesundheit ihres Bruders, sondern auch um seine Heiratschancen besorgt. In ihrem Briefwechsel werden wiederholt Frauen heiratsfähigen Alters erörtert; zu Beginn der siebziger Jahre schienen »Fräulein Köckert« (weder Nietzsche noch Elisabeth erwähnen jemals den Vornamen der jungen Dame, einer Tochter von Bekannten Nietzsches aus Genf) und die offenbar sehr reizvolle Berta Rohr aussichtsreiche Kandidatinnen gewesen zu sein. Jedenfalls war Nietzsche, als er ihr 1873 auf einer Wanderung in Graubünden begegnete, sehr von ihr angetan.[31] 1877 erörterte Elisabeth auch mit Erwin Rohde die Heiratsaussichten ihres Bruders; der Freund votiert für Natalie Herzen[32], Elisabeth für Fräulein Köckert. Bezüglich der, wie sie in einem Brief genannt wird, »kl. Köckert« hat Nietzsche Bedenken. Ihm gefallen die Eltern nicht, und darüber hinaus bezweifelt er, daß die junge Dame vermögend genug ist.

Interessant ist, welchen Frauen Elisabeth in ihrem Buch *Friedrich Nietzsche und die Frauen seiner Zeit* (1935) Bedeutung beimißt. So werden Berta Rohr und die »kleine Köckert« gar nicht erwähnt, dafür aber Mathilde Maier, die ebenfalls zum Bayreuther Kreis gehörte, mit Nietzsches Leben und Interessen jedoch nicht allzuviel zu tun hatte. Sie hatte ihn 1874 um eine Photographie gebeten, worauf er ihr sehr galant geantwortet hat. Er hielt den Kontakt bis 1878 aufrecht, wurde dann aber wahrscheinlich ihrer langen, ernsten Briefe über Wagner und Bayreuth müde, während Elisabeth offenkundig davon beeindruckt war. Zudem hatte Mathilde

Maier die Angewohnheit, Nietzsche längere Vorträge zu halten und dabei zugleich ihre Unwissenheit auf eine Weise zu betonen, die ihn abstoßen mußte. Jedoch blieb er ihr gegenüber immer von formvollendeter Höflichkeit. Unterdessen heirateten seine Freunde Rohde und Overbeck im gleichen Jahr, 1877, und gründeten bald darauf Familien.[33] Nietzsche blieb solo, hatte aber immerhin Elisabeth, die ihn mehr und mehr vereinnahmte. Ihre enthusiastische Beschreibung des gemeinsamen Haushalts in Basel läßt tatsächlich, wie Goch behauptet, an eine »Geschwisterehe« denken.[34]

Seinen ersten Heiratsantrag machte Nietzsche übrigens einer ihm nahezu unbekannten Frau, die er 1876 in Genf kennengelernt hatte, als er sich dort (ohne die Begleitung Elisabeths) aufhielt. Die Auserwählte war Mathilde Trampedach, die mit ihrem Klavierlehrer auf Reisen war. Ironischerweise überbrachte gerade er Nietzsches schriftlich formulierten Antrag, der Mathilde in Erstaunen versetzte, war sie doch, wie Elisabeth leicht brüskiert vermerkt, bereits so gut wie verlobt[35] – und zwar mit besagtem Klavierlehrer, den sie dann auch heiratete. Nietzsche scheint das Fiasko nicht besonders schwer genommen zu haben, und seine Impulsivität deutet auch nicht gerade auf die ernste Absicht, eine Ehefrau zu finden. Der bisweilen scherzende Ton in seinen Briefen scheint eher nahezulegen, daß er die ganzen Verheiratungsbemühungen als Spaß auffaßte. Nimmt man die in seinen Schriften vielfach geäußerte Auffassung, für die Ehe sei eine freundschaftliche Beziehung das wichtigste, für bare Münze, so wird klar, daß Nietzsche nicht wirklich vorhatte, Berta Rohr, die »kleine Köckert« oder Mathilde Trampedach zu heiraten. Immerhin mag deren musikalische Begabung ihn beeindruckt haben.

Möglicherweise standen Elisabeth und ihr Bruder sich so nahe, daß sie, ohne es je einzugestehen, sich gegenseitig daran hinderten, einen geeigneten Ehepartner zu finden. Vielleicht hätte Nietzsche sich schon früher von seiner Schwester distanzieren müssen, ahnte er doch bereits 1863, wie besitz-

Mathilde Trampedach

ergreifend sie sein und wie zerstörerisch sich das auf ihn auswirken konnte. Anläßlich einer kurzen Leidenschaft für
Anna Redtel, die Schwester eines Freundes, bemerkte er Elisabeths Eifersucht und schrieb ihr einen sarkastischen Brief,
in dem er sich darüber beschwerte, daß sie nur am Zustand
seiner Wäsche interessiert sei:

> »Also förmlich entsetzt bist du gewesen, weil ich nicht wie
> gewöhnlich über schmutzige Strümpfe, allerlei Wünsche mei-
> nes Magens und meiner Kasse und ähnliche saubere Gegen-
> stände, die dir meine Briefe immer so theuer machen,
> geschrieben habe...« (11.[?] September 1863; KGA I, 1, S. 254)

Nietzsches Beschwerde war durchaus gerechtfertigt, weil
nicht nur Elisabeth, sondern auch seine Mutter sich auf
zudringliche Weise in seine Privatangelegenheiten einmisch-
ten. Andererseits kam ihm dies nicht ungelegen, weil es ihn
einiger Sorgen enthob. Außerdem hatte er, wie sein Vater,
Schwierigkeiten, sich gegen die weiblichen Familienmitglie-
der durchzusetzen, was insbesondere für Elisabeth gilt, die
ähnlich charakterstark war wie Erdmuthe. (Abgesehen davon
stellte er natürlich auch Forderungen an seine Schwester.)
   Wir müssen die Angelegenheit auch aus Elisabeths Perspektive betrachten. Sie hatte ihren Vater nie richtig kennengelernt und erblickte bis zu ihrer Heirat in Nietzsche den
Vorstand jedes Haushalts, dem sie angehörte. In der wilhelminischen Gesellschaft waren die Frauen ohne männlichen
Schutz außerordentlich verwundbar. Viele Jahre lang bot
Nietzsche seiner Schwester diesen Schutz, und als er geistig
erkrankte, benutzte sie seinen Namen, um Sicherheit und
Anerkennung zu finden, was sie dann über seinen Tod im
Jahre 1900 hinaus fortsetzte. Auch wenn man die Energie
bewundern muß, mit der sie die Veröffentlichung von Nietzsches Werken betrieb, waren ihre Methoden oftmals irreführend, ihre Informationen lückenhaft oder ungenau. Dennoch
stimmt es traurig zu sehen, wie sie ihre Energien verschwen-
dete. Zunächst unterstützte sie die undurchdachten Pläne

ihres Ehemannes für die deutsche Kolonie in Paraguay[36], dann versuchte sie, den Namen des Bruders ohne Rücksicht auf Verluste berühmt zu machen, auch wenn sie dazu die Tatsachen so verbiegen mußte, daß er als Vorläufer der Nazis erscheinen konnte.[37] Vermutlich war es auch tragisch für sie, daß sie, wie ihre Mutter, schon nach kurzer Zeit Witwe wurde, selbst wenn man Bernhard Förster und seine rassistischen Ansichten ablehnt und mit Peters davon ausgeht, daß die Ehe ein Fehlschlag war.[38] Förster nahm sich 1889 das Leben.

Vielleicht war Nietzsches Bruch mit Elisabeth nach dem Debakel mit Lou Salomé der Schock, den die Schwester benötigte, um von ihrem Bruder loszukommen. Dabei könnte die Wahl ihres Ehegatten sogar als Rebellion gegen den Bruder verstanden werden, wußte sie doch von seiner feindseligen Haltung gegen den antisemitischen, nationalistischen Bernhard Förster, dessen Ansichten er unablässig attackierte.[39] Er erschien auch nicht zur Hochzeit seiner Schwester, sandte dem Brautpaar jedoch ein Geschenk und verfolgte ihr paraguayanisches Abenteuer mit Interesse.

Nachdem Oscar Levy Elisabeth 1908 besucht hatte, um mit ihr über die Rechte an der Übersetzung von *Jenseits von Gut und Böse* zu verhandeln, schrieb er einen sehr satirischen brieflichen Bericht über den prätentiösen Empfang, den sie ihm bereitete, endigte jedoch mit der Bemerkung, es sei schade, daß sie keinen Mann habe, der sie leiten könne.[40] Allerdings hatte ihr Ehemann sie nur noch weiter in die Irre geführt, und der Mann, den sie wirklich liebte und dem sie vertraute, konnte ihr nach seiner Erkrankung nicht mehr helfen. Doch müssen wir bei allem, was gegen sie spricht, bedenken, daß sie von vielen Bewunderern Nietzsches, wie etwa Harry Graf Kessler und dem Architekten Henry van de Velde und auch von vielen Frauen, einige von ihnen sogar Frauenrechtlerinnen[41], aktiv unterstützt wurde. Durch ihre aufopfernde Pflege des kranken Bruders und durch ihre Bemühungen um das Archiv erwarb sie sich allgemeine Anerkennung. Erst allmählich entdeckte man ihre Fälschungen von Archivmaterialien (Karl Schlechta konfrontierte sie erstmals 1935 mit seinen Funden), und auch ihre faschistischen Neigungen waren unübersehbar geworden.[42] Dafür gibt es keine Entschuldigung. Einige enge Bekannte, wie Meta von Salis, zogen die Konsequenz und brachen den Kontakt zu ihr ab.

Sophie Ritschl
(geb. 1820, Todesdatum unbekannt)

Es ist charakteristisch für Nietzsche, daß seine Versuche in Sachen Brautwerbung darauf angelegt waren, einen Erfolg unwahrscheinlich zu machen. Dazu gehört auch seine Neigung zu verheirateten Frauen (am besten solchen mit Kindern), die als Ehepartnerinnen nicht in Frage kamen. Dieses Verhalten scheint ihm ein gewisses Maß an Sicherheit gewährleistet zu haben; es ist ein Muster, das sich bis zum Ende seiner Baseler Zeit, 1879, wiederholen wird. Danach hatte er alle realistischen Hoffnungen auf den Ehestand aufgegeben, obwohl er dem Anschein nach immer noch nach einer Partnerin Ausschau hielt. Die erste »mütterliche Frau«, zu der sich Nietzsche ganz offensichtlich hingezogen fühlte, war Sophie Ritschl, die Frau seines Mentors, des Professors für Philologie, Friedrich Wilhelm Ritschl. Nietzsche machte die Bekanntschaft des Ehepaars 1864, als er in Bonn studierte; ein Jahr später folgte er Ritschl nach Leipzig. Janz zufolge wurde Nietzsches Bewunderung für Sophie Ritschl nur noch von seiner Verehrung Cosima Wagners übertroffen.[43] Helene Stöcker meinte, die Professorengattin sei für Nietzsche eine »heroische Natur« gewesen.[44] In seinen Briefen an die Familie bezeichnete er sie als »Freundin«, was man aber nicht überbewerten sollte, war sie doch beträchtlich älter als er. Sie stellte für ihn eine Mutterfigur dar, und auch ihr Klavierspiel mag auf Nietzsche anziehend gewirkt haben.

Sophie Ritschl, jüdischer Herkunft, aber zum Christentum übergetreten, war die Tochter von Dr. Samuel Gutenberg, dem Chefarzt des Jüdischen Krankenhauses in Breslau. Ihre weltliche Art muß für Nietzsche etwas Neues gewesen sein; sie war eine reife Frau, die sich in ihren Interessen und ihrem Verhalten deutlich von seiner Mutter und seinen Tanten unterschied. Sie unterstützte ihn mit der festen Entschlossenheit einer Mutter und verschaffte dem jungen, unbekannten Studenten der Philologie über ihre Freundin Ottilie Brockhaus, Wagners Schwester, die Gelegenheit, dem berühmten Komponisten zu begegnen.[45] Als Nietzsche sich 1870 zum Kriegsdienst meldete, gab es noch einen regen Briefwechsel zwischen ihnen, doch kühlte die Freundschaft nach der Veröffentlichung der *Geburt der Tragödie* ab. Inzwischen war Nietzsche schon Professor in Basel, was er im wesentlichen seinem Mentor Friedrich Wilhelm Ritschl verdankte.

Nicht nur bei den Ritschls, sondern auch bei vielen Baseler Familien war Nietzsche ein gern gesehener Gast: Er verkehrte mit August und Ida Miaskowski, war häufig zu Besuch bei Johann Jakob und Louise Bachofen, bei Reinhart und Irene von Seydlitz und natürlich bei Richard und Cosima Wagner. Am wichtigsten war jedoch die Freundschaft mit den Overbecks; Nietzsche schrieb Ida Overbeck des öfteren vertrauliche Briefe, insbesondere im Winter 1882/83 nach dem Debakel mit Lou Salomé. Ida Overbeck, in vielerlei Hinsicht eine konventionelle Frau, fühlte sich zwar von Nietzsches Misogynie abgestoßen, beruhigte sich jedoch, wie Malwida von Meysenbug, mit der Auffassung, aus seinen frauenfeindlichen Äußerungen spreche nicht sein wahres Ich. Nach dem Streit mit Elisabeth (von der sie keine hohe Meinung hatte) fiel Nietzsche, wie sie es ausdrückte, »von sich selbst«.[46]

Cosima Wagner
(1837–1930)

Über Nietzsches Beziehung zu Cosima Wagner ist vielfach
spekuliert worden. Hollingdale z. B. meint, Cosima habe in
Nietzsche nur jemanden gesehen, der dem von ihr angebete-
ten Wagner nützlich sein könne.[47] Janz versichert, keine
andere Frau habe für Nietzsche so viel bedeutet wie Cosima.[48] Brann unterstellt Nietzsche psycho-sexuellen Infanti-
lismus und erklärt seine rätselhafte Leidenschaft für Cosima
aus unterdrückten Triebregungen.[49] Sicherlich war Nietzsches Verhältnis zu Cosima außerordentlich kompliziert,
und der Bruch mit Wagner machte die Sache nicht einfacher,
weil er Cosima damit ebenfalls verloren hatte, doch stellt sich
die Frage, wieviel man in Nietzsches mythologisierende
Deutung seiner Beziehung zu ihr als Dionysos und Ariadne
hineininterpretieren will.[50]

Als Nietzsche Cosima zum ersten Mal – im Mai 1869 –
begegnete, war er hingerissen. Cosima – Mutter von vier
Töchtern (davon zwei aus ihrer ersten Ehe mit Hans von
Bülow) und damals schwanger mit Siegfried (der am 6. Juni
geboren wurde) – war eine schöne, geistreiche und musika-
lisch begabte Frau. Ihre aufmunternden Worte hatten auf
Nietzsche einen stimulierenden Einfluß, während der Mei-
ster selbst oftmals viel zu sehr mit sich beschäftigt war, um
die Ideen und Bestrebungen des jungen Philologieprofessors,
der noch nichts Spektakuläres veröffentlicht hatte, würdigen
zu können.

Wahrscheinlich werden wir über Cosimas wirkliche
Gefühle für Nietzsche niemals Genaueres erfahren, weil sie
nach dem Tod des Gatten alles vernichtete, was ihrem Bild
des Ariers Wagner hätte widersprechen können. Somit sind
auch die Briefe Nietzsches an sie leider nicht erhalten. Gottfried Wagner hat darauf hingewiesen, daß seine Urgroßmut-
ter um einiges antisemitischer war als Wagner selbst, und seinen Nachlaß manipulierte sie noch rücksichtsloser als

Cosima und Richard Wagner

Elisabeth den ihres Bruders.[51] 1901 versuchte sie sogar, das deutsche Parlament zu einem Erlaß zu bewegen, demzufolge *Parsifal* nur in Bayreuth inszeniert werden dürfe. (An dieser Oper entzündete sich übrigens Nietzsches herbe Kritik, in der er Wagner vorwarf, zu Kreuze gekrochen zu sein.)

Die letzten Briefentwürfe Nietzsches gleichen eher Aufzeichnungen dessen, was er im Brief gerne mitgeteilt hätte. Das war dann häufig zu verletzend, um abgeschickt zu werden, oder der Brief wurde vom Empfänger vernichtet. Vermutlich Anfang September 1888 (er mochte ahnen, daß ihm nicht mehr viel Zeit bleiben würde[52]) entwarf er einen Brief an Cosima, in dem er sie bezichtigte, Wagner negativ beeinflußt zu haben: ein Thema, das er seit dem Bruch mit Wagner immer wieder in Briefen auch an Dritte erörtert:

> »Sie wissen sehr gut, wie sehr ich den Einfluß kenne, den Sie auf W[agner] ausgeübt haben – Sie wissen noch besser, wie sehr ich diesen Einfluß *verachte* ... Ich habe in dem Augenblick Ihnen und Wagner den Rücken gekehrt, als *der Schwindel* losging ...
> Wenn die *Tochter* Liszt [sic] in Dingen der deutschen Cultur, oder gar der Religion mitreden will, so habe ich kein Erbarmen ...« (Verm. Anf. September 1888; Entwurf. KGA III, 5, S. 587)

Auch Bernoulli betont, daß Nietzsche Cosima für die heuchlerische Religiosität des *Parsifal* verantwortlich machte, wodurch seine Achtung vor ihr sich erheblich verringerte.[53]

Selbst wenn die meisten Interpreten Nietzsche in seiner Kritik an Cosima folgen, möchte ich für einen Augenblick die Advocata Diaboli spielen und behaupten, daß Wagners und Cosimas Religiosität Privatsache war, während ihr Antisemitismus und Nationalismus eine öffentliche Angelegenheit darstellt und ein hartes Urteil verdient. Man muß den *Parsifal* ja nicht sehen, wenn man die Oper ablehnt. Nietzsche stellte Geschmacksfragen auf dasselbe Niveau wie Dinge, die öffentlich diskutiert werden müssen; so schwieg er zu den antisemitischen Verleumdungen, mit denen die Wagners Paul Rée bedachten, der damals doch ein enger Freund Nietzsches war.[54] Und wenn Wagner sich von der Religiosität seiner Frau beeinflussen ließ, spricht das nicht eben für ihn.

Interessant ist auch, daß Nietzsche Cosima als *Tochter* Liszts herabwürdigt. Bernoulli greift diesen Punkt auf und bedauert, daß sie, »die Unproduktive«, Wagner, »dem Produktiven«, das Gefühl gegeben habe, in ihrer Schuld zu stehen.[55] In diesem Zusammenhang sollte man darüber nachdenken, wie schwierig es für die Tochter von Liszt gewesen wäre, selbst produktiv im Sinne musikalischen Schaffens zu sein (vielleicht hätte sie ja das Potential zu einer Komponistin gehabt). Wenn noch zu Beginn des 20. Jahrhunderts Schriftsteller wie Otto Weininger[56] die Frauen der Unfähigkeit zu künstlerischer Produktivität bezichtigten, ignorierten sie geflissentlich die gesellschaftlichen Umstände, die dafür sorgten, daß eine Frau wie Cosima in diesem Sinne als »unproduktiv« bezeichnet werden konnte. Indes will ich noch auf einen anderen Punkt verweisen: Offensichtlich hat Nietzsche in seinen letzten Briefen an Cosima und Elisabeth mit seiner Kritik auch ins Schwarze getroffen; viele Interpreten halten diese Botschaften für das ultimative Wort über die Persönlichkeit der beiden Frauen. Doch selbst wenn Nietzsche meinte, was er sagte, bedeutet das noch nicht, daß seine Zuneigung tatsächlich erloschen war. Auch Nietzsches Beziehung zu seiner Mutter läßt sich bei aller Kritik nicht auf den Satz »Ich mag meine Mutter nicht« (Brief an Overbeck vom 6. März 1883; KGA III, 1, S. 336) reduzieren.

Wenden wir uns nun der geheimnisvollen »Ariadne« zu. Das ist ein schwieriges Thema, weil alle expliziten Hinweise auf ihre Identifikation mit Cosima aus der Zeit nach Nietzsches Zusammenbruch stammen. Bernoullis Interpretation des Dreiecks Theseus-Ariadne-Dionysos läuft darauf hinaus, daß Nietzsche, trotz aller Kritik an Sokrates und der Verherrlichung des Dionysischen, eher Sokrates als Dionysos war, dessen Rolle Wagner (der in dem Dreieck Theseus ist) mit größerer Berechtigung für sich hätte in Anspruch nehmen können.[57] Brann wiederum hält diese Interpretation für zu einfach. Er bezieht sich zunächst auf die griechische Sage (ich gebe den Zusammenhang sehr verkürzt wieder), der zufolge Theseus Ariadne auf der Insel Naxos zurückgelassen hatte, wo Dionysos sie heiratete. Brann meint, Nietzsche habe mit zunehmender Erkrankung nach Beweisen dafür gesucht, daß Wagner Cosima im Stich gelassen habe. Dann nämlich könnte Nietzsche-Dionysos Cosima den Armen Wagners entreißen und rechtmäßig die Seine nennen.[58] Tatsächlich erzählte Nietzsche den Ärzten in Jena, er sei von seiner Frau, Cosima, dorthin gebracht worden.[59] Schon vor dem Zusammenbruch hatte er sich immer stärker mit Dionysos identifiziert.

Diese Erklärung klingt plausibel, doch läßt sich die reale Cosima, die von Nietzsche verehrt und abgelehnt wurde, mit dieser fetischisierten Cosima-Ariadne nur schwer in Einklang bringen. Als Wagner 1883 starb, schrieb Nietzsche der Witwe einen (dem Entwurf von Mitte Februar nach zu urteilen) ziemlich blumigen Brief, in dem nichts auf eventuell noch bestehende erotische Intentionen hindeutet. Dabei wären derlei Absichten keineswegs absurd gewesen, war sie doch nach Wagners Tod rein hypothetisch gesprochen frei, und die sieben Jahre Altersunterschied wären keine unüberbrückbare Kluft gewesen. Aber ihr Herz hing auch weiterhin an Wagner, und Nietzsche mußte noch die von der Affäre mit Lou zurückgebliebenen Wunden lecken. Überdies war er mittlerweile fast ständig krank und fand es sicher angenehmer, ein Traumbild zu hegen, statt Cosima den Hof zu machen, die ihn schon aufgrund seiner feindseligen Haltung Wagner gegenüber höchstwahrscheinlich zurückgewiesen hätte. Zudem war sie – und dieser Faktor ist im Hinblick auf das Ariadne-Rätsel entscheidend – für ihn zu einer Person geworden, deren Grundsätze er ablehnte. Seine Gefühle waren hier ähnlich ambivalent wie gegenüber Franziska und Elisabeth.

Marie Baumgartner
(1831–1897)

Cosimas Anziehungskraft auf Nietzsche bestand nicht zum letzten darin, daß sie Mutter war. Interessanterweise schenkte er während der Zeit, in der er sich ihr am stärksten verbunden fühlte, auch einer anderen »Mutterfigur« seine Aufmerksamkeit. Dabei handelte es sich um Marie Baumgartner, die Mutter eines seiner Studenten, die gerade die dritte der *Unzeitgemäßen Betrachtungen* (»Schopenhauer als Erzieher«) ins Französische übersetzte. Im August 1875 schrieb Nietzsche an Rohde, sie sei die beste Mutter, die er kenne. Zwischen 1875 und 1878 fand zwischen ihnen ein äußerst reger Briefwechsel statt, und in einem Brief Nietzsches vom 28. Oktober 1878 bezeichnete er sich als ihren »Freund«. Zur gleichen Zeit korrespondierte Marie Baumgartner auch mit Elisabeth. Im Archiv befinden sich zehn Briefe von ihr. Der Tonfall wird immer freundlicher, und im August 1878 redet Marie Nietzsches Schwester sogar mit »Du« an. Dann gibt es eine große Lücke bis zum November 1894 (um diese Zeit bat Elisabeth alle früheren Freunde und Bekannten Nietzsches um Material für ihre Biografie). In ihrem Antwortbrief hat sich Marie Baumgartners Tonfall spürbar geändert; statt der Anrede »Liebe Elisabeth« finden wir nun die sehr viel distanziertere Wendung »Verehrte liebe Frau Förster«.

Ich möchte behaupten, daß Marie Baumgartner im August/September 1878 sich in Nietzsche verliebte – ungeachtet der Tatsache, daß sie dreizehn Jahre älter, verheiratet und Mutter eines Sohnes war, der im Juli 1879 promovierte. Ihre Briefe an Nietzsche zeigen eine Frau, die sich verzweifelt um seine Freundschaft bemüht, der Subtext aber verdeutlicht, daß sie regelrecht in ihn vernarrt ist. So teilt sie ihm in ihrem Brief vom 1. September 1879 mit, daß sie nach Basel gereist und an seinem Haus vorbeigekommen ist, jedoch nicht gewagt habe anzuklopfen. Sein Weggang aus Basel scheint sie schwer getroffen zu haben:

Marie Baumgartner

»In der ersten Zeit nach Ihrer Abreise, habe ich absichtlich
nicht geschrieben; weil ich Sie nicht noch trauriger stimmen
mochte, und ich mir selbst nur Trauriges zureden konnte. Ich
suchte mich daran zu gewöhnen, ohne Sie zu leben, und
dachte mir, der Briefwechsel mit Elisabeth und Herrn Overbeck werde Ihnen genügen. ... Nach Basel bin ich nicht mehr
gegangen und ich bleibe überhaupt lieber fern von Basel seit
ich Sie nicht mehr dort finden kann.« (31. Oktober 1879; KGA
II, 6/2, S. 1203)

Nietzsche hingegen scheinen die Beweise ihrer Zuneigung
eher verwirrt zu haben; jedenfalls schrieb er ihr immer im
Tonfall korrekter Höflichkeit. Aus seinen Bemerkungen zu
ihren (auf Französisch verfaßten) Gedichten, die sie ihm mit
der Bitte um Kritik schickte, können wir jedoch ersehen, daß
sie Anspielungen auf ihre Gefühle ihm gegenüber enthalten
haben müssen. Nietzsche reagierte eher formell und meinte,
sie läse zuviel in seine Freundschaft hinein:

»Ihre Dichtungen aber als *Wahrheiten* betrachtet, die Sie sich
und mir sagen: ja – da bedauere ich Sie ebenso sehr als ich
mich beglückwünsche. Denn Sie haben an mir viel viel weniger gefunden als Sie erwarteten, und ich weiß jetzt, daß ich
unendlich mehr empfangen habe und besitze, als ich verdiene
– nämlich eine zuverlässige treue Seele, welche überdies den
Ehrgeiz hat, die Treue auf Erden mir gegen alle skeptischen
Einflüsterungen zu *beweisen*.
So empfinde ich es: thut es Ihnen wehe? – Ich hoffe nicht. –«
(15. November 1878; KGA II, 5, S. 363)

Zwei Tage später antwortete Marie, sie sei nicht verletzt: »Ich
bin überzeugt, daß mit der Zeit Alles noch recht klar zwischen uns werden wird...« (17. November 1878; KGA II, 6/2,
S. 997) Aber diese Zeit war nicht gegeben, und Marie hatte
offenkundig nicht mit dem Gefühl der Einsamkeit gerechnet,
das sich einstellte, als Nietzsche Basel Ende März für immer
verließ. Mit großer Wahrscheinlichkeit hatte er zuvor ihre
Gedichte vernichtet und damit Maries ausdrücklichem
Wunsch (vgl. den Brief vom 20. März 1879) entsprochen.

Daß er auf ihre Annäherungsversuche nicht einging, ist verständlich, auch und vor allem, wenn man an den geschäftlichen Aspekt ihrer Zusammenarbeit hinsichtlich der Übersetzung denkt. Ganz zu schweigen vom Altersunterschied und der Tatsache, daß sie verheiratet war. Aus dem Briefwechsel, der noch bis 1883 fortgeführt wurde, geht aber auch hervor, daß sie krank war und sich bei ihrer Familie (mit Ausnahme des Sohnes) nicht wohl fühlte. Für Elisabeth war Marie Baumgartner eine gute Hilfe, wenn es um Kommentare zu Nietzsches Gedanken ging, und auch Janz betont, wie nützlich sie für Nietzsche war.[60] Sicher scheint jedenfalls, daß er ihr mehr bedeutete als sie ihm. Hollingdale, so meine ich, irrt, wenn er behauptet, keine Frau habe Nietzsche jemals wirklich geliebt.[61]

Louise Ott
(Lebensdaten unbekannt)

Bei den Bayreuther Festspielen vom Juli/August 1876 (also zu der Zeit, als seine Gefühle gegenüber Richard und Cosima Wagner sich allmählich abkühlten) traf Nietzsche eine weitere attraktive Frau: die begabte Musikerin und Sängerin Louise Ott aus Paris. Auch sie war verheiratet, und Mutter eines kleinen Jungen namens Marcel. Janz nimmt an, Frau Ott hätte ihren Ehemann zugunsten von Nietzsche verlassen, wäre sie nur darum gebeten worden.[62] Die Korrespondenz läßt jedoch keine entsprechenden Rückschlüsse zu. Als sie einander zum ersten Mal begegneten, wußte Nietzsche noch nicht, daß sie verheiratet war, und da sie sich ganz offensichtlich zueinander hingezogen fühlten, mußte er, sobald er ihre Stellung erkannt hatte, einen Rückzieher machen, um die Beziehung auf sicheren Boden zu bringen. Sein Verhalten setzte Elisabeth in Erstaunen; am 25. Juli 1876 hatte er ihr aus Bayreuth geschrieben: »*Alle* erwarten dich sehr.« (KGA II, 5, S. 179), doch schon eine Woche später bat er sie, sich seiner unbenutzten Eintrittskarten anzunehmen: »Mir graut vor jedem dieser langen Kunst-Abende; und doch bleibe ich nicht weg. ... Ich habe es ganz satt.« (1. August 1876; KGA II, 5, S. 181) Am 6. August entschuldigt sich Nietzsche bei der Schwester für die plötzliche Abreise, aber erst aus dem Brief an Louise Ott erfahren wir den wahren Grund für den Aufbruch:

> » ... es wurde dunkel um mich, als Sie Bayreuth verliessen, es war mir, als ob jemand das Licht mir weggenommen hätte. Ich musste mich erst wiederfinden, aber *das* habe ich gethan, und Sie können ohne Besorgniss diesen Brief in die Hand nehmen.« (30. August 1876, KGA II, 5, S. 183 f.)

In ihrem Brief vom 2. September 1876 bat Louise Nietzsche darum, sich vorsichtig auszudrücken, und so unterschrieb er seinen nächsten Brief mit »brüderlich der Ihre« (22. September 1876; KGA II, 5, S. 186). Zudem setzte er sie auf die Liste der Empfänger von Freiexemplaren seiner Werke. Fast genau ein Jahr später schrieb er ihr, die erneut schwanger war: »Neulich sah ich auf einmal plötzlich im Dunkeln Ihre Augen.« (29. August 1877; KGA II, 5, S. 281) Louise antwortete quasi postwendend mit großer Herzenswärme, daß sie davon nicht überrascht sei, weil auch sie ihre »kurze Begegnung« noch einmal durchlebt habe: »Ich lebte Alles wieder durch und fand mich reich – so reich – da Sie mir Ihr Herz geschenkt haben.« (1. September 1877; KGA II, 6/2, S. 685)

Nietzsche tröstete sich über die Enttäuschung mit Louise Ott durch die Einladung Malwida von Meysenbugs hinweg, den folgenden Winter bei ihr in Sorrent mit Paul Rée und Albert Brenner zu verbringen. An Lou Salomé schrieb Nietzsche Ende August 1882, er habe ihr »Gebet an das Leben« komponiert »und meine Pariser Freundin Ott, die im Besitz einer wundervoll starken und ausdrucksreichen Stimme ist, soll es Ihnen und mir einmal *vorsingen*« (KGA III, 1, S. 247). Jedoch sollte er weder Lou noch Louise jemals wiedersehen. Mit Ausnahme von Mathilde Trampedach waren alle Frauen, zu denen sich Nietzsche in seinen Baseler Jahren der Professur hingezogen fühlte, als er, durch regelmäßige Einkünfte begünstigt, einen Hausstand hätte gründen können, Ehefrauen und Mütter. Vielleicht spricht das für seinen großen Respekt, den er, im Einklang mit der Gesellschaft seiner Zeit, der Mutter entgegenbrachte. Die Beziehung zu einer so reifen Frau wie Cosima war natürlich vielschichtiger. Hieran zeigt sich, daß das ödipale Tabu auch schon vor Freud seine Wirkung zeitigte. In der Literatur der damaligen Zeit läßt sich ein ähnliches Beispiel finden. In Flauberts autobiographisch inspiriertem Roman *L'éducation sentimentale* (1869) fühlt sich der Held, Frédéric Moreau, zu der älteren Mme. Arnoux hingezogen, die ihm zu guter Letzt tatsächlich Avancen macht, woraufhin er mit Entsetzen ihr weiß gewordenes Haar betrachtet und sie sexuell abstoßend findet. Vielleicht war Nietzsche im Hinblick auf Marie Baumgartner in einer ähnlichen Lage. Wenn ein junger Mann im 19. Jahrhundert sich vor der Heirat (und der damit verbundenen Sexualität) schützen wollte, brauchte er sich nur in eine Mutterfigur zu verlieben, oder er mußte, wie Wagner, seine eigenen Tabus errichten.

ZWEITES KAPITEL

NIETZSCHE UND DAS EWIG-WEIBLICHE

In der wilhelminischen Gesellschaft wurde die unabhängige Frau als »Mannweib« wahrgenommen, weil sie dem Heiligenbild der bürgerlichen Ehefrau und Mutter nicht entsprach. Deren Glorifizierung entsprang dem bürgerlichen Familienkult der Biedermeierzeit und war ihrerseits das Resultat tiefgreifender wirtschaftlicher Veränderungen in der Gesellschaft. Entbunden von der Aufgabe, den Mann bei der Führung eines großen Haushalts, der die vorkapitalistische Epoche prägte, zu unterstützen, erhielten die Frauen der Mittelschicht mehr Freizeit und Muße, während ihnen zugleich sozial akzeptable Möglichkeiten des Gelderwerbs verwehrt blieben.[1] Die Mutterschaftsideologie war in Deutschland so stark, daß jeder Frau, die nur den Anschein erweckte, ihre wahre Bestimmung zu verleugnen, indem sie einen Beruf anstrebte, mit tiefem Mißtrauen, wenn nicht sogar Feindseligkeit begegnet wurde. Diese ablehnende Haltung basierte auf der Überzeugung, daß Bücherweisheit die Sexualität einer Frau beeinträchtigen und ihrer natürlichen Sittlichkeit sowie ihren mütterlichen Eigenschaften schaden würde. Nietzsche stimmte dieser Auffassung vorbehaltlos zu:

> »Wenn ein Weib gelehrte Neigungen hat, so ist gewöhnlich Etwas an ihrer Geschlechtlichkeit nicht in Ordnung. Schon Unfruchtbarkeit disponirt zu einer gewissen Männlichkeit des Geschmacks; der Mann ist nämlich, mit Verlaub, ›das

unfruchtbare Thier‹.« (JGB, Viertes Hauptstück, Aph. 144; KSA 5, 98)

Diesem weiblichen Bildungsstreben wollte Nietzsche durch die im antiken Griechenland übliche Beschränkung der Frau auf den häuslichen Bereich begegnen. Schon 1871 schrieb er in einem aus dem Umkreis der Studien zur *Geburt der Tragödie* stammenden Fragment:

> »Das hellenische Weib, als *Mutter*, mußte im Dunkel leben, weil der politische Trieb, sammt seinen höchsten Zwecken, es forderte. Es *mußte* wie eine Pflanze vegetieren, im engen Kreise, als Symbol der epikurischen Weltweisheit...« (KSA 7, 172)

Indes geht es Nietzsche nicht darum, die Frauen zu beleidigen, sondern ein bestimmtes Entwicklungsstadium einer Kultur zu beschreiben. Er merkt an:

> »So lange der Staat noch in einem embryonischen Zustand ist, überwiegt das Weib als *Mutter* und bestimmt den Grad und die Erscheinungen der Kultur...« (KSA 7, 173)

Nietzsches Bemerkungen zur Rolle der hellenischen Frau stehen hier im Zusammenhang mit Platons Auffassung, im vollkommenen Staat seien Männer und Frauen gleichberechtigt, so daß »die *Familie aufhören* müsse« (KSA 7, 170). Er zieht noch keine Schlußfolgerungen für die Gesellschaft seiner Zeit, während er später mit einiger Nostalgie auf das antike Griechenland zurückblickt. Dennoch ist dieses frühe, unbetitelte Fragment[2] für mich Ausdruck einer Sichtweise, die Nietzsche auch in späteren Jahren im wesentlichen beibehalten hat: Die häusliche Rolle der Frau ist und bleibt für ihn unabdingbar. Fünfzehn Jahre später, in *Jenseits von Gut und Böse*, bekommt diese Ansicht einen bitteren, für Frauen verletzenden Unterton. Für Nietzsche, der jetzt zu gedanklichen und stilistischen Höhenflügen angesetzt hat, verdankt sich die Blüte nicht nur der griechischen, sondern auch der asiatischen Kultur der Strenge, mit der die Frauen behandelt wurden:

»Ein Mann…, der Tiefe hat, in seinem Geiste wie in seinen Begierden, auch jene Tiefe des Wohlwollens, welche der Strenge und Härte fähig ist, und leicht mit ihnen verwechselt wird, kann über das Weib immer nur *orientalisch* denken: er muss das Weib als Besitz, als verschliessbares Eigenthum, als etwas zur Dienstbarkeit Vorbestimmtes und in ihr sich Vollendendes fassen, – er muss sich hierin auf die ungeheure Vernunft Asiens, auf Asiens Instinkt-Überlegenheit stellen: wie dies ehemals die Griechen gethan haben, diese besten Erben und Schüler Asiens, welche, wie bekannt, von Homer bis zu den Zeiten des Perikles, mit *zunehmender* Cultur und Umfänglichkeit an Kraft, Schritt für Schritt auch *strenger* gegen das Weib, kurz, orientalischer geworden sind. *Wie* nothwendig, *wie* logisch, *wie* selbst menschlich-wünschbar dies war: möge man darüber bei sich nachdenken!« (JGB, Siebentes Hauptstück, Aph. 238; KSA 5, 175).

Zwar gibt Nietzsche am Ende das Thema zur Diskussion frei, aber er hat deutlich gezeigt, womit er sympathisiert. Nach wie vor liegt die Gleichberechtigung der Frau für ihn jenseits des gesellschaftlich Akzeptablen. Erstaunlicher ist, daß sich der Umwerter aller Werte mit dieser Auffassung nahtlos in die frauenfeindlichen männlichen Vorurteile seiner Epoche einfügt, wobei (wie wir noch sehen werden) die Meinung, der emanzipierte »Blaustrumpf« sei unweiblich und die Frauenrechtlerin möglicherweise lesbisch, auch von vielen Frauen, sogar von unkonventionell eingestellten, geteilt wurde.

Viele Männer beriefen sich auf Nietzsche als Kronzeugen für ihre aggressive Frauenfeindlichkeit. Berühmt-berüchtigt wurde das bereits erwähnte, 1903 veröffentlichte Buch *Geschlecht und Charakter* von Otto Weininger, um so mehr, als sein Autor wenige Monate später sich das Leben nahm. Die Versuchung liegt nahe, Weiningers Theorien als bittere und im Grunde lächerliche Polemik abzutun, die in dem Vorschlag gipfelt, Männer sollten sich des Geschlechtsverkehrs mit Frauen enthalten, weil das weibliche Geschlecht mit aller List und Tücke an der Zerstörung des männlichen Geschlechts arbeite und folglich vor sich selbst geschützt werden müsse. Das war die hinterlistige Folgerung, die er aus der – in sich durchaus treffenden – Beschreibung der zerstörerischen Auswirkungen des Heiratsmarkts auf die Gesellschaft zieht. Weil Weininger auf subtile Weise Tatsachen mit Fiktionen zu vermischen verstand, wurden seine Theorien in weiten Kreisen ernst genommen. So greift Weininger die Frage, ob das vom Volumen her kleinere Gehirn der Frauen ihre Fähigkeit, rational zu denken, beeinträchtige – ein Problem, das im neunzehnten Jahrhundert endlos diskutiert wurde –, in bejahender Weise wieder auf und gründet darauf seine weitere Argumentation. Ebenso schlägt er Kapital aus der Forderung der Frauenrechtlerinnen nach eigenständiger Entwicklung ihrer Persönlichkeit, indem er sie auf diskriminierende Weise gegen die Frauen wendet:

»Man wird ... offen fragen...: ob denn dieser Anschauung die Frauen überhaupt noch Menschen seien? Ob sie nach der Theorie des Verfassers nicht eigentlich unter die Tiere oder die Pflanzen gerechnet werden müßten? Denn sie entbehrten, nach seiner Auffassung, einer höheren als der sinnlichen Existenz nicht minder denn jene, sie hätten so wenig teil am ewigen Leben wie die übrigen Organismen ... Der Mensch ist, nach der Ansicht, die sein Wesen am tiefsten erfaßt hat, ein Spiegel des Universums, er ist der Mikrokosmus; ... Die Tiere sind ... bloß Individuen, die Frauen Personen (wenn auch nicht Persönlichkeiten).«[3]

Weininger argumentiert hier ganz ähnlich wie Nietzsche, obwohl er dessen Fragment über die griechische Frau sicherlich nicht gekannt hat. Auch er betont das Pflanzenhafte der Frau und ist im übrigen vom klassischen Griechenland ebenso begeistert wie von der Vorstellung, die Frau auf den Haushalt zu beschränken, was sich um so mehr anbietet, als er ihnen jegliche Möglichkeit, eine Persönlichkeit zu sein, abspricht. Dieser Pfeil zielte ins Herz der Frauenbewegung.

Wie sieht nun Nietzsche vor dem Hintergrund der wilhelminischen Gesellschaft die weibliche Sexualität? Interessanterweise gibt es, wie ich weiter unten ausführe, in dieser Beziehung wichtige Berührungspunkte mit den von Lou Salomé entwickelten Theorien; insbesondere wandten sich beide gegen die Entsexualisierung der bürgerlich-reputierlichen »Dame«, der die landläufige Meinung ein tiefergehendes Interesse am Geschlechtsverkehr absprach.[4] Für die gutbürgerliche Ehefrau galt der Sexualakt eher als Pflicht denn als Lust, war aber, wie eine einflußreiche Richtung der Schulmedizin lehrte, aus hygienischen Gründen zu empfehlen, weil er die Frauen davor bewahrte, »hysterisch« zu werden. Demzufolge galt die unverheiratete Frau als gesundheitlich gefährdet und war darüber hinaus eine beliebte Zielscheibe vorurteilsvoller Spötteleien. Man denkt hier unwillkürlich an Nietzsches Tanten, Rosalie und Augusta. Dr. Ludwig Wille, Arzt in der Baseler Anstalt, in die Nietzsche nach seinem Zusammenbruch zunächst eingewiesen wurde, beschreibt sie kurz als »hysterisch und etwas excentrisch«, wobei er wahrscheinlich auf Rosalies »Nerven« anspielt, während sie in den Krankenberichten der Jenaer Klinik als »gebrechlich und sehr begabt« gelten.[5] Es ist frappierend, wie hier die Urteile auseinanderklaffen. Immerhin könnte die nervöse und reizbare Rosalie tatsächlich an Ängsten oder einer körperlichen Krankheit gelitten haben; aber »alte Jungfern« galten damals per se als hysterisch. Nervosität war nicht einfach eine Sache alleinstehender Frauen, sondern beschränkte sich, vor allem in Deutschland, auf die bürgerliche Mittelschicht.[6] Sehr anfällige Frauen waren den Ärzten auf Gedeih und Verderb ausgeliefert, und einige (wie der berühmte Dr. Weir Mitchell) schlugen kräftig Kapital aus der Verordnung billiger und zweifelhafter Kuren, die manchmal nur aus Bettruhe bestanden. Hier war Nietzsches Verachtung völlig angebracht (vgl. GM, Erste Abhandlung, Aph. 6; KSA 5, 264 ff.)

Die wilhelminische Gesellschaft sah ihre sichere Grundlage nur in der verheirateten Frau, die gerade als Mutter gesund und unbedrohlich wirkte, aber weithin als geschlechtslos

galt, was nun wirklich unlogisch ist. Das männlich beherrschte
Establishment im Kaiserreich lancierte in stillem Einverneh-
men das öffentliche Idealbild der Frau als Gehilfin des Mannes, das der bürgerlichen Auffassung vom Ewig-Weiblichen
sehr verwandt ist. Diese Auffassung verfälscht, wie wir sahen,
das von Goethe ursprünglich Intendierte. Selbst Frauen der
Arbeiterklasse, die, schon weil sie außerhalb des Haushalts
beschäftigt waren, gar nicht hoffen konnten, diesem Ideal
auch nur nahe zu kommen, hielten es für erstrebenswert.
Nietzsche, der das Kaiserreich nicht schätzte und die im Wilhelminismus herrschenden moralischen Maßstäbe und Vor-
schriften hart kritisierte, griff dennoch weder Goethes Konzeption noch deren bürgerliche Verfälschung an, sondern die
Frauen, die dieses Ideal des Ewig-Weiblichen mitsamt seinen
Werten verteidigten, diese Frauen mit ihrer patriotisch-mora-
lisierenden Frömmelei, ihrem seichten Geschmack und ihren
oberflächlichen Ambitionen. Ganz sicher gab es eine Menge
solcher Frauen, anderenfalls ließe sich nicht verstehen, warum
Meta von Salis, die so viel für die Frauenemanzipation leistete,
ihre Zeitgenossinnen zugleich so hart kritisieren und behaupten konnte, Nietzsche sei mit seinen Einschätzungen im
Recht gewesen.

Wie kommt es, daß große Teile der weiblichen Bevölke-
rung eine derartige Kritik auf sich zogen? Es sollte nicht
unerwähnt bleiben, daß Nietzsches (und Metas) Bemerkungen immer auf bessergestellte Frauen zielten, die, gewollt
oder ungewollt, den gesellschaftlichen Regeln folgen und
somit oftmals ein doppelzüngiges und künstlich erzwunge-
nes Verhalten an den Tag legen mußten; überdies standen sie
durch den Heiratsmarkt in direkter Konkurrenz zueinander. Nonkonformismus konnte dazu führen, daß sie unverheiratet blieben und die damit verbundenen gesellschaftlichen Benachteiligungen erdulden mußten. Nietzsche war
sich der Tatsache, daß Frauen die schärfsten Kritikerinnen
des eigenen Geschlechts sein konnten, sehr wohl bewußt:
»Und ist es nicht wahr, dass, im Grossen gerechnet, ›das

Weib‹ bisher vom Weibe selbst am meisten missachtet wurde – und ganz und gar nicht von uns?« (JGB, Siebentes Hauptstück, Aph. 232; KSA 5, 172).

Allerdings führt er diese Antipathie gegen das eigene Geschlecht nicht auf die gesellschaftliche Marginalisierung von Frauen zurück, die sie unter der Prämisse, irgendein Ehemann sei besser als gar keiner, zur Heirat zwang und dabei die Talente vieler begabter Frauen unterdrückte (was wiederum gerade bei emanzipierten Frauen zum Selbsthaß führen konnte), sondern auf den hartnäckigen Versuch einiger Frauen, diese Situation tatsächlich *zu verändern*, was ihnen nur durch den Eintritt in die Männerwelt gelingen konnte. Das Widersprüchliche in Nietzsches Argumentation liegt darin, daß er die Oberflächlichkeit der Frauen kritisierte und zugleich jeden Versuch, daran etwas zu ändern, ablehnte; das ganze »Siebente Hauptstück« von *Jenseits von Gut und Böse* (»Unsere Tugenden«) *verteidigt* die Lage der Frau als eines geistig unterentwickelten, abhängigen Wesens.

Obwohl also Nietzsche das »Ewig-Weibliche« mit Verachtung behandelte, war sein tatsächlicher Standpunkt nicht so weit von dem der meisten zeitgenössischen Verfechter konventioneller Werte entfernt. Der große Unterschied lag darin, daß er Frauen ihre Libido zugestand. Beide Geschlechter sollten die Freiheit haben, ihre instinktiven Begierden auszuleben, aber Menschen, die nicht in seinem Sinne »wohlgerathen« waren – wie etwa die emanzipierten Frauen –, galt sein vernichtendes Urteil:

> »›Emancipation des Weibes‹ – das ist der Instinkthass des *missrathenen*, das heisst gebäruntüchtigen Weibes gegen das wohlgerathene.« (EH, »Warum ich so gute Bücher schreibe«, Aph. 5; KSA 6, 306)

Implizit verweisen solche Argumentationen immer auf den Begriff der Zucht; der Feminismus ist für Nietzsche Ausdruck einer Entartung und zugleich lebensverneinend. Er erkannte jedoch nicht, daß viele Frauen eben deshalb nach höherer Bildung strebten, um der Rolle des Ewig-Weiblichen zu *entgehen*, die ihnen anderenfalls von der Gesellschaft aufgehalst würde. Nietzsche erblickte darin nur die »Entweiblichung« der Frau: »Es ist *Dummheit* in dieser Bewegung [...]« (JGB, Siebentes Hauptstück, Aph. 239; KSA 5, 176). Seine Bemerkungen über das Ewig-Weibliche sind nicht analytisch-kritisch, sondern nehmen sich des Problems auf spöttische Weise an; die Frau, so verkündete er, werde eher glauben, daß das »Ewig-Männliche« *sie* hinanziehe, als anzunehmen, daß der Mann vom Ewig-Weiblichen hinangezögen würde (ebd., Aph. 236; KSA 5, 173). In scherzendem Ton schrieb er an Irene von Seydlitz:

> »(Erste Bedingung des Ewig-Weiblichen nach meiner façon: lachen-können, im Kopfe lauter dummes Zeug.)« (7. Mai 1886; KGA III, 3, S. 189)

So lehnt Nietzsche zwar die mit dem Begriff des Ewig-Weiblichen verbundene Idealisierung der Hausfrau und Mutter ab, argumentiert dabei aber nicht kritisch, sondern eher hypo-kritisch, weil er die wilhelminische Einstellung zur Frau bis zu einem gewissen Grade teilt. Besonders deutlich läßt sich das an seiner Hervorhebung der Mutterrolle ablesen – abgesehen von seiner Neigung zu jungen Frauen, die bereits Mütter waren. Brann geht in dieser Hinsicht sogar noch weiter: Für Nietzsche, so meint er, habe die Frau vor allem die Funktion, den Mann durch ästhetisch-sexuelle Anziehungskraft und kulinarische Fertigkeiten aufzumuntern und zu bemuttern.[7]

Trotz dieser ambivalenten Haltung gegenüber der Mutterrolle, die Nietzsches theoretisches und praktisches Verhältnis zu Frauen bestimmte, sollte die provozierende Geste, mit der Lou Salomé und er der gesellschaftlichen Konvention den Fehdehandschuh hinwarfen, als sie die erotischen Triebe der Frau würdigten, nicht übersehen werden. Die Auffassung, ehrbare Frauen hätten keine Sexualität, die zur »allgemeinen Misogynie« des wilhelminischen Zeitalters gehörte, veranlaßte Nietzsche zu einem Sturmlauf gegen die Verschwörung des Schweigens, mit der junge Frauen vor der Sexualität bewahrt werden wollten. Tatsächlich, so betonte er, sollte *und* würde die Frau den Geschlechtsakt ebenso genießen wie der Mann:

> »Es ist etwas ganz Erstaunliches und Ungeheures in der Erziehung der vornehmen Frauen, ja vielleicht giebt es nichts Paradoxeres. Alle Welt ist darüber einverstanden, sie in eroticis so unwissend wie möglich zu erziehen und ihnen eine tiefe Scham vor dergleichen und die äusserste Ungeduld und Flucht beim Andeuten dieser Dinge in die Seele zu geben. ... Die Frauen empfinden leicht ihre Männer als ein Fragezeichen ihrer Ehre und ihre Kinder als eine Apologie oder Busse, – sie bedürfen der Kinder und wünschen sie sich, in einem ganz anderen Sinne als ein Mann sich Kinder wünscht. – Kurz, man kann nicht mild genug gegen die Frauen sein!« (FW, Zweites Buch, Aph. 71; KSA 3, 428 f.)

Hier tauchen die Konturen eines anderen Nietzsche auf, eines Mannes, der sich gegen die unfaire Behandlung von Frauen wendet. Dazu gehören auch seine beständigen Angriffe gegen das Christentum als Verneinung der Lebenstriebe:

> »Erst das Christentum, mit seinem Ressentiment *gegen* das Leben auf dem Grunde, hat aus der Geschlechtlichkeit etwas Unreines gemacht: es warf *Koth* auf den Anfang, auf die Voraussetzung unseres Lebens...« (GD, »Was ich den Alten verdanke«, Aph. 4; KSA 6, 160)

Im *Antichrist* deckt Nietzsche die schrecklichen Folgen auf, die sich aus der kirchlich sanktionierten Ablehnung alles Fleischlichen für die Frauen ergaben:

> »Das Weib liegt heute noch auf den Knien vor einem Irrthum, weil man ihm gesagt hat, dass Jemand dafür am Kreuz starb. *Ist denn das Kreuz ein Argument?* –« (AC, Aph. 53; KSA 6, 235)

Was also, können wir mit Recht fragen, ist schiefgelaufen? Was brachte Nietzsche zu seiner feindseligen Haltung gegenüber Frauen, wenn er so ansprechende Gedanken zu ihren Gunsten entwickeln konnte? Offensichtlich konnte er sich bei aller durchgängigen Kritik an Schopenhauer niemals ganz von dessen Interpretation des Geschlechtsverkehrs als einer Manifestation des »Willens zum Leben« lösen, weil für ihn die weibliche Sexualität unauflöslich und unvermeidlich mit der Aufzucht von Kindern verbunden war. Indirekt gelangte auch Lou Salomé zu genau diesem Schluß. Nietzsches Provokation der wilhelminischen Gesellschaft lag in seiner Forderung, daß die Frau sich nicht nur zu ihrer Fruchtbarkeit, sondern auch zu ihrer Sexualität bekennen solle.

Lou Andreas-Salomé
(1861–1937)

Lou Andreas-Salomé, 1861 in St. Petersburg geboren, entstammte einer deutsch-baltischen Adelsfamilie. Schon früh verlor sie ihren Glauben an Gott, ein Ereignis, das sie tief erschütterte. Ihre Freundschaft mit Nietzsche erlitt in dem Moment einen Rückschlag, als sie annahm, er habe ihr einen Heiratsantrag gemacht – wobei allein schon die Fraglichkeit dieses Ereignisses die Ambivalenz zeigt, die – so jedenfalls Nietzsches Interpretation der Ereignisse – mit einer der tiefsten Enttäuschungen seines Lebens einherging. 1887 heiratete Lou Salomé den Gelehrten Fred Andreas. Erstaunlicherweise hielt die Ehe trotz aller Schwierigkeiten bis zu seinem Tod im Jahre 1930, obwohl Lou sich ihrem Mann verweigerte, was einige Biografen einer (vorgeblichen oder tatsächlichen) inzestuösen Bindung an den Vater zuschrieben.[8] In ihren postum veröffentlichten Memoiren (*Lebensrückblick*, 1951) behandelt sie ihre Liebesaffären und Flirts mit großer Diskretion.[9] Sicher ist, daß sie verschiedene Liebhaber hatte, zu denen auch (von 1897 bis 1900) Rainer Maria Rilke gehör-

Lou Andreas-Salomé, Paul Reé und Nietzsche, 1882

te, dem sie bis zu seinem Tod freundschaftlich verbunden blieb. Sie wandte sich vor allem deshalb der Psychoanalyse zu, um ihm zu helfen, und in einem späteren Brief an ihn bezeichnete sie sich sogar als seine Frau, was sie in bezug auf keinen anderen Mann je getan hat.[10]

Diese so interessante wie umstrittene Frau war Zeit ihres Lebens die Freundin und Vertraute prominenter Schriftsteller. Als sie 1911 auf dem Psychoanalytischen Kongreß in Weimar Sigmund Freud kennenlernte, war eigentlich schon absehbar, daß sich zwischen ihnen eine von gegenseitiger Achtung geprägte Freundschaft entwickeln würde. Sie war jetzt fünfzig Jahre alt, hatte zehn Romane sowie ein halbes Hundert Aufsätze und Rezensionen über religions- und kunstpsychologische Themen und die Psychologie der Erotik verfaßt. Sie arbeitete bis zu ihrem Tod als Freundin und als Analytikerin mit Freud und seiner Tochter Anna zusammen. Dennoch gelang es ihr vorzüglich, den Eindruck zu erwekken, ein (wie Freud es nennt) »rein weiblicher Typus« zu sein, indem sie z. B. bei Gruppendiskussionen (wo sie die einzige Frau war) bewußt schwieg. Biddy Martin hat darauf hingewiesen, daß sie an sich einen doppelten Maßstab anlegte, um nicht vom anderen Geschlecht als Mannweib und Blaustrumpf abgelehnt zu werden.

> »Salomés Angst vor der männlichen Frau oder der Frau, die der Häßlichkeit und Vulgarität des modernen Arbeitslebens erliegt, verbindet sich allzu leicht mit den konservativsten Argumenten des späten neunzehnten Jahrhunderts *gegen* die Frauenarbeit und *für* die Bewahrung ihrer natürlichen inneren Ausgeglichenheit.«[11]

Obwohl Lou Salomé ihren Glauben früh verlor, bewahrte ihr Denken eine mystische Dimension, und in ihren Äußerungen über Nietzsches Philosophie hob sie wiederholt das Religiöse seiner »Weltanschauung« hervor:

> »So sehen wir, daß in Nietzsches Philosophie die Ethik unmerklich in die Aesthetik überfliesst, – in eine Art von reli-

giöser Aesthetik, – und daß die Lehre vom Guten ermöglicht wird durch die Göttlichkeit des Schönen.«[12]

Es ist müßig zu fragen, was Nietzsche zu diesen Ausführungen gesagt hätte. Als das Buch 1894 erschien, war er längst dem Wahnsinn verfallen, und seine Diskussionen mit Salomé über ihre ersten Entwürfe einer Analyse seiner Philosophie hatten sich auf das Jahr 1882 beschränkt. Lous Einstellung zur Religion jedenfalls war und blieb ambivalent; aus ihrer Beschreibung einer idealen Beziehung zwischen Mann und Frau, die in völliger Gleichheit vor Gott knien, geht hervor, daß sie ein letztlich ungreifbares höchstes Wesen verehrte – »ihr Symbol eines durch keine menschliche Beziehung erfüllbaren Begehrens«.[13]

Nietzsche, Lou Salomé und ihre »Affäre«

Nietzsche lernte Lou Salomé im April 1882 in Rom bei Malwida von Meysenbug kennen. Diese hielt nach einem passenden Mann für Salomé Ausschau, hatte jedoch die Unabhängigkeit ihres jungen Gastes aus Rußland arg unterschätzt. Problematisch an Lous Sozialverhalten waren ihre Vorstellungen von einer platonischen Beziehung, vor allem, weil sie immer wieder Dreiecksverhältnisse mit zwei Männern anstrebte. Sie hatte damals die Idee, im Winter 1882 mit Paul Rée und Nietzsche eine gemeinsame Wohnung zu beziehen; Nietzsche kannte jedoch nicht die Vorgeschichte dieses Plans. Im März hatte Paul Rée nach kurzer Bekanntschaft mit Lou erfolglos um ihre Hand angehalten. Wie Hubert Treiber zeigt, war Rées Verhalten eine gewisse Heimtücke nicht abzusprechen, war er es doch, der, nachdem Lou ihn dazu überredet hatte, bei ihr in Rom zu bleiben, Nietzsche einlud, der Dritte im Bunde zu werden. Im weiteren Verlauf der Ereignisse versuchten nun beide Männer, das Arrangement mit Lou zu ihren Gunsten zu nutzen.[14] Die meisten

Biografen sind sich darin einig, daß Nietzsches Hoffnungen
sich darauf beschränkten, Lou als Mitarbeiterin zu gewin-
nen, auch wenn Pfeiffers Bemerkungen den Schluß zulassen,
Nietzsche habe ihr einen formellen Heiratsantrag gemacht,
den sie zurückwies.[15] Angeblich hat er Lou noch in Rom um
ihre Hand gebeten, wobei Rée den Mittelsmann spielte. Ida
Overbeck zufolge hat er ihr jedoch lediglich angeboten, den
Regeln des Anstands zu folgen, um möglichem Klatsch und
Tratsch Einhalt zu gebieten. Während eines Besuchs bei den
Overbecks in Basel zeigte er sich sehr besorgt darüber, daß
Lou sein Angebot als einen Heiratsantrag mißverstehen
könnte.[16]

Im Frühjahr 1882 schmiedeten die drei Pläne für ihren
gemeinsamen Haushalt. Lou Salomé ging für eine Weile zu
Rée nach Stibbe, und es kennzeichnet Rées geheimere Moti-
ve (die Treiber für voyeuristisch hält[17]), daß er Lou dazu über-
redete, für ihn während ihres Zusammenseins mit Nietzsche
in Tautenburg im August 1882 ein Tagebuch zu führen. Dieses in Briefform gehaltene Diarium läßt Nietzsches immense
Freude darüber, einen verwandten Geist gefunden zu haben,
als gerechtfertigt erscheinen. Lou beschreibt, wie sie oder
Nietzsche nur ein Wort äußern mußte, damit der andere den
Gedankengang sofort verstehen und den Satz vollenden
konnte.[18] Dieses Zusammenspiel könnte vielleicht auch der
offenbar willkürlich zusammengestellten Liste von Wörtern
und Sätzen Sinn verleihen, die Ende November 1882 nieder-
geschrieben wurde und sich in der »Kritischen Gesamtausgabe« von Nietzsches Briefwechsel findet.[19] Eine derartige Harmonie mußte in Nietzsche den Gedanken erwecken, endlich
eine Schülerin gewonnen zu haben. Zu jener Zeit hatte er
gerade die Idee der Ewigen Wiederkunft entworfen, die
sich, wie Lou meinte, nur ertragen läßt, wenn sie von der
Liebe zum Leben aufgewogen wird.[20] Nietzsche glaubte, er
habe in Lou jemanden gefunden, der den Gedanken der Ewigen Wiederkunft erträglich machen und ihn dazu bringen
könne, das Leben zu lieben. Das war, wie er sich bald einge-

stehen mußte, selbst von einer so lebendigen jungen Frau wie Lou Salomé zuviel verlangt. Darüber hinausgehende, explizit sexuelle Intentionen scheint er damals nicht verfolgt zu haben, und er war gegenüber Paul Rée offenkundig von einer geradezu bestürzenden Naivität, wobei er allerdings von Lous Tagebuch nichts wußte. Das Tagebuch selbst läßt deutlich erkennen, daß er bereits ein Außenseiter ist.[21] Die Vertrautheit, die er sich im Umgang mit Lou erhofft, existiert bereits zwischen ihr und Rée, wobei ihre Freundschaft immer strikt platonisch blieb.[22]

Im November 1882 traf Nietzsche die beiden in Leipzig. Als sie abreisten, ohne sich von ihm zu verabschieden, fühlte er sich allein gelassen und mußte mit wachsender Erbitterung erkennen, daß sie ihn im Stich gelassen hatten. Ida Overbeck berichtet, daß er nach fehlenden Briefen fragte und davon überzeugt war, daß einige verlorengegangen seien.[23] Danach durchlitt er, wie er später an Ida Overbeck schreibt, seinen »schwerste[n] und kränkste[n] Winter« (Mitte Juli 1883, KGA III, 1, S. 405). Er sollte weder Lou noch Paul Rée jemals wiedersehen, erholte sich aber von seinen Gefühlswirrungen, die ihren Höhepunkt im Sommer 1883 erreichten, so weit, daß er an Lou schreiben konnte. Es bleibt unklar, warum Lou und Rée ihn so grußlos verließen, und auch der Zeitpunkt ihrer Abreise aus Leipzig ist ein Rätsel, weil sie sich am 13. November noch in der Stadt aufhielten, während Nietzsche glaubte, sie seien schon vor einer Woche aufgebrochen. So bemerkte er erst nach einiger Zeit, daß seine Briefe an die beiden unbeantwortet blieben. Er war nun vollständig isoliert. Mit Elisabeth hatte er sich wegen Lou schon in Tautenburg gestritten, danach mit seiner Mutter; und nun fing er an, Rée in Briefen zu beschimpfen, bis schließlich Lou zu einem Dämon wird, den er gar nicht genug beleidigen kann.[24] Zwar versöhnte er sich im April 1883 wieder halbwegs mit Elisabeth, aber erst im Juli erfuhr er die näheren Umstände der Auseinandersetzung zwischen ihr und Lou, in deren Verlauf Lou sich sehr abschätzig über seine sexuelle Attraktivität geäußert hatte.[25]

Im Winter hatten sich Nietzsches Angriffe gegen Elisabeth gerichtet; nun aber, da die Streitaxt zwischen ihnen
begraben war, verstärkte er die Ausfälle gegen Lou und Rée,
was er indes bald darauf bedauerte. Er schrieb an Elisabeth,
daß solche Streitigkeiten erniedrigend seien und gegen seinen persönlichen Moralkodex verstießen:

> »Nein, ich bin nicht gemacht zu Feindschaft und Haß: und seit
> diese Sache so weit fortgeschritten ist, daß eine Versöhnung
> mit jenen Beiden nicht mehr möglich ist, weiß ich nicht mehr,
> wie leben; ich denke fortwährend dran. Es ist unverträglich
> mit meiner ganzen Philosophie und Denkweise...« (Kurz
> nach Mitte Juli 1883; KGA III, 1, S. 407)

Ida Overbeck hatte Nietzsche zur Versöhnung mit Elisabeth
geraten und ihn zugleich darauf hingewiesen, daß es ein Fehler war, sich der Schwester überhaupt anzuvertrauen.[26] Die
Versöhnung blieb unvollständig, und nun sind viele seiner
Briefe – nicht nur die an Elisabeth – von einem gehässigen
Tonfall geprägt. So beklagte er sich Elisabeth gegenüber, er
sei »etwas verstimmt über Frau Overbeck« wegen ihrer
pedantischen Moralvorstellungen (Ende Juli 1883; KGA III,
1, S. 415). Zudem häufen sich jetzt die frauenfeindlichen
Äußerungen in seinen Briefen, während paradoxerweise weiterhin zahlreiche Frauen, die ihn bewunderten, seine Freundschaft zu gewinnen suchen.

Nietzsche konnte seiner Schwester mit einigem Recht die
hauptsächliche Verantwortung für den Bruch mit Lou
Salomé anlasten. Überdies verletzte es ihn zutiefst, daß Elisabeth seine Beziehung zu Lou, die er auch in ihrer Keimform
für etwas höchst Wertvolles gehalten hatte, nur als krud sexuelles Verhältnis begriff. Er beklagte sich bei seinem Freunde
Overbeck darüber, daß seine Schwester überhaupt nicht
begreifen könne, welchen Schaden sie ihm zugefügt habe;
allerdings ist nicht auszuschließen, daß Elisabeth die Bedeutung Lous für den Bruder durchaus erfassen konnte und sie,
vielleicht unbewußt, als Rivalin bekämpfte. Hayman sieht in

Elisabeths Fixierung auf den Bruder sogar einen Grund dafür, daß sie als junge Frau einige Heiratsanträge ablehnte.[27] Als sie Bernhard Förster ehelichte, war sie beinahe vierzig. In seinem Buch über Lou und Nietzsche stellt sich Erich Podach[28] gegen Elisabeth auf die Seite von Lou, nicht nur, weil sie ihm Einsicht in Privatdokumente gewährt hatte, sondern auch aus Fairneß, denn Lou, die noch vor der Veröffentlichung seines Buches starb, hatte zeit ihres Lebens nie auf die Angriffe von Elisabeth reagiert.

Trotz der Versöhnung blieb Nietzsches Verhältnis zu Mutter und Schwester gespannt. Es läßt sich jedoch fragen, ob er nicht etwas zu bereitwillig Lou Salomé von aller Schuld freisprach. Sie war schon als Kind äußerst eigenwillig gewesen und hatte Freiheiten genossen, über die Elisabeth mit ihrem provinziell-beschränkten Hintergrund nur staunen konnte. Lou war kultiviert, gebildet und reich. Einen Mann wie Nietzsche, der die Heiratsusancen verachtete, mußte Lous unverhohlene Mißachtung der Konvention – erklärtermaßen *nicht* zu heiraten, während die meisten jungen Frauen an nichts anderes dachten – stark beeindruckt haben. Natürlich ist es widersprüchlich, wenn Nietzsche Lou wiederholt anrät: *»werden Sie, die Sie sind!«*[29] und dann erstaunt ist, wenn sie genau dies tut. Sein in dieser Hinsicht mangelndes Feingefühl verführte zu der Annahme, er verfüge über Geist und Seele seiner jungen Freundin – ein, wie Podach meint, »tragischer Fehler«.[30] Lou habe, so Podach, in Tautenburg möglicherweise gemerkt, daß Nietzsche ihr helfen wollte, die zu werden, die sie war, und (wenngleich nur unbewußt) bei ihrer Abreise den Plan gefaßt, sich von ihm zu lösen.

Wir sollten also Lous Behauptung, sie habe von den verzweiflungsvollen Briefen, die Nietzsche ihr im Winter 1882 schrieb, nichts gewußt, mit Skepsis betrachten; in ihrer Autobiografie gibt sie an, Rée habe diese Briefe unterschlagen, um sie nicht zu beunruhigen.[31] Man hat das Gefühl, daß sie ohne große Anstrengung Nietzsche freundschaftlich hätte verbunden bleiben können; ihre beiläufige Bemerkung, daß ihr

gemeinsamer Freund, Heinrich von Stein, sich als Mittelsmann angeboten habe, um eine – von Nietzsche jedoch abge-
lehnte – Versöhnung herbeizuführen, klingt vor allem deshalb nicht überzeugend, weil Nietzsche erst im Sommer
1884 von Stein begegnete. Lou jedenfalls machte sich mit
der Veröffentlichung ihres Nietzsche-Buchs einen Namen.
Ihre von dem Grundgedanken einer religiösen Dimension in
Nietzsches Werk getragene Darstellung seiner Ideen ist klar
und kam zur rechten Zeit. Es war eines der ersten Publikationen über Nietzsche und ist auch heute noch lesenswert,
obwohl die Einsichten, die sie vermittelt, im Licht der heutigen Diskussion nichts Überraschendes mehr enthalten. Sie
drehen sich vor allem um die psychologische Dimension seines Denkens, wie ihr ganzer Ansatz ihr Interesse an der Psychoanalyse erkennen läßt; der Persönlichkeit Nietzsches
widmet sie ebensoviel Platz wie der Interpretation seiner
Hauptwerke. Overbeck, der das Buch durchaus schätzte,
mißfiel Lous Behauptung, tiefere Einsichten in den Menschen Nietzsche zu besitzen. Er schrieb an Rohde:

> »...namentlich ist mir auch die Art fatal, wie das Buch der
> Frau Andreas die Flagge der Freundschaft aufsteckt, da sie
> doch N›ietzsche‹'s Freundin sich zu nennen *in keinem Sinne*
> ein Recht hat, auch darum nicht, weil sie viel zu sehr sich als
> Richterin zu ihm verhält...«[32]

Bei allem Selbstvertrauen, mit dem Lou ihr Leben geführt
hat, sollten wir ihre Umgangsweise mit Nietzsche unter die
Lupe nehmen, weil sich sein Gefühlsleben durch den Bruch
ihrer Beziehung tiefgreifend verändert hat. Insbesondere
sind seine misogynen Tendenzen dadurch entscheidend verstärkt worden. Wahrscheinlich war Lous Abscheu vor dem
Geschlechtsverkehr für einige ihrer Beziehungen ein ent-
scheidendes Hindernis; er machte sie gegenüber Männern,
die sie begehrten, übermäßig argwöhnisch und ließ sie Dreiecksverhältnisse bevorzugen, in denen einer der beiden Männer dann regelmäßig der verletzte Außenseiter war. Für diese

Neigung zu Dreiecksverhältnissen gibt es mehrere Beispiele: 1882 plante sie, mit Rée und Nietzsche nach Paris zu reisen; 1883 reiste sie mit Rée und Ferdinand Tönnies ins Engadin; 1886 machte sie den Vorschlag, mit Rée und Andreas eine gemeinsame Wohnung zu nehmen; 1899 reiste sie mit Andreas und Rilke nach Rußland. Die Regelmäßigkeit, mit der diese Dreiecksverhältnisse immer wieder hergestellt werden, zeigt, daß Lou – ausgenommen ihre Zusammenarbeit mit Freud – das passiv-weibliche Rollenverhalten ablehnte. Wenn wir nun in Erwägung ziehen, daß Freud genau dieses Verhalten als seinem Wesen nach masochistisch definierte, können wir annehmen, daß sie, wenngleich unbewußt, zu einem sadistischen Rollenverhalten neigte[33] und prüfte, ob sie einen tendentiell masochistischen Mann finde.[34]

Aber Lou Salomé wollte nicht nur einen der Männer in dem von ihr bewirkten Dreiecksverhältnis verletzen, sie benötigte dafür auch noch einen Zeugen, der, wie sie mit auktorialer Zustimmung in ihrem Kurzroman *Fenitschka* (1896–98) beschreibt, in die Rolle des Voyeurs gedrängt wird. Dieser – als Masochist dargestellte – Voyeur taucht in Leopold von Sacher-Masochs ebenso berüchtigtem wie weit verbreitetem Roman *Venus im Pelz* (1870) als Severin auf, der Ähnlichkeiten mit dem Autor aufweist. Severin liebte den lustvoll empfundenen Schmerz, den er einerseits spürte, wenn er heimlich zusah, wie (auf seine Veranlassung hin) ein anderer Mann mit seiner (Severins) Frau schlief, und es andererseits – das löste den eigentlichen Schock bei der Leserschaft aus – genoß, sich von Wanda, seiner Mätresse, schlagen zu lassen. Die Szene in *Fenitschka*, in der Max befohlen wird, sich im Schlafzimmer zu verstecken, während Fenitschka die Beziehung zu ihrem Liebhaber abbricht (weil er sie heiraten will!), könnte als Variante des von Sacher-Masoch eingeführten sadomasochistischen Modells interpretiert werden, wobei das Heiratsproblem Lous eigene Haltung widerspiegelt. Max teilt gewisse Züge mit Wedekind, der 1894 in Paris Lou zu verführen suchte und dabei Schiffbruch erlitt.[35] Hier finden sich Anklänge an Nietzsches Erfahrungen, obwohl er natürlich längst nicht so derb war wie Max im Roman. Nietzsche, so könnte man sagen, wurde bestraft, weil er zuviel Interesse an Lou zeigte, und gewissermaßen in Gegenwart eines Zeugen, Rée, abgewiesen. Rée wiederum mußte sich nach einer längeren, wiewohl keuschen Liebesaffäre mit Lou seinerseits in Demut üben. Die Affäre war zu Ende, als Rée sich ohne Abschiedsgruß aus Lous Leben davonstahl, weil ihn ihre Absicht, Andreas zu heiraten, am Boden zerstört hatte. Lou dagegen hatte schon eifrig Pläne für ein weiteres Dreiecksverhältnis geschmiedet.

Lou schrieb *Fenitschka* kurz vor und während ihrer Liaison mit Rilke, aber die Titelheldin ist so alt, wie Lou war, als sie Nietzsche begegnete. Die Handlung des Romans spielt auf verschiedenen Ebenen. Zunächst geht es um die Beschreibung des sexuellen Dilemmas einer noch jungfräulichen Studentin (Lous Erfahrung mit Nietzsche) sowie um die Entdeckung des Sexuellen, wenn Fenitschka ein Jahr später einen Liebhaber hat und Max, ihrem Freund, sagt, Liebe sei etwas so Natürliches und Notwendiges »wie das gute gesegnete Brot« oder der »frisch erhaltende Luftstrom«[36] (Lous Erfahrung mit Rilke). Auf einer anderen Ebene jedoch geht es um das Problem der Frigidität und, wenngleich verhüllt, um sadomasochistische Neigungen. In *Fenitschka* spiegelt sich Lous langjähriges Verlangen nach Keuschheit, das sogar ihre Ehe bestimmte. Eheliche Keuschheit gab es bei den Angehörigen der Intelligenz um die Jahrhundertwende häufiger – ein Beispiel sind die Webbs[37] –, doch lag der Grund für solche Abstinenz oftmals in der Frigidität der Frau (wie etwa bei Charlotte und George Bernard Shaw). Fred Andreas befand sich in der gleichen Lage wie G. B. Shaw und mußte das Beste daraus machen. Außer Krafft-Ebings vagen Hinweisen auf weibliche Neurasthenie oder Hysterie[38] hatten die Ärzte nichts zu bieten. Jedenfalls lehnte Lou Salomé den Geschlechtsverkehr zunächst ab, so wie sie sich später weigert, ein Kind zur Welt zu bringen.[39] Das könnte erklären, warum sie sich Nietzsche entfremdete, als sie glaubte, er habe um ihre Hand angehalten – wie in *Fenitschka* scheint der bloße Gedanke an Heirat schon einer Vergewaltigung gleichzukommen.

Fenitschka ist, wie andere Romane und Erzählungen von Lou Salomé, dafür gelobt worden, daß eine Autorin die Situation der Frau aus der Sicht eines männlichen Protagonisten schildert.[40] Dagegen möchte ich behaupten, daß die symbolisch verschlossene Tür, die fehlgeschlagene Verführung und die Notwendigkeit eines Voyeurs darauf hinweisen, daß es hier um Lous eigene Schwierigkeiten mit der Sexualität geht, so daß die auf der tieferliegenden Ebene vermittelte Botschaft im Widerspruch zu dem steht, was die erste Ebene aussagt. Um ein Beispiel zu geben: Glauben Leserinnen wirklich, daß Max Fenitschkas nonnenhafte Reinheit so einfach hinnimmt, ihr den Zimmerschlüssel zurückgibt und sich bei ihr für den Annäherungsversuch entschuldigt? Ist nicht eine solche Szene oft gerade der Ausgangspunkt für eine Verführung? Wobei es nicht darum geht, dieser das Wort zu reden; ich möchte nur herausfinden, was sich eigentlich hinter dieser Idealisierung weiblicher Unberührtheit verbirgt.

Die Voyeursszene in *Fenitschka* hinterläßt den irritierenden Eindruck, Lou Salomé habe in den geplanten *ménages à trois* nicht nur ihre Jungfräulichkeit wahren, sondern auch die Männer (unbewußt) gegeneinander ausspielen wollen, wobei sie dem weniger bevorzugten Mann die Rolle des Voyeurs zuwies. Zwar findet Max seine Position als Lauscher wider Willen höchst verwirrend, aber seine stumme Anwesenheit spornt Fenitschka zu einem Bekenntnis ihrer Schuld gegenüber dem Liebhaber an. Im Kirchgeläut hallt ihr Gefühlsausbruch wider: »– und alle Glocken sangen und klangen: ›Ich danke dir! Ich danke dir!‹«[41] Angesichts dieses epiphanischen Augenblicks ist man höchst erstaunt, daß damit das Ende der Liebesaffäre und nicht etwa ihr Vollzug gefeiert wird, während der lauschende Max, geläutert, Keuschheit gelobt. Es war Nietzsches Unglück, gerade in dem Augenblick auf Lou zu stoßen, als sie ihren ersten Versuch unternahm, eine Drei-ecksbeziehung herzustellen. Später dann war, wie Treiber zeigt, Ferdinand Tönnies der Unglücksrabe, der sich in Gegenwart von Rée und Lou als überflüssig empfand.[42] Die Rußlandreise 1899 wiederum muß für Andreas recht unange-nehm gewesen sein; jedenfalls war er im Jahr darauf, als Lou erneut mit Rilke nach Rußland reiste, nicht mehr dabei.

Obwohl Lou die von erzkonservativen Schriftstellerinnen wie Laura Marholm vertretene Auffassung, die Frau sei dem Manne in jeder Hinsicht unterlegen, nicht teilte, endet die Befreiung ihrer weiblichen Romanfiguren zumeist in der Iso-lation. Ein gutes Beispiel dafür ist der 1901 erschienene Roman *Ma*. Er schildert das Schicksal einer Witwe in den Wechseljahren, deren Töchter den Haushalt verlassen. Sie hat die Gelegenheit, sich erneut zu verheiraten, verzichtet aber nach langem inneren Kampf darauf (ihre ekstatische Entsagung wird wiederum von Kirchenglocken begleitet). Ma (die Kurzform für »Marianne«, vielleicht auch für »Mama«) versteht sich auch nach dem Auszug ihrer Töchter Gita und Sophie noch immer als Mutter, und die Mutterrolle wird zumindest in diesem Roman als das *sine qua non* der Frau bestimmt; insofern wirft *Ma* Fragen über Lous eigene Haltung zur Mutterschaft auf. »Ja, meine Kinder sind mein Leben«, teilt Ma ihrem Freund Tomasov mit, der sie vergeb-lich darauf hinweist, daß ihre Töchter keine Kinder mehr sind.[43] Bei der Lektüre wird sehr schnell deutlich, daß Lou zeigen will, wie sehr die beiden jungen Frauen ihre Mutter noch benötigen. Vor allem Gita, die Ältere, befindet sich auf dem Weg in den Ruin, studiert sie doch an der Universität, um ihren Dr. phil. zu erwerben. Hier gibt es sicherlich Ähn-lichkeiten mit Nietzsches Auffassungen, aber die Verwerfung der Ehe zeigt, wie stark Lou und Nietzsche im Hinblick auf die Rolle der Frau differierten. Allerdings schmeckt das Gan-ze ein wenig nach Heuchelei, weil Lou die Mutterschaft, die sie selbst vermied, anderen fast marktschreierisch empfahl. Angela Livingstone sieht in Lous Weigerung, Mutter zu werden, den Versuch der Selbstverwirklichung (»noch mehr die sein, die sie bereits war«)[44], während ich darin ein weiteres neurotisches Symptom erblicke. Offensichtlich war Lou sexuell gehemmt und ein Kinderwunsch nicht vorhanden, was sie nicht daran hinderte, »das Mütterliche« als Symbol der weiblichen Psyche zu beschreiben.[45]

Nietzsche wollte neue *Männer* heranzüchten und benötigte dazu fruchtbare Frauen. Er war sich mit Lou darin einig, daß jeder Versuch, die natürlichen mütterlichen Eigenschaften der Frau durch konkurrenz- und karriereorientiertes Streben zu korrumpieren, nur Schaden stiften konnte; eine Auffassung, die viele Frauen in Deutschland um die Jahrhundertwende teilten.[46] Für Lou und andere, ihr ähnliche Frauen bestand das Geheimnis darin, sich zu befreien, ohne der Frauenbewegung Tribut zu zollen; diesen doppelten Anspruch konnten nur wohlhabende Frauen aufrechterhalten. Viele Feministinnen waren denn auch ganz verzweifelt über Lous Haltung, und Hedwig Dohm nannte sie, ungeachtet aller ehrlichen Bewunderung, eine »Antifrauenrechtlerin«.[47] Lous Einstellung zu Frauenfragen war voller Widersprüche; abgesehen von der Tatsache, daß sie nicht lebte, was sie lehrte, verwechselte sie auch Vitalität mit Sexualität. Sie war nicht nur mit Ellen Key befreundet, sondern teilte auch ihren Glauben an die Macht des Weiblich-Mystischen und ihre Idealisierung der Mutterrolle. Mit Nietzsche stimmte sie in der abschätzigen Bewertung der Frauenrechtlerinnen überein, und wie er verachtete sie alle Versuche emanzipierter Frauen, eine berufliche Karriere einzuschlagen. Aus diesem Grund lehnt sie Frauen ab, die die Häuslichkeit zugunsten einer Berufstätigkeit verwerfen. Lou sah die Frau als Tropfen im großen Meer des Lebens, die gesichts- und namenlos von der Lebensströmung in den Tod gerissen wird:

»Wie ein Tropfen, der ins Meer fällt, wohl seine Form verliert, aber doch nur heimkehrt zu seinem Element, so enthält der Untergang des einzelnen Individuums im Tode, oder dessen Verflochtensein mit den allwaltenden Mächten im Leben, für das Weib etwas Sinnvolleres als für das Empfinden des Mannes.«[48]

Angesichts dessen mußten Aktivistinnen wie Hedwig Dohm natürlich entsetzt reagieren, ging es ihnen doch um die Emanzipation der Frauen als konkreter Individuen, nicht um die Selbstbeschränkung auf die Sphäre des Weiblichen an sich:

»Sie [Lou Andreas-Salomé] verwirft es als den allerpersönlichsten Ehrgeiz, als die zugespitzteste Selbstsucht der Vereinzelung, wenn das Weib als Anne oder Marie eine gewisse Stufe der Vollendung erzielen will, statt als Weib im allgemeinen sich in der eigenen Welt genügen zu lassen, zufrieden, im Meer des Weibtums als einzelner Tropfen zu verperlen.«[49]

Die Auseinandersetzung zwischen Lou und Hedwig Dohm drehte sich auch um das Problem der schriftstellerischen Tätigkeit von Frauen. In einem Artikel von 1899 hatte Lou den Vorschlag unterbreitet, Frauen sollten, wenn möglich, ihre Werke anonym publizieren, wohingegen Dohm energisch für die Veröffentlichung unter eigenem Namen plädierte. Lou (die ihre Werke übrigens *nicht* anonym publizierte) hatte ihren Vorschlag damit begründet, daß die Schriften von Frauen nicht mit denen von Männern verglichen, sondern an ihrem eigenen Maßstab gemessen werden sollten. Tatsächlich aber ist Lous schwaches Lob eher eine Absage an das literarische Schaffen von Frauen:

»Sollten etwa deshalb die Frauen keine Bücher mehr schreiben? Das mögen sie thun, so oft es sie dazu treibt, wie sie überhaupt Alles thun mögen, wozu es sie treibt. Das stört Keinen und Manchen freut es. Denn Weiblichkeit ist ja ein fröhliches Blühen – wenn nur alle Frauen einsähen, ein wie

fröhliches! –, nicht aber irgend eine Zwangsanstalt mit vorge-
schriebenen Bewegungen.«[50]

Worauf Hedwig Dohm mit der für sie typischen energischen
Art replizierte.[51]

Trotz mancher Übereinstimmung mit Nietzsches Gedanken zur Rolle der Frau ist Lous Position doch eine radikal
andere. Ihre Idealfrau ist eine in gewissem Sinne befreite, in
Mystik gehüllte Person. Ebenso wird die weibliche Sexualität
nach der Geburt eines Kindes von ihnen völlig unterschied-
lich beurteilt. Für Lou scheint hier der erotische Genuß sein
Ende erreicht zu haben, worin sie im übrigen mit der wilhelminischen Gesellschaft und der damaligen Sexualwissenschaft übereinstimmte, auch wenn sie sonst das sexuelle Verlangen der Frau anders bewertete. Die Auffassung, daß der
sexuelle Genuß (oftmals der Geschlechtsverkehr selbst) in
der Ehe erlosch, sobald keine Kinder mehr gewünscht wurden, war gesellschaftlicher Konsens (vgl. dazu Dohms ein-
fallsreichen Umgang mit diesem Problem im fünften Kapitel). Für Nietzsche bedeutet das Ereignis der Geburt jedoch
keineswegs das Ende der Sexualität. Die Frau ist immer sexuell aktiv und versucht, den Mann zum Geschlechtsverkehr zu
bewegen, hat dabei jedoch stets die Schwangerschaft zum
Ziel. Letzteres stimmte mit der Sexualwissenschaft seiner
Zeit überein, nicht jedoch seine Auffassung der weiblichen
Libido mit den Phrasen über die schwach entwickelten sexuellen Neigungen der bürgerlichen Frau.

»Zucht«

Nachdem er den weiblichen Sexualdrang als eine Art »Wille
zur Schwangerschaft« dargestellt hat, entwickelt Nietzsche
Ideen, die in letzter Konsequenz auf ein elitäres Züchtungsprogramm hinauslaufen, wobei er sich in sehr großzügiger
Weise auf den – keineswegs neutralen – Begriff der »Zucht«

beruft. Die Bedeutung dieses Begriffs erläuterte er Isabella
von der Pahlen (nachmals Isabella von Ungern-Sternberg),
der er zufällig auf dem Weg nach Italien im Zug begegnete.
Nietzsche verbrachte die ganze Nacht damit, ihr den Inhalt
des siebten Hauptstücks, »Weib und Kind«, aus dem ersten
Band von *Menschliches, Allzumenschliches* zu erläutern; eine
»Orgie des Gedankens«, wie sie später schrieb.[52] Der
Gedanke der Zucht, erläuterte Nietzsche, lief darauf hinaus,
die menschliche Rasse zu stärken und auf den »Übermenschen« vorzubereiten. Dabei spielte die körperliche Vorzüglichkeit der Frau eine herausragende Rolle: Für Nietzsche
lag das Schicksal der Frau in ihrer Biologie begründet. Mit
der Vorstellung von der großen Gesundheit der neuen Rasse
von Übermenschen betrat Nietzsche das Feld der Eugenik,
einer gerade im Entstehen befindlichen Wissenschaft.
Züchtungsideen waren keine Seltenheit; Nietzsches Argumentation reflektiert sich in Shaws Idee, mit der Armut
auch die Dummheit zu beseitigen.[53] Überdies ist daran zu
erinnern, daß gegen Ende des 19. Jahrhunderts die Theorien
der Eugenik sich mit der Ideologie des Sozialdarwinismus
verbanden. Allerdings hat Nietzsche sich vom Darwinismus wie auch vom Positivismus im allgemeinen distanziert.

Angesichts der damals höchst unsicheren Methoden der
Geburtenkontrolle[54] läßt sich mit einiger Berechtigung
anmerken, daß Nietzsche mit seiner Parteinahme für die
Mutterschaft aus der Notwendigkeit eine Tugend machte.
Sicher wollte er ehrlicher als seine Zeitgenossen sein, die
sexuelles Engagement bei gutbürgerlichen Frauen für ein
alarmierendes Anzeichen nymphomanischer Neigungen
hielten. Aber was das Problem der Prostitution angeht, blieb
auch er den gesellschaftlichen Vorurteilen seiner Zeit verhaftet. Selbst unter Ärzten war die Ansicht verbreitet, Prostitu-
ierte seien nymphomanisch veranlagt. Erst gegen Ende des
19. Jahrhunderts untersuchte man die gesellschaftlichen
Ursachen der Prostitution näher und bemühte sich darum,
Frauen davor zu bewahren, sich prostituieren zu müssen.[55]

Nietzsches Ansichten über die Prostitution führen in das antike Griechenland mit seiner Tradition der Hetäre zurück; er vertritt die Auffassung, daß eine Frau mit der Erfüllung der Mutterrolle so beschäftigt sein kann, daß sie nicht auch die sexuellen Bedürfnisse des Mannes zu befriedigen in der Lage ist (was offenbar nicht ironisch gemeint ist), woraus folgt, daß der Mann sich eine Konkubine zulegen solle (MA I, Aph. 424; KSA 2, 278 f.). Aus dem Zusammenhang geht hervor, daß eine leidenschaftliche Frau, die sich ihrem Ehemann hingibt, nicht in der Lage ist, für die Erziehung der nächsten Generation (von Männern, versteht sich), der neuen Rasse von Übermenschen zu sorgen. Das allerdings steht im Widerspruch zu allem, was Nietzsche sonst über die sexuelle Befreiung der Frau schreibt. Unglücklicherweise fällt Nietzsche mit dem belasteten Begriff der Zucht in die simple Unterscheidung von Ehefrau *oder* Mätresse zurück, die er sonst immer bekämpft.

Nietzsches Gedanken zum Konkubinat sind nicht seine stärksten. Das Wichtigste war und ist die Anerkennung des weiblichen Sexualtriebs, die auch bei den Schriftstellern und Künstlern der europäischen Avantgarde – z.B. Wedekind, Benn und Kirchner – Anklang fand. Indem er noch den wohlerzogensten Frauen Carte blanche für ungehemmten Sexualgenuß gab – Ziel war natürlich immer die Schwangerschaft! –, zog er die nachträgliche Aufmerksamkeit vieler Frauenrechtlerinnen auf sich, die er in seiner Philosophie systematisch verächtlich gemacht hatte. Verständlicherweise sahen Frauen wie Helene Stöcker in ihm einen Vorläufer der Bewegung für neue Ethik, die u. a. die gesundheitsfördernden Eigenschaften des Geschlechtsverkehrs betonte. Stöcker jedoch befürwortete, was Nietzsche und Lou Salomé gerade als gegen die Natur der Frau gerichtet ansahen: eine berufliche Tätigkeit. Für Nietzsche war diese Vorstellung mit dem Züchtungsgedanken völlig unvereinbar.

»Freilich, es giebt genug blödsinnige Frauen-Freunde und Weibs-Verderber unter den gelehrten Eseln männlichen Geschlechts, die dem Weibe anrathen, sich dergestalt zu ent-weiblichen und alle die Dummheiten nachzumachen, an denen der ›Mann‹ in Europa, die europäische ›Mannhaftig-keit‹ krankt – welche das Weib bis zur ›allgemeinen Bildung‹ wohl gar zum Zeitungslesen und Politisiren herunterbringen möchten. Man will hier und da selbst Freigeister und Litera-ten aus den Frauen machen: als ob ein Weib ohne Frömmig-keit für einen tiefen und gottlosen Mann nicht etwas vollkom-men Widriges oder Lächerliches wäre –; man verdirbt fast überall ihre Nerven ... und macht sie täglich hysterischer und zu ihrem ersten und letzten Berufe, kräftige Kinder zu gebä-ren, unbefähigter.« (JGB, Siebentes Hauptstück, Aph. 239; KSA 5, 177).

Vielleicht stand Nietzsche seine Tante Rosalie vor Augen, mit ihren »Nerven«, ihrem Zeitunglesen und ihrer altjüngfer-lichen Art; aber selbst dann ist es erstaunlich, daß Nietzsche so viele gelehrte Frauen fand (die Zeitungen nicht nur lasen, sondern auch für sie schrieben!), die sich um seine Freund-schaft bemühten.

Nietzsche, Lou Salomé und die Peitsche

Während eines kurzen Aufenthalts in Luzern im Mai 1882 arrangierte Nietzsche einen Termin für ein Gruppenphoto: Lou Salomé saß in einem Karren mit einer Peitsche in der Hand, während er und Rée anstelle von Pferden im Geschirr standen. Diese Photographie steht in krassem Gegensatz zum berühmt-berüchtigten Ratschlag des alten Weibleins im ersten Teil des *Zarathustra* (Z I, »Von alten und jungen Weiblein«; KSA 4, 84–86), demzufolge ein Mann, der zu Frauen geht, die Peitsche nicht vergessen solle. Diese krypti-sche Bemerkung, die zunächst ein frauenfeindlicher Rat aus dem Munde einer Greisin zu sein scheint, bildet den

Abschluß einer Rede Zarathustras, in der er mit Bravour die Lebensaufgaben des Mannes umreißt. Das alte Weiblein scheint darauf, oberflächlich betrachtet, eine zustimmende Antwort zu geben. Da zudem im *Zarathustra* den Frauen nur selten das Wort erteilt wird, gewinnt die Äußerung der Alten zusätzliches Gewicht. Überdies erfahren wir zu Beginn des Abschnitts von Zarathustra selbst, welche Bedeutung er ihrer Bemerkung beimißt – er trage, erklärt er seinen Anhängern, einen Schatz mit sich herum –, und lernen erst im nachhinein den Inhalt des Gesprächs und der Rede kennen. Annemarie Pieper hat überzeugend dargelegt, daß Zarathustras Männlichkeitswahn, mit dem er die der Gefährtin des kriegerischen Übermenschen zukommenden Eigenschaften auflistet – Unterordnung unter seinen Willen, erzieherische Fähigkeiten, Verspieltheit, um ihn zu unterhalten –, tatsächlich karikaturistisch überzogen ist, um die in der wilhelminischen Gesellschaft verbreiteten männlichen Klischeevorstellungen von Frauen zu entlarven.[56] Für Pieper wird Zarathustra, wie er selbst erkennt, durch die spöttisch-hinterlistige Antwort des alten Weibleins ausmanövriert; auf ihren sarkastischen Dank und ihre infame Erwähnung der Peitsche weiß er keine Antwort. Das legt nahe, dem ganzen Abschnitt eine höchst ironische Doppeldeutigkeit zu unterstellen. Warum also dieser ganze Lärm um die Peitsche? Die entscheidende Passage lautet:

»Da entgegnete mir das alte Weiblein: ›Vieles Artige sagte Zarathustra und sonderlich für Die, welche jung genug dazu sind.‹ ... ›Und nun nimm zum Danke eine kleine Wahrheit! Bin ich doch alt genug für sie! Wickle sie ein und halte ihr den Mund: sonst schreit sie überlaut, diese kleine Wahrheit.‹ ... ›Du gehst zu Frauen? Vergiss die Peitsche nicht!‹« (KSA 4, 86)[57]

Annemarie Pieper hat darauf hingewiesen, daß der letzte Satz offenläßt, in wessen Hände die Peitsche gelegt werden soll; mithin spricht die Alte ebensogut eine Warnung aus wie

einen Rat. Ferner könnten, so Pieper, die peitschenbewehr-
ten Frauen eine Art erzieherische Kontrollfunktion einnehmen, um sicherzustellen, daß der Mann seinem Bestreben,
zum Übermenschen zu werden, gerecht wird. Die Peitsche
diente damit der vielbeschworenen Zucht und wäre »ein
Symbol der Selbstüberwindung«.[58] Diese Idee gibt Anlaß zu
vielen Assoziationen – immerhin wurde die Peitsche in manchen Mönchsorden als Instrument der Selbstkasteiung verwendet und spielt im Sadomasochismus eine Rolle. Darüber
hinaus läßt sich noch an die Zirkuspeitsche denken. Wichtig
ist, daß die Peitsche nicht unbedingt dem Mann gehört, auf
daß er mit ihr die Frauen traktiere.

Allerdings bedarf es noch der Erklärung, warum der ganze
Abschnitt »Von alten und jungen Weiblein« so häufig als Ausdruck von Nietzsches persönlicher Sichtweise verstanden
wurde. Selbst seine treuesten Freundinnen wie Meta von
Salis und Resa von Schirnhofer äußerten sich zu diesem Thema eher apologetisch.[59] Elisabeth begriff zwar die Philosophie ihres Bruders nur sehr unvollkommen, hatte aber dies
eine Mal vermutlich recht, als sie den Zusammenhang durch
den Hinweis, es wäre »der Rat einer alten Frau« gewesen, zu
klären suchte.[60] Hermann Josef Schmidt, der eine sehr anre-
gende Studie über die Interpretationsmöglichkeiten dieses
Abschnitts geschrieben hat, neigt zu der Annahme, daß hier
unterdrückte Wünsche aus Nietzsches Kindheit ans Tages-
licht drängen und seine innersten Ängste darin einen, wiewohl unbewußten, Ausdruck finden.[61] R. Hinton Thomas
bevorzugt eine pragmatischere Herangehensweise; er hat seinem Buch einen Anhang beigegeben, in dem er bezüglich des
Peitschen-Themas zu dem Schluß kommt, es sei »kaum vor-
stellbar, daß Nietzsche sich mit der wörtlichen Bedeutung
[dieser Passage] identifizieren wollte«.[62]

Ich denke, das Problem gründet in der Äußerung Zarathustras zu Beginn seiner Rede an das alte Weiblein:

»Alles am Weibe ist ein Räthsel; und Alles am Weibe hat Eine Lösung: sie heisst Schwangerschaft. Der Mann ist für das Weib ein Mittel: der Zweck ist immer das Kind. Aber was ist das Weib für den Mann?« (KSA 4, 84 f.)

Auch wenn Zarathustra seine wohlverdiente Strafe in seinem Wortwechsel mit dem alten Weiblein erhält, woraus sich schließen ließe, daß die zitierten Sätze ironisch gemeint sein könnten, spricht die Tatsache, daß diese Worte sich fast verbatim in *Ecce Homo* wiederfinden, dafür, daß Nietzsche hier seine eigene Sichtweise äußert:

»Hat man meine Antwort auf die Frage gehört, wie man ein Weib *kurirt* – ›erlöst‹? Man macht ihm ein Kind. Das Weib hat Kinder nöthig, der Mann ist immer nur Mittel: also sprach Zarathustra.« (EH, »Warum ich so gute Bücher schreibe«, Aph. 5; KSA 6, 306)

»Meine Antwort«, sagt Nietzsche und gibt uns damit Anlaß zu der Vermutung, daß er selbst es ist, der hier spricht, auch wenn er dies durch die Berufung auf Zarathustra zu verbergen sucht. Auch die Tatsache, daß die Konventionen der damaligen Zeit die Frau dazu verhielten, zu heiraten und Kinder zu bekommen (anstatt zölibatär zu leben oder einen Beruf anzustreben – was Nietzsche natürlich ablehnte), kann den höhnischen Ton ebensowenig vergessen machen wie den giftigen Pfeil der Bemerkung, die Frau müsse »kurirt« und erlöst werden. Das ganze Zitat läßt Nietzsche wie einen Komiker im Varieté erscheinen, der uns fragt, ob wir schon den Witz darüber kennen, wo die kleinen Kinder herkommen. Es ist der *Tonfall*, der an einen sexistischen Witz gemahnt, und Witze über Schwangerschaft sind, politische Korrektheit hin oder her, nicht besonders komisch. Nietzsche schlägt hier leider einen sehr unglücklichen Ton an, der seinem sonstigen Niveau nicht entspricht, auch wenn wir wissen, daß er der Mutterrolle insgesamt einen hohen Status zuweist. Zudem wird aus anderen Passagen (wie etwa »Weib und Kind«, dem siebten Abschnitt von *Menschliches Allzu-*

menschliches I oder »Von Kind und Ehe« im ersten Teil des
Zarathustra) deutlicher, welches Gewicht er den Gefühlen
von Freundschaft und Achtung zwischen Ehepartnern beimißt; hier ist auch von keiner Peitsche die Rede. Wer jedoch
angesichts Zarathustras Bemerkung über das Rätselhafte des
Weibes, die in puncto Witz nach hinten losgeht, die Anspie-
lung mit der Peitsche »mißversteht«, mag sich damit trösten,
daß eben nicht ganz ersichtlich ist, ob Nietzsche einen Witz
macht, seine eigene Ansicht äußert oder männlicher Aggres-
sivität und weiblicher Passivität das Wort redet – oder nicht.

Nietzsche und Rousseau über das Wesen der Frau

Rousseau hat einige äußerst wichtige und einflußreiche
Bemerkungen zur Rolle der Frau gemacht, die schon vor
dem Beginn der Frauenbewegung Diskussionen auslösten.
Den Anfang machte Mary Wollstonecraft mit ihrem Buch
Vindication of the Rights of Woman (1792), das noch heute zu
den klassischen Texten feministischen Denkens gehört.
Nietzsche wiederum stilisierte sich zum Gegner Rousseaus,
den er als »maskirten Pöbel-Mann« (Brief an Köselitz vom
24. November 1887) bezeichnete. Da er zudem alle Bewunderer und Anhänger Rousseaus vernichtend kritisierte – in
dem Brief an Köselitz nennt er Schiller, Kant, George Sand,
Sainte-Beuve und George Eliot[63] –, liegt die Vermutung nahe,
daß er grundsätzlich andere Ansichten über Frauen hegte als
Jean-Jacques. Sein Haupteinwand lief indes darauf hinaus,
daß Rousseau dem billigen Moralisieren Tür und Tor geöff-
net habe.[64] Wir werden jedoch sehen, daß Rousseaus und
Nietzsches Entschlossenheit, die weibliche Sexualität als
manipulativ darzustellen, ihrerseits eine manipulative Strategie ist. Zwar unterscheidet sich Rousseaus Auffassung vom
Wesen des Weiblichen, wonach die Idealfrau »das bessere
Ich« des Mannes und der Prototyp für Goethes »Ewig-Weib-
liches« ist, grundlegend von Nietzsches Beutejägerin, die der

»Wille zur Schwangerschaft« antreibt, jedoch gehen beide Theoretiker von der Prämisse aus, daß es eine weibliche »Natur an sich« gibt, die ohne Berücksichtigung gesellschaftlicher Faktoren analysiert werden kann.[65]

Ohne auf Rousseaus ambivalentes Verhältnis zu Frauen näher eingehen zu können, will ich hier zumindest in Erinnerung rufen, daß er sich gern in Frauen verliebte, deren gesellschaftlicher Status seinen eigenen weit überstieg, während er das Alltagsleben mit der Wäscherin Thérèse Levasseur (einer, wie Mary Wollstonecraft sagt, »dirnenhaften Sklavin«[66]) teilte. Es gibt hier gewisse Parallelen zu Goethe: Christiane Vulpius' bescheidene Herkunft paßte nicht zu Nietzsches Bewunderung von Goethes »Vornehmheit« (MA II, »Vermischte Meinungen und Sprüche«, Aph. 298; KSA 2, 501). Vielleicht boten Frauen wie Thérèse und Christiane die Möglichkeit, der uralten männlichen Neigung, die Frauen in »Evas« und »Marias«, in Huren und Mütter (bzw. Madonnen) einzuteilen, durch eine Kompromißbildung zu entgehen. (Allerdings führten die Beziehungen in beiden Fällen zu unerfreulichen gesellschaftlichen Nebenwirkungen.) Zum wiederholten Male stoßen wir auf die Tatsache, daß Klassenverhältnisse ein an sich schon verwickeltes Problem noch weiter komplizieren. Die weibliche Protagonistin in *Emile* (1762), Sophie, ist ein unverdorbenes Mädchen vom Lande, wohingegen viele allgemein gehaltene kritische Bemerkungen Rousseaus über Frauen (kokett sind sie, und sie lieben es, sich herauszuputzen) nur vor dem Hintergrund der von ihm so gehaßten Pariser Gesellschaft zu verstehen sind. Seine Liebe zur Natur wurde das Markenzeichen der romantischen Bewegung.

Ich denke, daß manche von Nietzsches ganz offenkundig misogynen Bemerkungen sich wie bei Rousseau auf Frauen der gehobeneren Gesellschaftsschichten bezogen. Als Beispiel diene folgendes Epigramm:

»Wem im Glück ich dankbar bin? Gott! – und meiner Schnei-
derin.« (JGB, Siebentes Hauptstück, Aph. 237; KSA 5, 174)

In Zeitschriften wie dem *Simplicissimus* oder den *Fliegenden
Blättern* waren sexistische Witze und Karikaturen an der
Tagesordnung. Oft wurde dabei die Eitelkeit von Bürgers-
frauen aufs Korn genommen, die ihr unwilliges Fleisch in
ein enges Korsett preßten, um dann tapfer den Wechselfällen
des Heiratsmarktes ins Auge zu blicken. Diese Witze stammen von denselben Journalisten, die eine Seite weiter bissig-
satirische Angriffe gegen die wilhelminische Gesellschafts-
moral verfassen. Oftmals richten sich ihre Späße gegen die
(natürlich unverheiratete) »höhere Tochter« und ihre (natürlich völlig unweibliche) Bildungsbeflissenheit, wie z. B. das
folgende Gespräch:

> *Junge Dame:* Sie müssen Schopenhauer lesen, Herr Doktor,
> er ist einfach bezaubernd! Lesen Sie solche Bücher nicht?
> *Junger Herr:* Nicht sehr häufig, gnädige Frau, manchmal sogar
> nur – ein altes *Kochbuch!*
> *Junge Dame:* Ja, wie kommen Sie denn zu einer solchen Lek-
> türe?
> *Junger Herr:* Nichts leichter als das: Wenn junge Damen heut-
> zutage *Schopenhauer* lesen, können Männer nur noch das
> *Kochbuch* studieren.«[67]

Wenn die »junge Dame« Schopenhauers Philosophie »bezau-
bernd« nennt, dann verstärkt das nur die männlichen Vorurteile gegenüber den geistigen Fähigkeiten der Frauen. (Fairer-
weise muß man sagen, daß es einige, wenngleich elitäre,
Zeitschriften gab, die – im Gegensatz zur sexistischen Einstellung eines *Simplicissimus* – bemerkenswert liberale
Ansichten vertraten.[68]) Die Interpretation solcher Einstellungen wird noch durch den gesellschaftlich bedingten »doppelten Maßstab« erschwert, der das Verhalten beider
Geschlechter uneindeutig machte. Nietzsche leistete dazu
seinen eigenen Beitrag, indem er die gesellschaftlichen Konventionen angriff, denen er in puncto Sexismus verhaftet

blieb. Noch schwieriger wird die Sache, wenn man bedenkt, daß Nietzsche sich vor allem bei älteren Frauen der obersten Gesellschaftsschichten wohlfühlte. Angesichts seiner Herkunft aus der Mitzelschicht verschafften ihm diese Bekanntschaften unter anderem ein Entréebillett für den Kreis um Wagner, der ihn ohne die Fürsprache Sophie Ritschls, Cosimas und Malwida von Meysenbugs vielleicht nicht ohne weiteres akzeptiert hätte. Auch wenn sein Verhalten später zum Bruch mit Cosima und zur Belastung der Beziehung mit Malwida führte, war er nicht solchen Rachefeldzügen wie Rousseau ausgesetzt.[69]

So deuten einige Bemerkungen Nietzsches in der Tat darauf hin, daß er insbesondere den Frauen höherer Schichten eine Veranlagung zur Arg- und Hinterlist unterstellt, die schon Rousseau als typisch für das Wesen der Frau bezeichnet hatte und woraus die männlichen Chauvinisten ihr Kapital schlugen. Unwillkürlich denkt man an Nietzsches Bemerkung:

»Nichts ist von Anbeginn an dem Weibe fremder, widriger, feindlicher als Wahrheit, – seine grosse Kunst ist die Lüge, seine höchste Angelegenheit ist der Schein und die Schönheit.« (JGB, Siebentes Hauptstück, Aph. 232; KSA 5, 171)

Rousseau, der im fünften Buch von *Emile* über die Erziehung der Mädchen spricht, äußert sich dort ähnlich abfällig über die »Damen der Gesellschaft« und ihre Kokettiererei. Für ihn ist die Frau tatsächlich der dominierende Partner, weil sie den Mann umgarnen kann, doch muß ihre Überlegenheit im Verborgenen bleiben, um den Mann nicht seiner Männlichkeit zu berauben. Aus diesen und anderen Gründen ist Rousseau gegen feministische Kritik in Schutz genommen worden; zumindest, so Schwartz, habe er den Frauen ihre Sexualität und ihre eigene Domäne zuerkannt.[70]

Nietzsche und Rousseau bewunderten gleichermaßen die griechische Kultur und die Rolle, die darin der Mutter zugewiesen wurde. Allerdings trat für Nietzsche die Frau als

Erzieherin und Gefährtin erst mit dem Verfall des Staates stärker hervor.[71] Zuvor hatte die hellenische Frau im Schatten gelebt. Entsprechend ambivalent wird in Platons *Politeia* die Frage der Wächterinnen behandelt. Sokrates' Gesprächspartner sind von den politischen Führungsqualitäten der Frauen ganz und gar nicht überzeugt.[72] Man kann sich natürlich fragen, ob Platon den Wächterinnen im Idealstaat der *Politeia* ernsthaft die Freiheit anbot; auch hier ging es letztlich um ein Züchtungsprogramm für eine elitäre Gesellschaftsschicht. Dagegen wirkt es einigermaßen lächerlich, daß sich Rousseau, wenn er seine fünf Kinder ins Waisenhaus steckt, auf platonische Prinzipien beruft![73] Auch seine Misogynie kann nicht einfach wegerklärt werden. Die Erziehung von Sophie, der Gefährtin von Emile in Rousseaus pädagogischem Roman, hat nichts von der Freiheit und Motivation, die laut Rousseau für das Kind so wichtig sind: Tatsächlich werden nur die Knaben nach diesen Grundsätzen erzogen, während Sophie Emiles Gehilfin, Pflegerin und – wenn man so will – Spielzeug ist.[74] Das klingt eher nach Nietzsche, für den das Weib im bereits erwähnten Abschnitt des *Zarathustra* das »gefährlichste Spielzeug« des Mannes ist (KSA 4, 85). Mit Platons Wächterinnen hat das natürlich nichts mehr zu tun. Und bei aller Ironie, die der Rede Zarathustras auch zu eigen ist, können wir doch, da hier kein konkreter Hinweis auf indirekte Redeformen dieser Art vorzuliegen scheint, Zarathustras Bemerkung mit Nietzsches Misogynie zusammendenken und sie als Ausdruck seiner insgesamt reaktionären Einstellung gegenüber Frauenfragen bewerten.

Wenn Rousseau den Mann kraft der Leidenschaft an eine ihrem Wesen nach kokette Frau gebunden sah, deren Klugheit darin besteht, ihre Macht nicht zu mißbrauchen[75], unterschätzte er damit die tatsächlichen Machtverhältnisse im vorrevolutionären Frankreich. Ebenso ignorierte Nietzsche, welche gravierenden Nachteile den Frauen seiner Zeit durch die fehlende Gleichberechtigung entstanden. Adorno hat darauf hingewiesen, daß Nietzsche »das Bild weiblicher

Natur ungeprüft und unerfahren von der christlichen Zivilisation übernahm, der er sonst so gründlich mißtraute«. Dadurch wurde »die Anstrengung seines Gedankens schließlich doch der bürgerlichen Gesellschaft unterworfen«.

»Er verfiel dem Schwindel, das ›Weib‹ zu sagen, wenn er von Frauen spricht. Daher allein der perfide Rat, die Peitsche nicht zu vergessen: das Weib selber ist bereits der Effekt der Peitsche.«[76]

Nietzsches entschiedene Weigerung, gesellschaftliche Faktoren gleich welcher Art in Betracht zu ziehen, die die Geschlechterdebatte »jenseits der Peitsche« ansiedeln könnten, läßt jegliche Diskussion über eine typisch weibliche Natur (einen Begriff, den ich ohnehin ablehne) von Anfang an als schiefgelagert erscheinen. Wenn Nietzsche darüber spekuliert, ob die Frau den Mann zu beherrschen suche, geht er zum einen auf Prinzipien à la Rousseau zurück, deren Komplexität und Mehrdeutigkeit wir erörtert haben, während er zum anderen der Furcht vor einer zukünftigen Nivellierung Ausdruck gibt, die aus dem Streben der Frauen nach Aufklärung und Emanzipation resultieren würde. Diese Furcht war in konventionellen Kreisen weit verbreitet und ging mit einer allgemeinen Skepsis gegenüber sämtlichen Demokratisierungstendenzen einher.[77] Nietzsches diesbezügliche Kommentare sind, was nicht überraschen kann, äußerst bösartig. Die Frauenrechtlerinnen wußten, daß der Schlüssel für ihre Emanzipation in der Bereitstellung gleicher Bildungsmöglichkeiten lag, wogegen Nietzsche und Rousseau sich mit aller Kraft zur Wehr setzten. Nietzsche bekräftigte seine Vorbehalte mit dem *caveat,* daß es (s. o.) *seine* Wahrheiten seien, die er vertrete. In dieser Beziehung war er, allen Widersprüchen seiner Argumentation zum Trotz, unverbesserlich: Für ihn führte die Emanzipation der Frau im allgemeinen und ihr Recht auf (Aus-)Bildung im besonderen nur zur Mittelmäßigkeit.

DRITTES KAPITEL

Nietzsche und die »neuen Frauen«

Die Erweiterung der Bildungsmöglichkeiten für Mädchen und Frauen war, wie wir noch sehen werden, fast der einzige Punkt, auf den sich die unterschiedlichen Fraktionen der Frauenbewegung einigen konnten. Auch wenn Nietzsche gegen die verknöcherten Prinzipien der Gymnasialerziehung in Deutschland wetterte, galt diese im übrigen Europa als vorbildlich, und Institutionen wie Schulpforta setzten Maßstäbe. Für Mädchen dagegen sah die Situation eher trübe aus. Da den Frauen die wichtigsten Bürgerrechte vorenthalten blieben – sie konnten nicht an Wahlen, ja noch nicht einmal an politischen Versammlungen teilnehmen und durften sich keiner Gewerkschaft anschließen – wurde ihr Anspruch auf höhere Bildung nicht ernst genommen. Gordon Craig schreibt:

> »Im größten Teil Deutschlands gab es bis zum Vorabend des Ersten Weltkriegs keine höheren Schulen für Mädchen, die sich mit den Gymnasien vergleichen ließen, und in Preußen wurde es Frauen 1896 überhaupt erst gestattet, sich der Reifeprüfung zu unterziehen und damit den Beweis anzutreten, daß sie über eine der Gymnasialbildung gleichwertige Qualifikation verfügten. Dieses Recht half ihnen freilich nicht viel, denn bis zur Jahrhundertwende nahmen die Universitäten keine weiblichen Studenten auf, es sei denn, sie kamen aus dem Ausland; und selbst nachdem diese Schranke gefallen war, hatten Frauen an preußischen Universitäten nicht das

Recht, ein Staatsexamen abzulegen oder höhere akademische Grade zu erwerben.«[1]

Im Vergleich mit anderen europäischen Ländern taten sich Deutschland und vor allem Preußen also besonders schwer, Frauen gleiche Bildungsmöglichkeiten einzuräumen wie Männern, und die emanzipierte »neue Frau« fand dort, wo sich ihr die Wege zu höherer Bildung allmählich öffneten, noch lange keine entsprechende gesellschaftliche Anerkennung.

Die »neuen Frauen« aus Nietzsches Generation bezeichneten sich als »die Emanzipierten« oder als »Frauenrechtlerinnen«, aber der aus England stammende Begriff war auch in Deutschland bekannt, und Lily Braun benutzte ihn in ihrer kurzen Abhandlung *Die neue Frau in der Dichtung*[2], wobei man zwischen dem in der wilhelminischen Ära abschätzig verwendeten Ausdruck »neues Weib« und dem in der Weimarer Republik für die junge, finanziell vom Mann unabhängige Arbeiterin oder Angestellte gebräuchlichen Ausdruck »neue Frau« unterscheiden muß. »Neue Frau« steht in diesem Kapitel für Frauen, die einen universitären Abschluß und eine berufliche Laufbahn anstrebten. Im späteren 19. Jahrhundert nahmen einige Universitäten in Großbritannien, Frankreich und der Schweiz Studentinnen auf, wobei die medizinischen Fakultäten an erster Stelle standen, weil selbst die hartnäckigsten Gegner der Frauenemanzipation einsahen, daß es einen Bedarf an Ärztinnen gab. Zu Beginn der siebziger Jahre konnten Studentinnen in Oxford und Cambridge medizinische Vorlesungen besuchen und sich ab 1876 in chirurgischen Berufen ausbilden lassen. In Frankreich öffneten sich die Türen der Sorbonne für Studentinnen in den achtziger Jahren, wobei die Verzögerung daraus resultierte, daß Mädchen sich erst seit 1870, kurz vor dem Ende des Second Empire, durch einen (dem deutschen Abitur vergleichbaren) Abschluß für ein Universitätsstudium qualifizieren konnten. Die Universität Zürich war eine der ersten, die Studienplätze an Frauen vergab; schon in den vierziger Jahren waren sie zumindest als Hörerinnen zugelassen. 1867 schrieb sich die erste Frau an der Medizinischen Fakultät ein: die Russin Nadeschda Suslova; ein Jahr später konnte die Engländerin Anna Payn ein Studium an der Philosophischen Fakultät beginnen. Dies alles verdankte sich eher einer Reihe von Zufällen und nicht dem Interesse der Züricher Universität an der weiblichen Emanzipation. In Helene Stöckers Roman *Die Liebe*, der autobiographische Züge trägt, geht Lily, die Protagonistin, mit einer Freundin nach Zürich, wo man, wie sie sagt, als Frau studieren könne, ohne daß sich die Welt darüber aufregt.[3]

Natürlich belegten die beiden Mädchen auch Vorlesungen über Nietzsche.[4] Wie Lilys Bemerkung andeutet, war die Schweiz nicht darauf aus, besonders schwierige Hürden für das Frauenstudium zu errichten; dem Senat der Züricher Universität ging es im wesentlichen um die Frage, welche Dokumente Frauen benötigten, die nicht aus dem Kanton stammten. Offensichtlich war man sich gar nicht bewußt, welche Schleusen man damit öffnete.[5] So wurde die Universität zum Anziehungspunkt für eine kleine Gruppe hochintelligenter »neuer Frauen«, die einander in engen Freundschaften verbunden waren, und Zürich war bald *die* Adresse für ausländische Studentinnen. Viele kamen aus Deutschland, andere aus Österreich und Rußland, wo die Bildungsmöglichkeiten für Frauen noch schlechter waren. 1873 gab es 100 russische Studentinnen in Zürich, 1874 waren es 34 in Bern. Im selben Jahr ließ der Senat der Universität Basel darüber abstimmen, ob hier Studentinnen zur Promotion zugelassen werden sollten. Neben einigen anderen stimmte auch Nietzsche dafür[6], was angesichts seiner späteren Feindseligkeit gegenüber weiblicher Gelehrsamkeit erstaunlich ist. Andererseits unterhielt er Freundschaften zu gebildeten Frauen, von denen einige ihn in den Sommermonaten der achtziger Jahre in Sils-Maria besuchten.

In Großbritannien und Nordamerika entstanden Universitäten für Frauen, wie etwa das Royal Holloway College in Egham, das 1885 seine ersten Studienanfängerinnen aufnahm. In Deutschland dagegen mußten Frauen zu der Zeit noch Privatunterricht nehmen, um ihr Abitur ablegen und danach ein Studium an einer ausländischen Universität absolvieren zu können. Nicht nur die Kosten, auch Isolation und Einsamkeit kamen erschwerend hinzu. In englischen und amerikanischen Institutionen verfügten die Studentinnen über Sportanlagen und Gemeinschaftsräume, die auf dem europäischen Festland selbst bei Studenten als Luxus galten. Allerdings waren die Studentinnen in England von der Außenwelt weitgehend abgeschirmt, wohingegen in Zürich ein kosmopolitisches Treiben herrschte und der Zustrom aus Rußland so stark wurde, daß man befürchtete, die deutschsprachigen Studentinnen könnten zur Minderheit werden.[7] Besorgnis erregte auch die große Anzahl von Hörerinnen, die (wie etwa Lou Salomé) keinen akademischen Abschluß anstrebten. Man bezweifelte, daß alle immatrikulierten Frauen das für die Vorlesungen notwendige Niveau besäßen und sah die akademischen Maßstäbe dadurch gefährdet.

Lou Salomé studierte in Zürich, hatte jedoch keine besonderen politischen oder beruflichen Ambitionen. Sie hatte sich als Hörerin für verschiedene Vorlesungen u. a. bei Professor Kym eingeschrieben, dem Vater von Hedwig Kym, mit der Meta von Salis eng befreundet war. In einem Brief aus Leipzig an Professor Biedermann (13. November 1882) bekundet Salomé ihre Vorliebe für Fächer, die das Verhältnis von Psychologie und Religion zum Gegenstand haben, woraus sich erklärt, warum sie bei der Interpretation von Nietzsches Philosophie immer wieder auf diese Verbindung zurückkommt. Im selben Brief erwähnt sie interessanterweise, daß sie, obwohl Nietzsche wegen seines Gesundheitszustands eigentlich in den Süden müßte, den Winter gern mit ihm und Rée in Paris verbringen würde, wo ihr Malwida den Zugang zu vielen Kreisen der Gesellschaft öffnen könnte. Wie bereits erwähnt, dachte Nietzsche zu diesem Zeitpunkt,

daß Lou und Rée Leipzig längst verlassen hätten; er schrieb
um den 10. November in diesem Sinn an Overbeck und
brachte dabei auch seine Besorgnis über Lous Gesundheitszustand zum Ausdruck: »Mit der Gesundheit von Lou steht
es bejammernswürdig«, heißt es in seinem Brief (KGA II, 1,
S. 276). Aber Rée und Lou Salomé standen Nietzsche ferner,
als er glaubte, und Lou dachte, wie ihr Brief an Biedermann
zeigt, eher an ihre eigenen gesellschaftlichen Vorteile als an
Nietzsches gesundheitliche Besserung. Allerdings hatte Malwida, die aus Bayreuth an Lou in Tautenburg schrieb, es verstanden, ihr die Seinemetropole schmackhaft zu machen,
wobei sie sicherlich davon ausging, daß sie auch Nietzsche
dort sehen würde.

Lou Salomé gehört für mich nicht wirklich zu den »neuen
Frauen«, weil sie trotz ihrer durchaus emanzipierten Lebensweise das Streben nach Gleichberechtigung in Grund und
Boden verdammte. Malwida hatte sie über Gottfried Kinkel,
einen Kollegen Professor Biedermanns in Zürich, kennengelernt. Kinkel, ein Liberaler, hatte in der Revolution von 1848
gekämpft und war nur mit sehr viel Glück einer lebenslangen
Gefängnisstrafe entgangen (der zuständige Justizminister,
Bettina von Arnims Schwager, ließ auf ihr Drängen hin Kinkel frei). Im Londoner Exil hatte er die Bekanntschaft einer
anderen liberalen Exilantin, nämlich Malwida von Meysenbugs gemacht, die ein unstetes Leben führte und viel reiste.
Sie lernte Lou in Rom kennen, wo sie sich im Frühjahr 1882
aufhielt. Im Juli führte sie Lou in den Kreis um Wagner ein,
wo diese Baron von Stein begegnete, von dem sie sehr beeindruckt war. Malwida galt als Schlüsselfigur unter den gebildeten europäischen Adligen, zu denen Nietzsche das Entrée
durch die Wagners erhalten hatte. Wie sah ihre Beziehung zu
ihm aus?

Malwida von Meysenbug
(1816–1903)

Unter den älteren Frauen, denen Nietzsche gewogen war, bildet Malwida von Meysenbug eine Ausnahme. Sie wurde 1816 in Kassel geboren und begegnete Nietzsche zuerst im Mai 1872 in Bayreuth, anläßlich der Grundsteinlegung für Wagners Festspielhaus. Als sie ihn 1882 nach Rom einlud, um dort Lou Salomé kennenzulernen, war dies ihr erster Versuch, sich für den Philosophen als Ehestifterin zu betätigen, obschon sie bereits in den vorangegangenen zehn Jahren immer wieder nach einer für ihn passenden Lebensgefährtin Ausschau gehalten hatte. Malwida war eine der ersten, die sich in Deutschland für die Frauenemanzipation einsetzten, was auch Nietzsches Schwester anerkannte.[8] Nach dem Tod ihres Verlobten, Theodor Althaus, beschloß sie, unverheiratet zu bleiben, hegte aber den Wunsch nach einem Kind. Von 1852 bis 1859 lebte sie im Exil in London, wo sie zweieinhalb Jahre lang (von Dezember 1853 bis Mai 1856) die Kinder des verwitweten Alexander Herzen betreute, bei dem sie wohnte. Herzen erfüllte Malwidas Kinderwunsch: Sie durfte sein jüngstes Kind, Olga, als Stieftochter annehmen. Es war das zentrale Ereignis ihres Lebens; sie widmete sich Olga mit einer Hingabe, die von allen ihren Freunden und Bekannten hoch anerkannt wurde. Mit Olgas älterer Schwester, Natalie, hielt sie ebenso engen Kontakt wie zu Olga, als diese nach Paris zog, um dort Gabriel Monod zu heiraten.

Elisabeths Annahme, Nietzsche habe sich vor allem durch Malwidas mütterliches Wesen zu ihr hingezogen gefühlt, dürfte in diesem Falle richtig sein.[9] Abgesehen davon, daß beide der Mutterrolle großes Gewicht beimaßen, ließ sich Nietzsche selbst gern von dieser großzügigen und liebevollen Frau bemuttern. Zudem gehörte ihre politische Parteinahme für eine Sache, die Nietzsche selbst strikt ablehnte, damals schon der Vergangenheit an. Malwida hatte inzwischen eher elitäre Sichtweisen entwickelt, die mehr auf der Linie von

Malwida von Meysenbug

Nietzsches Vorstellungen lagen.[10] Immerhin war sie schon lange vor ihrer Bekanntschaft mit Nietzsche den Wagners in enger Freundschaft verbunden, so daß die allmähliche Herausbildung konservativerer politischer Anschauungen (man denke an ihre Bewunderung für Bismarck) vielleicht nicht ganz verwunderlich ist.

Malwida, Schriftstellerin und Intellektuelle, hat zeit ihres Lebens sehr viel Anerkennung erfahren; für die Generation junger Frauen, auf die ich in diesem Kapitel noch zu sprechen komme, war sie ein unersetzliches Vorbild. Ihr 1901 erschienenes Buch *Individualitäten* handelt u. a. von Frauen, die in der Kulturgeschichte eine herausragende Rolle gespielt haben. Zu ihnen gehört auch Mme de Staël, die, von Malwida bewundert, vor Nietzsches Augen keine Gnade fand, rechnete er sie doch, neben Madame Roland und »Monsieur [sic] George Sand« zu den »drei *komischen* Weiber[n] an sich« (JGB, Siebentes Hauptstück, Aph. 233; KSA 5, 172). Es ist schon bemerkenswert, daß er solchen Äußerungen zum Trotz bei Malwida immer noch wohlgelitten war; aber sie zog es vor, ihn in bezug auf seine späteren Schriften als jemanden zu betrachten, der aus seiner Bahn geschritten war und sein »Sonnenzentrum« verlassen hatte.[11] In dem Essay »Friedrich Nietzsche«, der die *Individualitäten* eröffnet, berichtet sie von dem Schock, den ihr Nietzsches Brief vom 14. Januar 1880 bereitete, als er »die furchtbare und fast unablässige Marter« seines Lebens beklagte. Ihre Bemerkung: »vielleicht wäre es damals eine Gunst des Schicksals gewesen, ihn abzurufen«[12], erklärt sich aus seiner Mitteilung, er habe seit drei Jahren nichts von den Wagners gehört, was Malwida natürlich bestürzen mußte. In diesem Essay merkt sie auch an, daß sie Nietzsche alles verzeihen könne, was er geschrieben habe, ausgenommen *Der Fall Wagner*, der sie tief verletzte.[13]

Berühmt wurde Malwida durch den autobiografischen Bericht über ihre frühen Jahre und ihr Londoner Exil, die *Memoiren einer Idealistin* (1876). Meta von Salis war von der

Lektüre so beeindruckt, daß sie sich entschloß, fortan für die
Frauenemanzipation zu arbeiten. Sie schrieb an Malwida,
woraus sich eine langjährige Freundschaft entspann. Nach
einem kurzen Briefwechsel reiste Meta 1878 nach Rom, um
dort ein halbes Jahr bei Malwida zu wohnen[14], die mittlerweile eine Berühmtheit war. Daß sie aus einer privilegierten
Position und, obwohl in religiöser Hinsicht Skeptikerin, mit
zunehmender Neigung zum Konservatismus schrieb, wird
u. a. aus dem Vorwort ersichtlich, das sie 1881 den Memoiren
hinzufügte: Bildung besteht für sie, so betont sie in einer Passage, in der harmonischen Entfaltung der Persönlichkeit, der
Übereinstimmung zwischen Wort und Tat, zwischen Wesen
und Erscheinung.[15]

Uns erscheint das heute wie eine Sammlung von Gemeinplät-
zen, aber im deutschen Kaiserreich waren die gemäßigten
Kräfte, die in der Frauenbewegung die Mehrheit bildeten,
von solchen Sätzen sehr angetan, weil das erstrebte Ziel für
sie im Begriff der »Persönlichkeit« kulminierte. Frauen sollten
sich eher auf kulturellem und ästhetischem Gebiet weiterentwickeln, statt politischen und gesellschaftlichen Fortschritt
anzustreben. Damit waren natürlich nur die Bessergestellten
angesprochen. Die meisten »neuen Frauen« in Nietzsches
Generation stammten aus wohlhabenden Familien, die ihren
Töchtern ein Universitätsstudium finanzieren konnten. Manche Frauen jedoch mußten bei solchen Plänen mit erhebli-
chem Widerstand der Eltern rechnen; Meta von Salis etwa,
die aus einer reichen Familie kam, mußte selbst Geld verdienen, um ihr Studium aufnehmen zu können.
   Malwida (die im übrigen von Lous Idee einer *ménage à
trois* mit Rée und Nietzsche überhaupt nicht angetan war)
versammelte gerne junge Leute um sich. 1876 / 77 verbrach-
ten Albert Brenner, Rée und Nietzsche einige Monate bei ihr
in Sorrent, wo sie Ausflüge unternahmen und über europäische Kultur und Literatur diskutierten. Nietzsche sei, wie
Malwida nach einer Wanderung durch die Hügel und Oliven-

haine um Sorrent an Olga schrieb, ganz in seinem Element
gewesen und habe sogar seine ständigen körperlichen Leiden
und Beschwerden vergessen.[16] Die vier wurden von Malwida
zur »Idealkolonie« ernannt und bildeten ein so lebhaftes
Quartett, daß nach der Abreise von Rée und Brenner Nietzsche der Aufenthalt bei Malwida nicht so sehr die ersehnte
Ruhe, sondern eher Langeweile brachte.

Malwidas jugendliche Art zog viele junge Leute an; aus
ihrem Zirkel gingen Freundschaften hervor, die nicht ohne
Einfluß auf die deutsche Kultur blieben. Die Bekanntschaft
zwischen Nietzsche und Lou Salomé ist das hervorstechendste Beispiel. Für Albert Brenner war der Sorrentiner Aufenthalt der Höhepunkt seines kurzen Lebens gewesen.[17] Malwida führte Heinrich von Stein bei den Wagners ein, wo er eine
Zeitlang als Hauslehrer den kleinen Siegfried unterrichtete,
und sie hätte ihn auch sehr gern mit Nietzsche bekannt
gemacht, jedoch trafen sich die beiden erst 1884. Bis zu seinem Zusammenbruch führte Nietzsche mit Malwida eine
sporadische, aber herzliche Korrespondenz. Dann wandte
er sich von ihr wie von fast allen Freunden und Bekannten
ab. Erhalten ist noch ein sehr verletzender Briefentwurf vom
8. Dezember 1888, in dem er ihr die unverbrüchliche Treue
zu den Wagners zum Vorwurf macht, doch schrieb er in einer
seiner letzten Botschaften: »so ist ihr doch viel verziehen,
weil sie mich viel geliebt hat« (4. Januar 1889; KGA III, 5,
S. 575). Der letzte Teil des Satzes stimmt auf jeden Fall.

Meta von Salis
(1855–1929)

Selbst Meta von Salis, die letzte Angehörige der alten Schweizer Familie der Marschlins, die ihr Haar kurz trug, und Recht
und Philosophie studierte, um der Sache der Frauenbewegung dienen zu können, blieb in mancher Hinsicht konservativ. Das läßt sich durch ihre aristokratische Herkunft

erklären, an der sie, im Gegensatz zu Lily Braun, festhielt. Beeinflußt wurde sie durch die liberalen Traditionen der Revolution von 1848, wie Malwida von Meysenbug sie verkörperte; Meta las, wie wir bereits hörten, die *Memoiren einer Idealistin* mit großer Begeisterung und freundete sich mit Malwida an. Malwida wiederum unterstützte sie in einem Rechtsfall.[18]

Meta von Salis wollte sich von ihrem streng patriarchalisch eingestellten Vater nicht in die traditionelle Frauenrolle drängen lassen. Zwar schickten ihre Eltern sie im Alter von acht Jahren auf eine Haushaltsschule, und ihr Taschengeld wurde des öfteren einbehalten, damit sie es nicht für Bücher ausgab, aber das stachelte ihren Widerstand nur noch mehr an. Und weil sie mitansehen mußte, wie ihr Vater die Mutter systematisch tyrannisierte, gelangte sie zu der Überzeugung, daß die Gesellschaft das Leben der Frauen auf unzumutbare Weise verarmen lasse. In einem englisch geschriebenen Essay mit dem Titel »The Position of Women in Europe« (»Die Lage der Frauen in Europa«, 1887) beschrieb sie die eheliche Situation der Frau als »die dunkelste Seite der weiblichen Existenz«: »Bleibt sie unverheiratet, wird sie zum Objekt höhnischen Bedauerns; findet sie einen Ehemann, hängt es allein von seiner Entscheidung ab, ob sich ihr Schicksal dunkel oder hell gestaltet.«[19]

In ihrer bislang nur auszugsweise veröffentlichten Autobiografie beschreibt sie, welch beherrschende Person ihr Vater war, auch wenn er fast immer auf Distanz blieb.[20]

Meta war sich auch der Tatsache bewußt, daß ihr drei Jahre älterer Bruder, der bereits mit sieben Jahren starb, der Liebling ihres Vaters war und blieb, während, wie sie bemerkt, der erste Fehler in ihrem Leben darin bestand, als Frau geboren zu sein.[21] Immerhin war sie nun die Alleinerbin. Ihr Vater konnte überhaupt nicht verstehen, daß sie studieren und unabhängig sein wollte. Um auf eigenen Füßen stehen zu können, war sie zwei Jahre lang in Naumburg die Gesellschafterin von Baroneß Wöhrmann, einer Freundin Malwidas. Eher zufällig machte sie dort die Bekanntschaft von

Franziska und Elisabeth Nietzsche, während sie Friedrich erst später kennenlernte. Die Baroneß starb 1881, und das kurze Porträt, das Meta in *Gemma* (1918) von ihr zeichnet, ist dem Andenken dieser Frau gewidmet. Meta ging nun, wie vor ihr schon Malwida, nach London und arbeitete als Erzieherin in einer Familie, eine ungeliebte Tätigkeit, die sie als »Rattenfalle« empfand. Mehr Glück hatte sie bei ihrer anschließenden Arbeit in Irland (1882/83) bei der Familie Stuart, wo sie sich mit Mrs. Stuart anfreundete. Mittlerweile hatte sie genug Geld erwirtschaftet, um ihr Studium zu finanzieren, das sie 1883 an der Universität Zürich aufnahm. Vier Jahre später promovierte sie dort zum Dr. phil. mit einer Arbeit über Agnes von Poitou.[22] Damit war sie die erste Frau aus dem Kanton Graubünden, die von der Philosophischen Fakultät einen Doktorgrad erhielt. Als ihr Vater 1886 starb, erbte sie ein beträchtliches Vermögen, aber auch die Verantwortung für die Besitzungen der Familie Marschlins. Sie verkaufte den Besitz 1904 an ihren Neffen, der der mütterlichen Linie (Salis-Maienfeld) entstammte. Meta war die letzte, die den Namen »von Salis« trug.

Metas Wertschätzung aristokratischer Ideale vertrug sich zunächst durchaus mit ihrer radikal-feministischen Einstellung. Erst Mitte der neunziger Jahre bemerkte sie den Konflikt zwischen ihren elitären Vorstellungen über die Persönlichkeitsentwicklung (die Nietzsches Idee des Übermenschen sehr nahe standen) und ihrem Engagement für die Frauenemanzipation. In ihrem zweibändigen Werk *Auserwählte Frauen unserer Zeit* (1900), einer Antwort auf Laura Marholms *Buch der Frauen* (1895), betonte sie nachdrücklich, daß aristokratische Eigenschaften nicht unbedingt etwas mit Vererbung zu tun haben müßten. Für Meta verliefen Gesellschaftsklassen nicht horizontal, sondern vertikal, so daß ein König seinem Wesen nach ein Proletarier, Menschen »niederer« Herkunft dagegen durchaus »Aristokraten« sein konnten. Es komme immer auf den Einzelnen an, »der mit seiner durchgearbeiteten Persönlichkeit zählt«.[23]

Hieraus wird klar, daß für Meta z. B. auch einfache Dienstmädchen »aristokratische« Persönlichkeitseigenschaften entwickeln können, womit sie stärker von Nietzsche abrückt als ihr vielleicht bewußt war, während ihr Goethe mit der Gretchen-Figur näher zu stehen scheint.

Wie stark sich Meta von Salis für die Sache der Frauen engagierte, zeigt ein ebenso bemerkenswertes wie unglückliches Ereignis, das ihr einige Jahre nach Nietzsches Zusammenbruch widerfuhr. Nach einem Gerichtsverfahren gegen zwei Frauenrechtlerinnen namens Karoline Farner und Anna Pfrunder, das sich zwei Jahre lang hingezogen hatte, wurde Meta 1894 zu einer einwöchigen Gefängnisstrafe verurteilt, weil sie ein Flugblatt zur Verteidigung dieser Frauen veröffentlicht hatte. Sie war der Meinung, daß die beiden zu Unrecht beschuldigt würden (die Anklage lautete auf Veruntreuung). Der Fall war außerordentlich kompliziert[24] und läßt sich hier nicht in allen Einzelheiten darstellen; für uns ist wichtig, daß Meta den Richter verdächtigte, sich parteiisch zu verhalten, was sie nach kurzem Einblick in die Akten auch bestätigt fand. Meta bezichtigte den Richter der Befangenheit, was zwar den Tatsachen entsprach, aber unklug war, denn nun wurde sie wegen Mißachtung des Gerichts belangt. Die Bemühungen ihres Anwalts, Ernst Feigenwinter (der später Metas Freundin Hedwig Kym heiratete), verschlimmerten die Sache noch, so daß sie zum Schluß nicht nur eine erhebliche Geldstrafe erhielt, sondern überdies noch – völlig unangemessenerweise – für eine Woche inhaftiert wurde. Immerhin war sie zu Beginn der Affäre nichts als eine unschuldige Beobachterin, die nur in  den Prozeß eingriff, weil sie der Überzeugung war, daß hier das Recht für antifeministische Zwecke mißbraucht würde. Die Berichterstattung der Zeitungen trug noch zu ihrer Entrüstung bei. Dies alles setzte ihr so zu, daß sie 1904 die Schweiz für immer verließ, nachdem sie einige Zeit gebraucht hatte, um ihre Besitztümer aufzulösen. Danach nahm ihr Engagement für die Frauenbewegung sehr rasch ab, und sie verbrachte den Rest ihres Lebens zurückgezogen auf Capri.

Auf jeden Fall war Meta die aktivste Frauenrechtlerin unter Nietzsches Bekannten. Berta Schleicher, die eine Biografie über Meta von Salis verfaßt hat, schildert sie als Graubündens aktivste Kämpferin für die Gleichberechtigung der Schweizer Frauen. Dabei war sie alles andere als leichtfertig, sondern wog die Frage von Rechten und Pflichten sorgsam ab, ehe sie sich der Kampagne für das Frauenwahlrecht anschloß.[25] Trotzdem wollte sie auch weiterhin die Welt lieber »aristokratisieren, statt demokratisieren«.[26] Am Ende des 19. Jahrhunderts war sie, wie einige Gedichte in ihrer Sammlung *Aristokratika* (1902) verraten, desillusioniert. Aber in den achtziger Jahren, in denen sie Nietzsche zweimal (1887 und 1888) in Sils-Maria besuchte, glaubte sie, in ihm einen verwandten Geist gefunden zu haben, so wie sie damals auch noch der Ansicht war, ihre Konzeption des Seelenadels könne der Sache der Frauen dienlich sein. Nietzsche bewahrte ihr gegenüber in diesen Fragen taktvolle Zurückhaltung, während Metas Zuneigung zu ihm so stark war, daß sie seine frauenfeindlichen Äußerungen bereitwillig verharmloste.

Nietzsche und Meta von Salis begegneten sich erstmals im Juli 1884, als sie in Zürich studierte. Er hatte schon durch Malwida von ihr gehört, und auch Elisabeth und Franziska werden ihm von Meta erzählt haben. Ihr zweites Zusammentreffen fand im September 1886 statt, als Meta mit ihrer Mutter nach Sils-Maria reiste. Im Hotel Alpenrose trafen sie Nietzsche im Gespräch mit Helen Zimmern (die Meta noch nicht kannte) und zwei englischen Damen, Mrs. und Miss Fynn.[27] Ein weiterer Gast war Louise Röder-Wiederhold, eine Freundin Malwidas, die ebenfalls in der Revolution von 1848 gekämpft hatte. Frau Röder-Wiederhold, der Nietzsche *Jenseits von Gut und Böse* diktiert hatte (ein Buch, das er im darauffolgenden Jahr intensiv mit Meta diskutierte), begegnete Meta von Anfang an mit Antipathie, weil sie offensichtlich deren aristokratische Umgangsformen nicht schätzte, die wiederum auf Nietzsche und seine Schwester zweifellos eine gewisse Anziehungskraft ausübten.

Philosoph und Edelmensch (1897), Metas etwas schwülstiger Bericht über ihre Freundschaft mit Nietzsche, worin sie auch versuchte, die Hauptlinien seiner Moralphilosophie zu skizzieren, war unter reger Anteilnahme Elisabeths entstanden, wobei man darauf hinweisen sollte, daß es mit ihrer freundschaftlichen Beziehung Ende 1897 vorbei war. Metas Buch ist ziemlich unstrukturiert und preist Nietzsche durchweg in den höchsten Tönen, die nur etwas gedämpft werden, wenn es um das Thema »Nietzsche und die Frauen« geht, obschon sie seine frauenfeindlichen Äußerungen nicht gänzlich entschuldigt; statt dessen berichtet sie von ihren eigenen Zweifeln an der in unterschiedliche Gruppierungen zersplitterten Frauenbewegung. Mittlerweile glaubte sie, daß es wichtiger sei, als unabhängige Frau einen Beitrag zur kulturellen Entwicklung zu leisten, statt sich Vereinigungen anzuschließen, deren Ziel im »Herdenglück« liegt.[28] Der von Nietzsche inspirierte abschätzige Begriff der »Herde« spielt auch bei ihrer Bewertung der gesellschaftlichen Funktion der Elite eine Rolle:

> »Dank sei meinem Schicksal, dass es mich jenseits der ephemeren Bedeutung der Frauenfrage Elitemenschen – Frauen und Männer – als die höchste Blüte der Cultur schauen und verehren liess!«[29]

Offenbar betrachtete sie Nietzsche zumindest im Hinblick auf aristokratische Ideale als einen ihr verwandten Denker, dessen Ansichten über Frauen ihren eigenen nicht unbedingt widersprachen. Für sie gehörte Nietzsche selbst durch die Vornehmheit seines Denkens zur Aristokratie, und sie charakterisierte ihn als einen Elitemenschen[30], für den besondere Regeln gelten. Ihrer Überzeugung nach hatten für Nietzsche die Frauen andere Eigenschaften als die Männer und waren ihnen dadurch zwangsläufig entgegengesetzt; zugleich betont sie, er sei kein »Weiberfeind« gewesen[31] und habe sich über die Frauen häufig positiv geäußert. Sie teilt auch seine Auffassung, daß die Frauen die an ihnen geübte Kritik mitunter durchaus verdient hätten:

> »Das Schlimmste und Beschämendste, was er sagte, trifft heute noch für die Mehrzahl der Frauen zu, und entsprang gewiss allem Andern eher, als einer ursprünglich geringen Werthung der Frau.«[32]

Der Hinweis auf die »Mehrzahl der Frauen« zeigt, daß es Meta hier um die bürgerlichen Werte von Frauen geht, die sich mit affektiertem Gehabe hinter der Maske des Ewig-Weiblichen verstecken. Als Aristokratin lehnte sie natürlich die Bestrebungen der radikalen Frauenrechtlerinnen ab, stand jedoch auch den gemäßigten Feministinnen skeptisch gegenüber, die, wie sie (nicht ganz zu Unrecht) annahm, ihr Leben nach wie vor an der Seite eines Mannes führen wollten, statt sich auf eigene Füße zu stellen; jedenfalls war dies der entscheidende Einwand, den sie gegen Laura Marholms *Buch der Frauen* erhob.[33]

Meta war auch der Ansicht, daß viele Äußerungen Nietzsches den Kern der Sache trafen, wenn man sie auf die verbissen agierenden Frauenrechtlerinnen bezog. Allerdings liegt hierin ein gut Teil Ironie, weil sie selbst von ihren Landsleuten – jedenfalls denen, die die Berichterstattung über ihr Gerichtsverfahren für bare Münze nahmen – für ein Exemplar dieser Gattung gehalten wurde. Ihre eigenen Bemerkungen in einem Aufsatz von 1887 über militante Feministinnen erinnern uns daran, wieviel Mißbilligung und Ablehnung solchen Frauen selbst von einer zumindest für damalige Verhältnisse so aktiven und engagierten Kämpferin wie Meta von Salis entgegenschlug:

> »Man kann nicht erwarten, daß die seit zwanzig Jahren bestehende Möglichkeit ... eines universitären Studiums für Frauen die Vorurteile weiter Kreise der Bevölkerung beseitigt hat. Auch können wir noch nicht abschließend beurteilen, wie

sich diese Möglichkeit auf das physische und moralische
Selbst der Frauen auswirken wird. Fast alle, die bis jetzt einen
akademischen Grad erworben haben, gehören zu einer Vor-
hut von Pionieren, deren Stärke überfordert wurde, noch
bevor sie das gesetzte Ziel erreichten. Die Amerikaner, die in
gänzlich anderen Verhältnissen leben, können sich kaum vor-
stellen, welche Feuerproben eine Frau – vor allem aus den
höheren Gesellschaftsschichten – in Mitteleuropa durchma-
chen muß, wenn sie die Kultivierung ihres Intellekts betreiben
will. In einer unvergifteten Atmosphäre würde sie dadurch an
Charme gewinnen, unter den obwaltenden Umständen
jedoch wirkt sie lächerlich und bringt Schande über alle, die
ihr nahestehen. Derart falsche Bedingungen erzeugen die
unglückseligsten Auswirkungen. Es sind diese Frauen, die
einerseits den Typ der verabscheuungswürdigen alten Jungfer
hervorbringen, welche ihr Publikum mit bruchstückhaftem
Wissen in Grund und Boden kreischt, andererseits zu den
kühnen Nachahmerinnen des männlichen Charakters in all
seinen Einzelheiten führen ... Natürlich sind sie es auch, die,
wenn sie ohne hemmende Einflüsse zusammenarbeiten, auf
drastische Weise für die Karikatur der Frauenrechtlerin sorgen.«[34]

Ich habe aus dem Aufsatz so ausführlich zitiert, weil diese
Passage Aspekte enthält, die für unser Thema von Interesse
sind. Natürlich hat Meta recht, wenn sie sagt, daß die meisten
bildungsinteressierten Frauen aus den höheren Gesellschaftsschichten kommen, denn damals konnten, wie gesagt,
die Vorlesungsgebühren selbst für wohlhabende Frauen zum
Stolperstein werden. Meta war bereits achtundzwanzig, als
sie ihr Studium begann. Sind nun diese Frauen endlich den
Spielen des Ewig-Weiblichen entkommen, werden sie zur
Zielscheibe des Spotts, der seinerseits eine bestimmte Gruppe von Frauenrechtlerinnen dazu veranlaßt, überlaut (männlich) zu protestieren. Metas Ideal (das im Zitat implizit zum
Ausdruck kommt) ist die Frau, die ihre Gefühle kontrolliert
und sich vorbildlich verhält, um so die Achtung der Männer
und ihre Kooperation in der Verbesserung gesellschaftlicher

Entwicklungsmöglichkeiten zu gewinnen. Mit diesem Idealismus war es nach der Farner-Pfrunder-Affäre allerdings vorbei. Meta mußte einsehen, daß auch Höflichkeit die Gesetzgebung nicht verändern würde, war diese doch, wie Marie Stritt in ihrer Abhandlung *Das bürgerliche Gesetzbuch und die Frauenfrage* (1898) nachwies, durch und durch patriarchalisch. Anstatt sich der Verbitterung hinzugeben, zog Meta sich aus dem Kampfgetümmel zurück.

In den achtziger Jahren sah Meta in Nietzsches elitären Ideen zweifellos einen Wegweiser für ihre feministischen Theorien, die ihrem ausgeprägten Gefühl für die Ungerechtigkeiten entsprangen, denen Frauen in einer patriarchalen Gesellschaft ausgesetzt waren. Diese Ungerechtigkeiten skizziert sie in ihrem Erzählgedicht *Die Zukunft der Frau* (1886). Das Charlotte Stuart gewidmete Werk, eine poetische Bestandsaufnahme ihres Aufenthalts in Irland, enthält nicht nur eine Kritik an der Unfreundlichkeit der Frauen gegen das eigene Geschlecht, sondern zeigt auch, wie tiefgreifend sich Metas Feminismus im darauffolgenden Jahrzehnt wandelte. In *Philosoph und Edelmensch* wird »die Frau der Zukunft« als harmonische Repräsentantin eines höheren Ideals von *Kraft und Schönheit* porträtiert.[35] In den achtziger Jahren besaß Meta also ihre eigene elitäre Theorie feministischen Verhaltens, von der sie glaubte, sie habe mit Nietzsches Hauptthemen (Vornehmheit, Vorzüglichkeit, Zukunft) soviel gemeinsam, daß man von einer großen Ähnlichkeit der Sichtweisen sprechen könnte. Allerdings erkannte sie, daß in der Frage der Frauenbildung große Unterschiede bestanden.

Mitten in ihrer Entwicklung von der Aktivistin zur enttäuschten Beobachterin schrieb Meta ihren einzigen Roman *Die Schutzengel* (2 Bände, 1889–91). Der erste Band enthält einen etwas verworrenen Bericht über Isa von Tiefensees Versuch, an ihr rechtmäßiges Erbe zu gelangen, während der zweite Band erzählt, welche Kämpfe Isa, die Anwältin wird, in ihrer emanzipatorischen Entwicklung auszufechten hat. In der Beschreibung ihrer Auseinandersetzung mit den

Sabotageversuchen feindlich gesonnener männlicher Kollegen nimmt sie auf eigentümliche Weise bestimmte Aspekte
ihrer eigenen gerichtlichen Verstrickungen von 1894 vorweg,
während Isas Erfahrungen als Erzieherin Metas Aufenthalt
bei den Stuarts in Irland reflektieren. Für uns sind jedoch
die nietzscheanischen Anklänge des Romans von Bedeutung,
die durch Stefan Falconier, einen äußerst feinsinnigen Aristokraten, zu dem Isa eine platonische Beziehung pflegt, reprä-
sentiert werden. Einige seiner Bemerkungen, darunter vor
allem solche, die seine Verachtung für »die Herde überall«
offenbaren, tauchen als Nietzsche-Zitate in *Philosoph und
Edelmensch* wieder auf.[36] In Isas Weigerung, Falconier als
möglichen Ehepartner zu betrachten, weil es seine Integrität
als »außerordentlicher Mensch« in Frage stellen könnte, spiegelt sich Metas Entschlossenheit, ihre Beziehung zu Nietzsche »jenseits der Heirat« anzusiedeln.[37] Doch bevor er stirbt,
möchte Falconier seine Freundschaft mit Isa auf erhabene
Weise heiligen: Weiß gekleidet erscheint sie, um mit ihm ein
letztes Mahl einzunehmen. Der Symbolismus dieser Szene
läßt v. a. an das Abendmahl Christi denken.[38] Obwohl man
Berta Schleicher darin zustimmen muß, daß der Roman nicht
einfach als verkappte Autobiografie gelesen werden darf[39],
enthält er doch gewissermaßen den Subtext von Metas Mani-
fest über den Feminismus. Ich möchte sogar behaupten, daß
Falconiers Hoffnungen auf die »Frau der Zukunft«[40] ein fas-
zinierendes Amalgam von Nietzsches und Metas Ansichten
zu diesem Thema darstellen.

  Meta von Salis blieb Nietzsche immer in treuer Freundschaft verbunden[41], während er sich ihr gegenüber keineswegs so treu verhielt. Diese Untreue gegenüber vielen, die
sich (gleich welchen Geschlechts) als seine Freunde betrachteten, war ein bemerkenswerter Charakterzug seines Alltags-
verhaltens. In einem Brief an Franz Overbeck nach Metas
fehlgeschlagenem Versuch, sich an der Universität Basel zu
immatrikulieren, nannte Nietzsche ihre Bewerbung einen
Propagandatrick, mit dem sie lediglich auf die Steine, die

Frauen an Universitäten in den Weg gelegt wurden, habe aufmerksam machen wollen – Steine, die Nietzsche selbst, als er noch Basler Professor war, doch zumindest teilweise beseitigen wollte:

> »Über die Maaßregel des Fl. von Salis habe ich gelacht. Das gehört unter die Feinheiten der *agents provocateurs:* sie wollte genau *Das,* was sie erreicht hat, eine Abweisung, um daraus für die ›Agitation‹ Kapital zu schlagen.« (31. März 1885; KGA III,3, S. 35)

Nietzsche war hier dezidiert hinterhältig, denn Meta ist, wie Janz (mit spürbarer Empörung über Nietzsches Verhalten[42]) bemerkt, tatsächlich nur Nietzsches Empfehlung gefolgt, der ihr geraten hatte, sich in Basel immatrikulieren zu lassen, damit sie Vorlesungen bei Jacob Burckhardt hören könne. In einem Brief an seinen Kollegen Ludwig Kym (vom 19. März 1885) drückt Burckhardt sein persönliches Bedauern über die Entscheidung des Basler Senats aus.[43] Meta, die auch von der Münchener Universität abgelehnt worden war, konnte als Ausländerin in Preußen immerhin ein Semester an der Universität Berlin studieren. Nietzsches hämische Bemerkung ist typisch für die Diskrepanz zwischen Handeln und Denken, die sich so häufig bei ihm findet. Ein anderer Brief, diesmal an seine Schwester, enthält ähnlich gehässige Bemerkungen über Meta:

> »Insgleichen hat Frl. von Salis sich 6 Wochen in Sils aufgehalten, um sich von den Strapazen der Doktorpromotion zu erholen; sie hatte eine kranke kleine Freundin bei sich, die Tochter des Prof. Kym, und ich hatte Humanität genug gehabt, um mich dieser im Grunde unerquicklichen, wie sehr auch achtbaren Weiblichkeiten so gut ich konnte anzunehmen.« (15. Oktober 1887; KGA III, 5, S. 166 f.)

Nietzsche schlägt hier einen unangenehm herablassenden Ton an. Vielleicht hätte er seine ritterliche Maske einmal ablegen sollen, damit jemand wie Meta von Salis, die er achtete, sich wirklich mit ihm über die Frauenfrage hätte streiten

können. Ebenso wäre es möglicherweise für alle Beteiligten
besser gewesen, wenn er Elisabeth offen angegriffen hätte,
statt sie hinterrücks zu beleidigen. Ein derartiges Benehmen
läßt sich mit den Vorstellungen von höherer Gesundheit, die
der Schöpfer des Übermenschen entwickelt hat, nicht in Einklang bringen.

Meta verhielt sich gegenüber Nietzsche immer hilfsbereit
und war eine Zeitlang auch mit Elisabeth befreundet. Sie
gehörte zu den Signataren, mit deren Hilfe Elisabeth sich
die Fonds für den Aufbau des Archivs sichern und zugleich
ihrer Mutter die Rechte an Nietzsches Veröffentlichungen
entziehen konnte.[44] Allerdings sollte sich Metas Hilfe auf
lange Sicht für Nietzsche nicht auszahlen, weil seine Schwester den Nachlaß skrupellos verwaltete. Aber das konnte
Meta natürlich nicht ahnen, als sie Elisabeth versprach, ihr
bei der Einrichtung des Archivs behilflich zu sein. Sie kaufte
sogar die »Villa Silberblick« in Weimar als Heimstatt für den
kranken Nietzsche und das Archiv. Sobald Elisabeth mit
ihrem Bruder dort eingezogen war, begann sie mit den bau-
lichen Veränderungen, die ihren Höhepunkt in der 1902/03
von Henry van de Velde vorgenommenen Neugestaltung des
Interieurs fanden, durch die das Haus heute nicht nur ein
Anziehungspunkt für Nietzscheaner, sondern auch für
Anhänger des Jugendstils ist.[45] Elisabeths eigenwillige Entscheidung, das Zimmer, das Meta bei gelegentlichen Aufenthalten in Weimar bewohnen wollte, auf deren Kosten umzu-
gestalten, ohne sie um Rat zu fragen, machte Meta so wütend,
daß sie das Haus über Adalbert Oehler an Elisabeth verkaufte und die Freundschaft beendete. Sie schrieb Elisabeth
noch einen Brief, in dem sie ihr unmißverständlich mitteilte,
was sie von ihr hielt.[46] Elisabeth ließ diese Kritik indes völlig
unberührt.

Resa von Schirnhofer
(1855–1948)

Resa von Schirnhofer wurde im österreichischen Krems geboren und begann 1882 ihr Studium an der Züricher Universität, vermutlich aufgrund des für Studentinnen einfacheren Immatrikulationsverfahrens. Resa, eine enge Freundin Natalie Herzens, gehörte zum Bekanntenkreis von Malwida von Meysenbug, mit der sie 1882 Bayreuth besucht hatte. 1883 freundete sie sich mit Meta von Salis an, die zu der Zeit ebenfalls ihr Studium in Zürich aufnahm. Das zeigt, wie eng die Verbindungen zwischen vielen mit Nietzsche befreundeten Frauen waren, insbesondere, wenn es sich um »neue Frauen« handelte. Resa wollte die Osterferien 1884 bei Malwida verbringen, diese jedoch verwies sie an Nietzsche. Offenbar handelte es sich um einen weiteren Versuch Malwidas, für Nietzsche trotz des desaströsen Ausgangs der Affäre mit Lou Salomé einen Ehepartner zu finden. Nietzsche, der sich zu der Zeit in Nizza aufhielt und dort in einer Pension wohnte, lud Resa zu sich ein. Resa, eine reiche junge Frau aus dem Landadel, war eine bemerkenswert unabhängige und selbständige Person, sonst hätte sie sich nicht auf den Weg gemacht, um bei dem ihr noch gar nicht bekannten Nietzsche zu wohnen. Schon bald verstanden sich die beiden ausgezeichnet, und er machte ihr den etwas übereilten Vorschlag, im nächsten Jahr mit ihm einige Zeit auf Korsika zu verbringen. Er besann sich jedoch bald eines Besseren und schrieb (wenngleich scherzenden Tons) an Köselitz (Peter Gast), er würde für die Reise noch eine dritte Person (vermutlich Köselitz selbst) benötigen.[47] Er scheint dann allerdings, sehr zu Resas Enttäuschung, den Plan fallengelassen zu haben.

Wie Meta entsprach auch Resa Elisabeths Bitte und schrieb einen kurzen Bericht über ihre Freundschaft mit Nietzsche, den diese jedoch nicht veröffentlichte. Er wurde in ihrem Nachlaß entdeckt und erst 1969 publiziert.[48] Resas

Bericht über ihre Zeit mit Nietzsche in Sils-Maria 1884 verlangt (wie übrigens auch Metas Darstellungen) einiges an
Ortskenntnissen. Nietzsche führte sie, wie auch andere
Besucher, an seine Lieblingsorte, zu denen in jedem Fall die
in den Silser See hineinragende Halbinsel Chasté gehörte,
von deren Spitze man einen Blick auf die Ortschaft Majola
werfen konnte. Er zeigte ihr auch den »Zarathustra-Felsen«
über dem Ufer des Sees von Silvaplana. Resa beschreibt diesen Felsen mit religiös-ehrfurchtsvollen Worten.[49] Darüber
hinaus ist sie bemüht, sich an möglichst viele Gespräche mit
Nietzsche zu erinnern, die sich nicht nur um dessen eigene
Werke, sondern auch um die Schriften anderer Autoren dreh-
ten. Diese Einzelheiten werden dann mit Beobachtungen
über Nietzsches Erscheinung, Auftreten und Gesundheitszustand angereichert.[50] Im Gegensatz zu Metas Erinnerungen ist Resas Bericht kurz und fragmentarisch und enthält
sich auch der Interpretation von Nietzsches Gedanken, während Meta im zweiten Teil ihres Essays versucht, Nietzsches
moralphilosophische Differenzierungen (»gut« und »böse«,
»Mitleid« und »Altruismus«) zu erklären und dabei auch
ihre eigenen Ideen über aristokratische Zucht ausbreitet.
Für solche Unternehmungen war Resa zu zurückhaltend.

Zwar bezeichnet Elisabeth Resa als eine der »emanzipierten
Frauen«[51] in Nietzsches Bekanntenkreis, doch war sie in der
Frauenbewegung nicht aktiv und hat auch trotz ihrer vielversprechenden Doktorarbeit (»Vergleich zwischen den Lehren
Schellings und Spinozas«) später nichts Nennenswertes mehr
veröffentlicht. Offenkundig hat sie ihre Begabungen nicht aus-
geschöpft. Hinweise auf ihre Persönlichkeit finden sich in
ihren Briefen an Elisabeth, von denen dreiundzwanzig im
Goethe-Schiller-Archiv erhalten sind. Diese Briefe, geschrieben zwischen 1895 und 1909, zeigen eine Frau, die sich in
wohlhabenden Kreisen bewegt, in Pensionen wohnt und kulturelle Interessen verfolgt. Dies alles hält sich jedoch durch
eine gewisse Scheu in Grenzen. »Eigentlich lebe ich sehr einsam«, teilt sie Elisabeth am 18. November 1898 mit (GSA, 72/

588). Doch sei, so führt sie aus, diese Einsamkeit selbstge-
wählt: Sie habe nie geheiratet, weil dafür zwei Bedingungen
erfüllt werden müßten – große Liebe seitens ihres Partners
und ausreichendes Vermögen. Da aber, wie sie meint, beides
zugleich in einer bürgerlichen Ehe nicht zu haben sei, hätte sie
schon bald den Entschluß gefaßt, nicht zu heiraten und es bei
ihrer einsamen »*aisance*« zu belassen, ohne dabei die Ehe als
solche abzulehnen.[52] Zuletzt jedoch wurde sie es müde, in
Europa umherzureisen und sich immerfort woanders einzu-
quartieren, ohne je zu sich sagen zu können: »Dies ist der
Ort, wo ich leben und sterben möchte.« (Brief an Elisabeth
vom 22. Oktober 1906; GSA, 72/588). Nach dem Ersten Welt-
krieg mußte Resa in sehr viel bescheideneren Verhältnissen
leben, weil ihr in Staatsanleihen investiertes Vermögen auf einmal wertlos geworden war. So verdiente sie sich ihren Lebensunterhalt mit Klavier- und Sprachunterricht.

In ihrer Beziehung zu Nietzsche schien es Resa vor allem
wichtig gewesen zu sein, ihn aufzuheitern, wobei ihr dieser
Frohsinn in späteren Jahren offenbar verlorenging. In ihren
Briefen an Elisabeth betont sie fortwährend, wie jung und
unerfahren sie im Vergleich zu Nietzsche sei. In diesem
Zusammenhang erinnert sie sich an eine Begebenheit aus
ihrem Aufenthalt in Nizza, bei dem sie und Nietzsche für
Onkel und Nichte gehalten wurden, woraus Nietzsche die
Idee entwickelte, sie könnten »als Onkel und Nichte nach
Corsica reisen«, was, wie gesagt, dann leider nicht in die Tat
umgesetzt wurde (Brief an Elisabeth vom 27. Februar 1897;
GSA, 72/588). So hatte sich das Malwida natürlich nicht
gedacht! Aber daraus erhellt, daß Nietzsches Freundschaft
mit Resa in keiner Weise jenes Zusammentreffen verwandter
Geister war, als das Meta ihre Beziehung zu Nietzsche verstand. Mild-väterlich sprach Nietzsche von Resa als einem
»drolligen Geschöpf« (Brief an Overbeck vom 18. August
1884; KGA III, 1, S. 521), mußte aber auch zugeben, daß ihre
Gegenwart ihm guttat. Resa berichtet, daß Nietzsche bei
ihrem Abschied sichtlich bewegt war und mit Tränen in den

Augen sagte: »Ich hoffte, Sie würden länger hier bleiben.
Wann werde ich wieder Ihr erfrischendes Lachen hören?«[53]
Indes wurden alle Hoffnungen, die Malwida noch auf eine
feste Verbindung setzen mochte, durch diese briefliche
Äußerung Nietzsches zerstört:

> »Auch die gute Resa Schirnhofer war da, mit einer ihrer Züri-
> cher Freundinnen [Frl. von Wildenow]. Schade, daß sie, um
> Baslerisch zu reden, so ›unanmüethig‹ aussieht! Ich kann das
> Häßliche in meiner Nähe nicht lange aushalten (ich meinte
> schon in Bezug auf Frl. Salomé einige Selbst-Überwindung
> darin nöthig zu haben).« (1. September 1884; KGA III, 1,
> S. 523)

Hier haben wir ein weiteres Beispiel dafür, wie Nietzsche
treuen Freundinnen in den Rücken fällt. Um so bemerkenswerter ist die Tatsache, daß Meta und Resa sich auch und
gerade nach dem Ausbruch seiner Geisteskrankheit für seine
Belange einsetzten, ungeachtet aller Versuche von Elisabeth,
die Wahrheit nach ihrem Belieben zurechtzubiegen. Allerdings blieb Resa auch Elisabeth bis zum Ende freundschaftlich verbunden.

Dennoch benötigte Nietzsches Schwester sehr viel Über-
redungskunst, um Resa die genauen Umstände ihrer Freundschaft mit Nietzsche zu entlocken. Resa nämlich betonte
wiederholt, daß sie jegliche öffentliche Aufmerksamkeit ver-
meiden wolle. Im Brief an Elisabeth vom 12. Februar 1903
schreibt sie:

> »Ich wünsche durchaus nicht die reizenden, poetischen Erin-
> nerungen, die sich an Ihren Bruder für mich knüpfen, mit dem
> Publikum zu theilen; das würde für mich ihren ganzen
> Charme zerstören.
> Ich bitte Sie daher nochmals von der Veröffentlichung der
> Briefe an mich abzusehen und auch sonst in Ihren Veröffentli-
> chungen meiner nicht zu erwähnen.
> Ich bin Niemand und wünsche das auch so zu bleiben.« (GSA,
> 72/588)

Resas äußerste Zurückhaltung wird insbesondere aus der Tatsache ersichtlich, daß sie die acht Briefe, die Nietzsche ihr geschrieben hatte, in der Privatsphäre belassen wollte. Elisabeth unternahm einiges, um sie ihr zu entlocken. 1897 lud sie Resa zu sich nach Weimar ein, und im Oktober 1900 reisten die beiden nach Röcken, um des am 25. August verstorbenen Nietzsche an seinem Grab zu gedenken (er wäre am 15. Oktober sechsundfünfzig geworden). Resa blieb zunächst standhaft, doch Elisabeth kannte keine Gnade. Sie wollte und mußte Nietzsches Briefe an Resa haben, aus Prinzip. Es gehörte zu ihrer Taktik, Leute, von denen sie etwas wollte, nach Weimar ins Nietzsche-Archiv einzuladen: auch der kranke Nietzsche besaß noch genügend Anziehungskraft. Wer sich allen ihren Bemühungen zum Trotz verweigerte, wurde, wenn möglich, gerichtlich verklagt (auf diese Weise versuchte sie an die umfangreiche Sammlung der Overbecks zu gelangen). Elisabeth war, wie nicht anders zu erwarten, bei Resa letzten Endes erfolgreich, wenn es auch bis 1906 gedauert hat.[54] Allerdings weigerte sich Resa entschieden, Elisabeth bei der Neuerfindung von Nietzsches Vergangenheit Patendienste zu leisten: Sie bestätigte weder, daß Nietzsche Stirner gegenüber wohlgesonnen[55], noch daß Nietzsches Vater an einem Sturz (und nicht an einer Gehirnkrankheit) gestorben war.[56] Da kann es nicht verwundern, daß Resa in Elisabeths Buch *Friedrich Nietzsche und die Frauen seiner Zeit* eher am Rande mit einem halben Dutzend Sätzen abgehandelt wird, während die acht nach langem Hin und Her endlich ausgehändigten Briefe elf Seiten einnehmen.

Was lernen wir nun aus Nietzsches Umgang mit Meta von Salis und Resa von Schirnhofer? Der schreibende Nietzsche wünscht sich eine Idealfrau von körperlicher Attraktivität und geringer Intelligenz; der alltägliche Nietzsche hingegen umgab sich gern mit mehr oder minder hübschen, aber intelligenten Frauen, von denen einige sogar bereit gewesen wären, in eine Ehe einzuwilligen. Um aber dieses Risiko auszuschließen oder, anders gesagt, sich selbst betrügen zu kön-

nen, stellte Nietzsche im Hinblick auf eine potentielle Gattin
sehr hohe Ansprüche an Jugend und Schönheit. Darum
konnte er Natalie Herzen aus Altersgründen schlichtweg
ablehnen. Der 33jährige Nietzsche schrieb aus Sorrent, wo
er mit Malwida weilte, an Elisabeth:

> »Hier redet man mir zu in Bezug auf Nat. Herzen, was meinst
> Du? Aber 30 Jahre ist sie auch, es wäre besser, wenn sie 12
> Jahre jünger wäre. Sonst ist ihre Art und ihr Geist recht gut
> zu mir passend.« (31. März 1877; KGA II, 5, S. 227)

Das Wort »sonst« läßt Nietzsches Argument der Altersdifferenz als vorgeschoben erscheinen. Als er der jungen Resa
begegnete, mußte er nach Gründen suchen, die sie für ihn
unannehmbar machten (ihr Aussehen und die Camouflage
der Onkel-Nichte-Beziehung). Gerade weil Natalie Herzen
eine geeignete Partie gewesen wäre, mußte Nietzsche einen
Grund finden, um sie ablehnen zu können. Nietzsche hatte,
was ihm selbst zumindest damals nicht bewußt war, gar nicht
die Absicht zu heiraten, und er war von Lou deshalb so enttäuscht, weil er mit ihr eine »Wahlverwandte« verloren hatte,
nicht aber eine mögliche Ehefrau.

Helene von Druskowitz
(1856–1918)

Helene von Druskowitz war sehr intelligent und zugleich
äußerst reizbar. Im Gegensatz zu Meta und Resa, die mit ihr
in Zürich studiert hatten, war sie durchaus in der Lage, Nietzsches Ideen auf dessen Niveau in Frage zu stellen. Geboren in
Wien, machte sie bereits mit siebzehn Jahren die Matura auf
dem dortigen Konservatorium, was ebenso ungewöhnlich
früh war wie ihre nur fünf Jahre später an der Universität
Zürich erlangte Promotion. Nietzsche hegte für kurze Zeit
die Hoffnung, in Helene, der er 1884 in Zürich mehrere Male
begegnete, die Schülerin zu finden, die Lou nicht geworden

war. Unter verschiedenen Pseudonymen[57] schrieb sie einige Dramen, die zwar literarisch unergiebig sind, zumindest aber bezeugen, daß Helene von Druskowitz im Gegensatz zu ihren Züricher Studienkolleginnen die Fähigkeit besaß, es mit Nietzsche aufzunehmen, und warum er sich von ihren Angriffen getroffen fühlen mußte.

Helenes erstes Stück *Sultan und Prinz* (1881) spielt in Istanbul und handelt von einer Intrige. Danach wandte sie sich in *Die Emanzipationsschwärmerin, Die Pädagogin* und *International* (alle drei Stücke wurden 1890 veröffentlicht) dem Thema der Frauenemanzipation zu. Auch diese Stücke – humoristische Versuche über die Geschlechterpolitik in der besseren Gesellschaft – sind literarisch eher leichtgewichtig. In *Die Pädagogin* – einer farcenhaft zugespitzten Komödie – schafft es eine Gouvernante, den ihr anvertrauten jungen Damen ohne Wissen der Eltern zur Heirat zu verhelfen. *International* ist für uns von größerem Interesse, weil hier die bürgerliche Ehe einer ernsthaften Kritik unterzogen wird. Das Stück spielt in einer von zwei älteren Schwestern, Adelgunde und Walburga Friedenshorst, geleiteten deutschen Pension. Zu ihren Gästen gehört ein dilettierender Schriftsteller namens Schnittlauch, der mit einer ehemaligen Sängerin, Melanie, verheiratet ist. Sie vertraut Mme de Catalesca, einem Gast aus Rumänien, ihre Enttäuschung über das Eheleben an und erhält zur Antwort:

>»*Emancipez-vous*, emanzipieren Sie sich, kehren Sie wieder zurück in Ihre Kunst. Aber ich weiß, was Sie sagen wollen. Ihr Mann ist Ihr Herr geworden und hat Sie zu seiner Hausfrau degradiert. Er ist *vaniteux* und seine Eitelkeit will nicht, daß Sie größer dastehen als er ... Sie aber haben nicht *l'énergie pour résister* – die Kraft zu widerstehen. *Voilà la femme allemande*. Sie ist zu *humble*, sie ist *enfin* gar nicht *révolutionnaire*.«

Worauf Melanie entgegnet:

>»Es ist leider sehr wahr. Die deutschen Frauen stehen hinter anderen Frauen zurück und ich bin eine echte deutsche Frau

und habe viel zu wenig Widerstandskraft. Durch meine Nach-
giebigkeit ließ ich mich von meinem Manne zur Haushälterin
machen.«[58]

Die Zitate zeigen, auf welchem sprachlichen Niveau sich das
Stück bewegt (so muß Mme de Catalesca ihr Deutsch fortwährend mit französischen Ausdrücken anreichern), aber
die Lage der deutschen Hausfrau wird zutreffend geschildert.
Überdies war die Gesellschaft in Österreich nicht weniger
patriarchalisch eingerichtet als in Deutschland. Helene von
Druskowitz beteiligte sich an der Frauenbewegung und
gründete zwei feministische Zeitschriften, *Der heilige Kampf*
und *Der Fehderuf*, deren, so Janz, »maßlose Angriffe auf die
Männerwelt ... man nur noch mit Kopfschütteln und Lachen
lesen [kann]«.[59] Ich möchte Janz' Einschätzung hier nicht
weiter kommentieren, sondern nur zu bedenken geben, daß
die oben zitierte Passage aus *International* wie auch Druskowitz' andere Emanzipationskomödien Nietzsche wohl lediglich als weiterer Beleg für seine These, daß Frauen besser
nicht schreiben sollten, gegolten hätte. Da er zu der Zeit
jedoch bereits geistig erkrankt war, besitzen wir nur seine
Äußerungen über ihre Essays. Lobende Worte fand er für
Druskowitz' Arbeiten zur englischen Literatur; ihre drei Aufsätze über George Eliot, E. B. Browning und Joanna Baillie
empfahl er seiner Schwester ebenso zur Lektüre wie ihr Buch
über Shelley *(Perce Bysshe Shelley,* 1884). In dem Brief heißt es
über Druskowitz: »Ich meine, es ist ein edles und rechtschaf-
fenes Geschöpf, welches meiner ›Philosophie‹ keinen Schaden thut.« (22. Oktober 1884, KGA III, 1, S. 548 f.)
    Zwei Jahre später änderte Nietzsche seine Meinung über
Druskowitz jedoch, nicht weil er ihren Feminismus (soweit
er ihn kannte) ablehnte, sondern weil sie es gewagt hatte,
seine Philosophie in einigen Publikationen anzugreifen. In
*Moderne Versuche eines Religionsersatzes. Ein philosophischer
Essay* (1886) wendet sie sich gegen Nietzsches Attacken auf
Moral und Sitte, die sie für defätistisch hält. Ihrer Ansicht

nach können moralische Maßstäbe in einer säkularisierten Welt dadurch aufrechterhalten werden, daß den Menschen ein grundlegendes, intuitives Verständnis von »Gut« und »Böse« vermittelt wird, das sie befähigt, Verantwortung zu übernehmen. Der Aufsatz richtet sich dezidiert gegen Nietzsches Vision vom Übermenschen. Ihr nächster Essay *Wie ist Verantwortung und Zurechnung ohne Annahme der Willensfreiheit möglich? Eine Untersuchung* (1887) nimmt nicht nur Nietzsche, sondern auch Kant, Schopenhauer und Rée aufs Korn. Sie beschließt ihre Ausführungen mit dem Satz:

> »Wer aber glaubt, man müsse dabei stehen bleiben, das menschliche Tun sub specie necessitatis zu betrachten, ... (der versteht die Stimme der Natur nicht), der erkennt nicht, worauf die Natur mit aller Macht, wenn oft auch mit unzulänglicher Auswahl und Anwendung ihrer Mittel, hinarbeitet.«[60]

Nietzsche machte seiner Verärgerung und Enttäuschung in einem Brief an Carl Spitteler Luft: »Die kleine Litteratur-Gans Druscowitz ist alles andere als meine ›Schülerin‹.« (17. September 1887; KGA III, 5, S.159) Davon unbeeindruckt verteidigte sie ihre Ideen in der kurzen Abhandlung *Zur neuen Lehre. Betrachtungen* (1888), in der sie für die Entwicklung moralischer Verantwortung anhand darwinistischer (d. h. evolutionärer) Prinzipien plädiert.[61] Dieser Ansatz vermischt sich mit ihrer etwas mystischen Auffassung der Natur, von der sie sich die Herausbildung einer sittlichen Weltordnung erhofft.[62] 1888 verteidigte sie Eugen Dühring gegen Nietzsche und wirft dem Philosophen vor, seine Äußerungen seien im allgemeinen sehr unvollständig und vage.[63]

Meta von Salis ergriff für Nietzsche Partei (wobei sie zeitweilig ihre Kritik an der weiblichen Neigung, das eigene Geschlecht zu verunglimpfen, vergaß[64]). Sie bezeichnete Helenes Angriffe als grobschlächtig; Nietzsche sei durch diese, wie Meta es nannte, »negative Erscheinungsform geistigen Schmarotzertums« tief verletzt worden. Etwas herablassend fügte sie hinzu, das »arme Ding« sei schon vor längerer Zeit verrückt geworden.[65] Tatsächlich wurde Druskowitz in den neunziger Jahren psychisch krank und starb in geistiger Umnachtung, aber das sollte uns ebensowenig wie im Fall Nietzsche daran hindern, den Wert ihrer Schriften anzuerkennen. Zumindest ihre literarischen und philosophischen Aufsätze haben die Zeit überlebt, und darum verdient Helene von Druskowitz unsere Aufmerksamkeit, auch wenn sie, wie Resa von Schirnhofer, ihre vielversprechenden Anfänge später nicht fortsetzen konnte. Hier war eine »neue Frau«, die sich von Nietzsches Charme und Ritterlichkeit ihr kritisches Urteil nicht abkaufen ließ. Immerhin war Nietzsche nicht deshalb von ihr enttäuscht, weil er in ihrer Philosophie einen Fehler gefunden hatte (was ein gerechtfertigter Einwand gewesen wäre), sondern weil sie sich von *seinen* Ideen abgewandt hatte.

Man kann sich des Eindrucks nicht erwehren, daß Nietzsche in den Sommermonaten der Jahre 1881 bis 1888 bei seinem Aufenthalt in Sils-Maria eine Art Lever hielt, wenn er zum Mittagessen im Hotel Alpenrose weilte. Offensichtlich wurde sein expressis verbis geäußerter Wunsch, einen Tisch für sich zu haben und eine einfache Mahlzeit zu sich zu nehmen, bisweilen von seiner Freude an intelligenter weiblicher Gesellschaft in den Hintergrund gedrängt. Neben dem, wie Elisabeth schreibt, »Strom an weiblichen Studenten«[66] gab es aber auch noch andere Besucherinnen wie etwa Helen Zimmern, die 1884 und 1886 in Begleitung der Fynns ihren Sommerurlaub in Sils-Maria verbrachte. Mit ihrer Monografie *Arthur Schopenhauer. His Life and His Philosophy* (1876) gehörte sie zu den ersten, die Schopenhauers Ideen in Großbritannien bekannt machten, was ihr die Bewunderung Richard Wagners eintrug, der sie im Erscheinungsjahr ihres Buches nach Bayreuth einlud, wo sie Nietzsche kennenlernte. Sie übersetzte bekannte deutsche Dichter wie Lessing und später auch Nietzsche selbst. 1906 übertrug sie *Jenseits von Gut und Böse* ins Englische; das Buch erschien allerdings erst 1910 (unter dem Titel *Beyond Good and Evil*), weil sich die Verhandlungen, die Oscar Levy wegen der Rechte mit Elisabeth führte, in die Länge zogen. Meta von Salis kam 1888 noch einmal nach Sils-Maria, nur um Nietzsche zu besuchen, und war hinterher dankbar für die Möglichkeit, ihn vor seinem Zusammenbruch noch einmal getroffen zu haben.[67]

Offenkundig übte Nietzsche auf eine Gruppe talentierter Frauen adliger Herkunft eine große Faszination aus, so daß sie bereit waren, über die frauenfeindlichen Äußerungen in seinen Schriften hinwegzusehen (ohne indes zu wissen, was er in seinen Briefen über sie schrieb). Zudem ist immer wieder von seiner distinguierten Höflichkeit Frauen gegenüber die Rede. So schrieb Emily Fynn 1908 in einem Artikel:

>»Nietzsches aufrichtige Freundschaft, die er einigen hervorragenden Frauen entgegenbrachte, [und] die Achtung, mit der er jeder Frau, sei sie jung oder alt, hübsch oder häßlich, intelligent oder nicht, begegnete, ist ein untrügliches Kennzeichen dafür, daß er die Frauen nicht verachtete.«[68]

Auch Helen Zimmern sprach von seiner »perfektesten *gentilezza*«[69], und Resa von Schirnhofer schreibt, sein Verhalten gegen das weibliche Geschlecht sei in Haltung und Benehmen immer von ausgesuchter Höflichkeit gewesen.[70] Meta von Salis, die Nietzsches Äußerungen über Frauen mit großer Sorgfalt analysierte, wollte ihre Freundschaft zu ihm dadurch nicht gefährden lassen[71]; lieber brach sie mit der aufblühenden Frauenbewegung. Unglücklicherweise jedoch erstreckte sich Nietzsches »aufrichtige Freundschaft« nicht immer auch auf das geschriebene Wort. Bei aller Aufmerksamkeit, die er von diesen »neuen Frauen« erfuhr (ausgenommen Helene von Druskowitz und – aus anderen Gründen – Lou Salomé), wahrte er grundsätzlich Distanz und konnte zugleich eine gewisse Heimtücke entwickeln, die der Bedeutung, welche er der Freundschaft zwischen den Geschlechtern beimaß, widersprach. Vielleicht erkannte er selbst, daß die Freundschaften, die er vor allem in den achtziger Jahren gepflegt hatte, ihrer Art nach nicht das Ausmaß an Gegenseitigkeit gewährten, das er für die Grundlage einer guten Ehe hielt. So schrieb er auf dem Höhepunkt der Verehrung, die ihm die »neuen Frauen« entgegenbrachten, an Elisabeth:

> »Es lebe die Unabhängigkeit! so denke ich täglich. Nichts mit Heiratherei!« (22. Oktober 1884; KGA III, 1, S. 549)

TEIL ZWEI

VIERTES KAPITEL

Nietzsches Einfluss auf Malerinnen und Schriftstellerinnen

Während Nietzsches Einfluß auf bildende Künstler und Schriftsteller der Jahrhundertwende vielfach belegt ist[1], wurde bislang kaum wahrgenommen, daß sein Werk auch für künstlerisch tätige Frauen dieser Epoche von großer Bedeutung war. In dieser Zeit entwickelte sich Deutschlands wichtigster Beitrag zur Kunst der Moderne: der Expressionismus. Natürlich gab es neben Nietzsche auch noch andere einflußreiche Denker, darum werde ich zunächst die geistigen Kräfte untersuchen, die in den eher volksnahen Kunstrichtungen des späteren 19. Jahrhunderts eine Rolle spielten, bis der Expressionismus mit der 1905 in Dresden gegründeten (rein männlichen) Gruppe »Die Brücke« seinen Siegeszug antrat.

Für die Kunst des Fin de siècle waren neben Nietzsche zwei weitere Schriftsteller in Deutschland von ausschlaggebender Bedeutung: Zum einen Paul de Lagarde (1827–1891), dessen *Deutsche Schriften* 1879 erschienen, zum anderen Julius Langbehn, der sein äußerst populäres Buch *Rembrandt als Erzieher* 1890 veröffentlichte.[2] Alle drei kritisierten die wilhelminische Gesellschaft scharf und sahen die deutsche Kultur vor dem Zusammenbruch, was sie in erster Linie dem zu einseitig auf die Förderung des Verstandes ausgerichteten gymnasialen Bildungssystem anlasteten.[3] Insofern könnte man annehmen, daß es zwischen Nietzsche, Lagarde und Langbehn viele Berührungspunkte gab; es war jedoch nicht nur der Antisemitismus der beiden Letztgenannten, der sie von Nietzsche trennte. Zwar spielte Langbehns *Rembrandt als Erzieher* auf Nietzsches dritte der *Unzeitgemäßen Betrachtungen* (»Schopenhauer als Erzieher«) an und enthält auch einen Abschnitt, der sich mit Schopenhauer und, in begrenztem Umfang, mit Wagner beschäftigt; jedoch wird Nietzsche nur einmal kurz erwähnt. Im übrigen geht es in den kaum systematisch aufeinander bezogenen Aufsätzen auch nicht um den Künstler Rembrandt, sondern eher um das »Nordische« seiner Kunst. Als Holländer sei er, so meint Langbehn, zwar nicht in geographischer, aber in landschaftlicher Nähe zu Schleswig-Holstein aufgewachsen und könne somit als echter »Arier« gelten. 1866 war Schleswig-Holstein nach dem preußisch-dänischen Krieg von 1864 an Preußen gefallen. Die Begeisterung für den Norden von Deutschland hing mit dem allerorten erwachenden deutschen Nationalismus zusammen.[4] Dieser Nationalismus, der mit einer pseudo-romantischen Verklärung des Landlebens einherging, führte zu einer Kunstauffassung, in der das gesunde Volk gegen die korrumpierte wilhelminische Gesellschaft unter Bismarck ausgespielt wurde. Dabei galt vor allem die Landschaftsmalerei des Niederländers als zukunftsweisend.

Nicht zuletzt führte die durch Lagarde und Langbehn angeregte Diskussion zur Gründung von Künstlerkolonien à la Worpswede, wo die Landschaft und ihre Menschen im Mittelpunkt der bildnerischen Gestaltung standen. Der Antisemitismus dieser Schriftsteller war dabei für die Künstler kein Thema. Der umnachtete Nietzsche konnte Langbehn nicht so abfertigen, wie er es mit Eugen Dühring, ebenfalls ein rabiater Antisemit, getan hatte; vielmehr war er sogar in Gefahr, ihm ausgeliefert zu werden. Langbehn hatte sich nämlich Ende 1889 in den Kopf gesetzt, zum »Vormund« des kranken Philosophen zu werden, um ihn zu heilen. Zum Glück scheiterte sein Vorhaben.[5] Lagarde wiederum hatte mit seiner Abhandlung *Über das Verhältnis des deutschen Staates zu Theologie, Kirche und Religion* (1873) zunächst Nietzsches Lob gewonnen, der die Schrift sogar Rohde zur Lektüre empfahl. 1887 jedoch bezeichnete er ihn als »sentimentalen Querkopf« (Brief an Fritsch vom 23. März 1887; KGA III, 5, S. 46), und 1890 hatte auch Franz Overbeck Langbehn durchschaut.[6]

Die Künstlerinnen zeigten für politische und soziale Tagesthemen kein großes Interesse, und der Frauenbewegung standen sie – mit Ausnahme von Gabriele Münter – ablehnend gegenüber. Sie überließen das Theoretisieren weitgehend ihren Kollegen, was wohl auch damit zusammenhing, daß sie, wie Edith Krull bemerkt, auf recht prekäre Weise am Rande der von Männern beherrschten Kunstwelt lebten und oft große Schwierigkeiten hatten, eine ordentliche Ausbildung zu finden und mit ihren Werken objektiv anerkannt zu werden. So neigten sie dazu, ihre ganze Kraft der künstlerischen Laufbahn zu opfern, ohne die politischen und sozialen Konfliktfelder wahrzunehmen, auf denen sie für ihre Kunst kämpften.[7]

Krull weist in diesem Zusammenhang darauf hin, daß es für Frauen ein Jahrhundert zuvor sogar einfacher war, sich als Malerinnen zu etablieren. Mittlerweile nämlich wurde Kunst als adäquate Beschäftigung für Bürgerstöchter angesehen, so daß auch viele bestenfalls mittelmäßig talentierte Frauen entsprechenden Unterricht erhielten. Ernsthafte Künstlerinnen mußten also unter Beweis stellen, daß sie nicht zu den Dilettantinnen zählten. Weil die meisten Akademien keine Frauen zum Studium zuließen, waren sie gezwungen, auf Privatateliers zurückzugreifen. Das waren oftmals zweitrangige, rein weibliche Institutionen. In der Zeitschrift *Die Kunst für Alle* beklagte sich Friedrich Pecht über den Stand der Ausbildung für Malerinnen in Berlin:

»In jüngster Zeit hat sich der kulturelle Fortschritt des herannahenden zwanzigsten Jahrhunderts dadurch geoffenbart, daß an der Anatomieklasse des Kunstgewerbemuseums die Affiche steht: ›Verbotener Eingang für Frauen‹.«[8]

Natürlich konnten in Preußen Frauen an Kunstakademien ebensowenig wie an den Universitäten Examen machen, aber während diese Reglementierungen für die Universitäten 1908 aufgehoben wurden, blieben sie im Bereich des künstlerischen Studiums noch bis 1918 bestehen, und erst die Verfassung der Weimarer Republik sorgte hier für Gleichberechtigung. Zwar gingen Frauen auch ohne formelle Ausbildung ihren künstlerischen Ambitionen nach, wurden dabei aber von ihren Kollegen vielfach schikaniert und demoralisiert. Überdies mußten Malerinnen, wenn sie ernst genommen werden wollten, gewisse Umgangsformen pflegen, die Männer einfach nicht nötig hatten, und um ihrer Klientel willen waren sie auf einen guten Ruf bedacht, sofern sie nicht, wie Franziska zu Reventlow, sich kühn über alle Konventionen hinwegsetzten.

Paula Modersohn-Becker
(1876–1907)

Im Leben von Paula Modersohn-Becker lassen sich viele »nietzscheanische« Züge finden. Sie besaß ein starkes Sendungsbewußtsein und empfand die Kunst als Bürde und harten Zuchtmeister, ging aber dennoch geradenwegs auf ein Ziel zu, das sie bis zu ihrem Tod niemals zu erreichen schien. Sie lebte ihr Leben in großer Eile, als ahnte sie, wie wenig Zeit ihr zur Verfügung stand. Ihr erster Biograph, Gustav Pauli, wagte sogar die Aussage, sie sei »im rechten Augenblicke« gestorben, was unwillkürlich an Nietzsche erinnert.[9] Sie war gerade dabei, sich als Künstlerin mit unverwechselbarem Stil zu etablieren, als sie im 32. Lebensjahr starb; wie bei Nietzsche, kam auch für ihr Werk der Ruhm erst nach dem Tod. Und sie blieb, wie der Philosoph, ihrem Wesen nach ein einsamer Mensch, auch wenn die familiären Bedingungen andere waren: Sie verstand sich mit den Eltern und Geschwistern ausgezeichnet und war mit einem Mann verheiratet, den sie liebte. Allerdings brachte das Eheleben auch Spannungen und Enttäuschungen mit sich, die zum Teil von ihrem Bedürfnis nach mehr (wie wir heute sagen würden) »Freiraum« herrührten. Nach fünf Jahren Ehe schrieb sie ihrer Schwester Milly, ihr könne »gar nichts Lieberes passieren, als von Zeit zu Zeit sechs Wochen allein zu sein«.[10] Natürlich wollte sie diese Zeit ihrer Kunst widmen und danach streben, »dem ewig sich erneuernden Ziele nahezukommen«.[11] Ihrer Mutter schrieb sie: »Dieses unentwegte Brausen dem Ziele zu, das ist das Schönste im Leben.«[12]

Nachdem sie einige Zeit in der Porträtklasse der Malerin Jeanne Bauck in Berlin Unterricht genommen hatte, ging Paula Becker – sie heiratete Otto Modersohn 1901 – 1899 nach Worpswede (das sie 1897 schon einmal besucht hatte), um dort den Sommer zu verbringen. Damals bestand die Künstlerkolonie aus den Landschaftsmalern Fritz Mackensen, Fritz Overbeck, Hans am Ende, Heinrich Vogeler, Carl Vinnen und Otto Modersohn sowie der Bildhauerin Clara Westhoff, mit der sie sich anfreundete. (Ebenfalls 1901 heirateten Clara Westhoff und Rainer Maria Rilke.) Paula Becker wurde Schülerin von Mackensen, blieb in Worpswede und konnte im Dezember 1899 einige Arbeiten in der Bremer Kunsthalle ausstellen. Der Bremer Maler und Dichter Arthur Fitger, ein durch und durch konservativer Kunstpapst, fällte darüber in der *Weser-Zeitung* ein vernichtendes Urteil[13], das traurigerweise zu ihren Lebzeiten die einzige Rezension ihres Werkes bleiben sollte. In der Silvesternacht 1899 unternahm sie ihre erste Reise nach Paris, um dort Clara Westhoff zu besuchen. Den Sorgen der Eltern um Paulas Zukunft wurde durch die geplante Heirat mit Otto Modersohn ein Ende bereitet, und Anfang 1901 fuhr sie nach Berlin, um dort kochen zu lernen. Sie kehrte jedoch schon früher als geplant zurück, weil die Kocherei sie entsetzlich langweilte.[14] Paula Modersohn-Becker war also weder die sorgende Hausfrau, die Nietzsche so gepriesen hatte, noch gehörte sie, wie viele Berliner Avantgardisten beiderlei Geschlechts, zu den Hedonisten, die sich in dionysischen Exzessen ergingen (wie z. B. der Kreis um Julius Hart).

Obwohl Paula Modersohn-Becker sich zu den »Freigeistern« à la Nietzsche zählte, fühlte sie sich in der libertär gesonnenen *coterie*, die sie bei Julius Hart in Berlin traf, nicht besonders wohl. Hart war ein Schriftsteller, der sich mit seinem Buch *Der neue Gott* als Religionsstifter betätigen wollte. Dazu benötigte er natürlich auch noch einen Kreis von Jüngern: *Die neue Gemeinschaft.* Steven Aschheim schreibt dazu:

> »Was sie miteinander verband und ihren Aktivitäten einen deutlich nietzscheanischen Anstrich verlieh ... war ihr Glaube an den dynamischen Prozeß und die zentrale Rolle, in der jedes Individuum seine Selbstbestimmung als Schöpfer findet.«[15]

Zu ihrer Selbstbestimmung gehörte es auch, Kleider zu tragen, die den Körper möglichst wenig einengten. In Berlin kam damals die Freikörperkultur in Mode, ein recht unschuldiger Nudismus, der ähnlich auch in England bei Havelock Ellis' berühmten Picknicks praktiziert wurde, wo die Damen sich kühn der Blusen entledigten.[16] Die Frauen bei Julius Hart, die ihre Korsetts ablegten, um dem Körperkult und der Entdeckung der natürlichen Gefühle Tribut zu zollen, weckten in Paula Becker keine Begeisterung. Sie schrieb an Otto Modersohn:

> »Es wurde viel über Nietzsche gesprochen, gelesen, etwas über den jetzigen Stand der Dinge und Gedichte von Herrn Hart deklamiert. Es schien mir viel Eitelkeit zu sein, langes Künstlerhaar, Puder, zu große Korsettlosigkeit.«[17]

Paula Becker lehnte die Ideale der Freikörperkultur weitgehend ab, obwohl diese sich auch auf Zarathustras Lobpreisung der Instinkte berufen zu können glaubte. Auch der in Deutschland damals so verbreitete Jugendstil, dem Max Halbe 1893 mit seinem Drama *Jugend* Rechnung trug und dessen Ideen von der einflußreichen Münchner Kunstzeitschrift

Jugend vertreten wurden, stieß in Worpswede auf keinerlei Gegenliebe. Sicherlich stellt sich die Frage, ob die Stilisierung des bäuerlichen Lebens bereits »völkische« Untertöne anklingen läßt oder ob es sich lediglich um Darstellungen des Alltags der kleinen Leute und der sie prägenden Landschaft handelt, wie wir sie auch in den Gedichten von Wordsworth finden, die bis jetzt noch nicht als nationalistisch bezeichnet wurden. Ich denke, daß es den Worpsweder Künstlern vor allem um die überhöhende Darstellung eines bestimmten Landschaftstyps ging, bei der nationalistische Gefühle zweitrangig waren.[18]

Für die Künstlerinnen der Kolonie – Modersohn-Becker, Clara Westhoff und Ottilie Reylaender – stellt sich diese Frage ohnehin nicht, weil sie andere Themen bevorzugten. Reylaender verbrachte nach einem längeren Aufenthalt in München, wo sie Franziska zu Reventlow kennenlernte, siebzehn Jahre in Mexiko. Paula Modersohn-Becker hielt sich mehrere Male in Paris auf, wo die meisten ihrer Bilder entstanden. Sie wurde u. a. von Charles Cottet und Lucien Simon und vielleicht von Gauguin beeinflußt, weniger jedoch (trotz stilistischer Ähnlichkeiten) von Cézanne, und sie freundete sich mit dem Bildhauer Bernhard Hoetger und seiner Frau an.[19] Außerdem bewunderte sie leidenschaftlich das Werk von Arnold Böcklin. Dabei suchte sie immer ihren eigenen künstlerischen Stil, was für eine Malerin der damaligen Zeit angesichts der Beschränkungen, denen sie unterworfen war, äußerst mühsam war. Schon die Tatsache, daß man von Künstlerinnen weniger erwartete als von ihren Kollegen, konnte ein Hemmschuh in der Entwicklung sein. Selbst Paulas Ehemann unterschätzte ihr Talent und war erstaunt über den Umfang und die Qualität ihres künstlerischen Nachlasses.

Anderen gegenüber war Paula Modersohn-Becker sehr zurückhaltend, doch folgte sie Nietzsche im Glauben an ihre Fähigkeiten und in der Härte gegen sich selbst. Sie sympathisierte mit der jungen russischen Aristokratin Marie

Bashkirtseff, die sich (angesichts ihrer vielen Talente durchaus berechtigterweise) ebenfalls als etwas Besonderes empfand und auch gespürt hatte, daß sie jung sterben werde.[20]
Allerdings mußte sie Nietzsches Heroisierung des unbeug-
samen Individuums mit der Verantwortung, die sie als Ehefrau und Stiefmutter trug, in Einklang bringen; ein Konflikt,
dessen sie sich schmerzlich bewußt war, stimmte sie doch
mit Nietzsches Ablehnung der altruistischen Selbstaufopferung ebenso überein wie mit seinem Glauben an die starken
Persönlichkeiten, für die andere Maßstäbe gelten als für den
Durchschnittsmenschen. Krummel[21] hat darauf hingewiesen, daß Modersohn-Beckers Bewunderung für Napoleon
und andere Herrschergestalten, die sie als »Giganten«
bezeichnete, höchstwahrscheinlich auf den Einfluß Nietzsches zurückgeht. In ihr Tagebuch notierte sie im März 1899:

> »Also sprach Zarathustra beendet. Ein köstliches Werk. ... Der
> Nietzsche mit seinen neuen Werten ist doch ein Riesen-
> mensch. Er hält die Zügel stramm und verlangt das Äußerste
> der Kräfte.«[22]

Im Alltagsleben jedoch war sie nicht so rücksichtslos, wie sie
meinte, sein zu müssen, um ihre Begabung entfalten zu können. Als Otto Modersohn seine Frau bat, nach Worpswede
zurückzukehren, stellte sie ihre eigenen Interessen bewußt
hintan und verließ Paris.[23] Sie wurde schwanger und starb
wenige Wochen nach der Geburt ihrer Tochter an einer
Embolie.

Modersohn-Beckers bildnerische Darstellung von Kindern stellt sie in eine bis zur Romantik zurückreichende Tra-
ditionslinie, stilistisch jedoch betritt sie Neuland. Shulamith
Behr zufolge wandte sich ihr seit 1898 in Tagebucheintragun-
gen bezeugtes Interesse an der Mutterschaft als künstleri-
schem Thema bald der mythischen Dimension der »Mutter
Erde« zu. Später wurde sie möglicherweise durch Ellen Key
beeinflußt, die sie durch Vermittlung von Rilke kennenlernte. Key ihrerseits war, wie wir gesehen haben, von Nietz-

sches Gedanken über die Mutterrolle der Frau beeindruckt
worden. Bereits 1898 hatte Marie Hecht darauf hingewiesen,
daß damals viele schöpferisch tätige Frauen Nietzsches
Gedanken über die Rolle der Frau als Mutter zum Thema
ihrer Werke machten:

> »Zarathustras ›Der Zweck ist immer das Kind‹ klingt aus die-
> ser modernen Frauen-Litteratur wieder, wird in mannigfacher
> Weise in ihr illustriert.«[24]

In dieser Haltung liegt natürlich ein Paradox, auf das auch
Marie Hecht implizit verweist, denn die weit verbreitete Auffassung von der Mutterrolle als Erfüllung der Frau war ein
erzkonservatives, kein »modernes« Ideal.[25]

Paula Modersohn-Becker stand, wie schon ihre Bewunderung für Ellen Key annehmen läßt, der Frauenbewegung
fern; sie hielt ihre Vertreterinnen für Mannweiber und
schätzte sie noch weniger, wenn sie *en masse* auftraten: »Die
Frauenemanzipation ist doch in diesem Rottenauftreten
sehr unschön und unerfreulich.«[26] Insofern ist Modersohn-
Beckers Bestreben, nicht zu den »Malweibern« gerechnet zu
werden, auch ohne Nietzsches emanzipationsfeindlichen
Einfluß verständlich. Dennoch meine ich, daß ihre Bilder
auf eigene Art feministisch sind. Die Darstellung der nack-
ten, in die Betrachtung ihres kleinen Kindes versunkenen
Mutter z. B. hat nichts vom Voyeurismus, der männlichen
Darstellungen von Schwangeren bisweilen anhaftet.[27] Ihre
freimütige Darstellung des weiblichen Körpers stieß auf die
entschiedene Ablehnung von Karl Scheffler, einem giftigen
Frauenhasser, der Paula Modersohn-Becker (vielleicht aus
reiner Rachsucht) als »leicht hysterisch« bezeichnete, ihr
ein eher oberflächliches Talent bescheinigte, das nicht mehr
hervorbringe als »richtige Frauenkunst«, und hinzufügte, sie
habe nie gewußt, was gute Malerei sei.[28]

Diesen Vorwurf kann man getrost an den Autor zurück-
geben, mit dessen Angriffen auf Malerinnen der Avantgarde
wir uns noch beschäftigen werden. Im übrigen sind Nietz-

sches Bemerkungen über schöpferisch tätige Frauen oftmals nicht weniger harsch als die von Scheffler. Nietzsche bewunderte die antike griechische Gesellschaft auch wegen der Erhabenheit ihrer Kunst, die zudem, was für unsere Untersuchung von Bedeutung ist, ausschließlich von Männern hervorgebracht wurde. Diese kulturelle Blüte wäre, so Nietzsche, ohne die Marginalisierung der griechischen Frau nicht möglich gewesen. Indes ließen sich die Künstlerinnen, die ich in diesem Kapitel erörtere, davon nicht beeindrucken. Sie sahen in Nietzsche, so paradox dies klingen mag, eine Kraft, die zu ihrer persönlichen Befreiung beitrug. So stand Paula Modersohn-Beckers Lebensweise ganz offensichtlich unter dem Einfluß von Nietzsches bahnbrechenden Ideen über die Umwertung der Werte und die Bedeutung der persönlichen Freiheit. Mehr noch: Nietzsches Gedanken stachelten sie zu schöpferischer Tätigkeit an. Wie die »neuen Frauen«, die aus unterschiedlichen Gründen Nietzsches Frauenfeindlichkeit ignorierten, suchte sich Modersohn-Becker aus seinen Gedanken das heraus, was für sie brauchbar war, und konnte ihn so ihr Leben lang verehren.

Nietzsche, München und die Frauen

Ein in vieler Hinsicht ganz anders gearteter Künsterzirkel war *Der blaue Reiter* in München, dem u. a. Gabriele Münter und Marianne Werefkin angehörten, auf die wir unser besonderes Augenmerk richten wollen. Die beiden Frauen, deren Beziehung zueinander nicht immer ganz einfach war[29], kamen aus sehr unterschiedlichen Verhältnissen. Münter war bürgerlicher, deutsch-amerikanischer Herkunft, Werefkin stammte aus einer russischen Familie mit militärischer Tradition; ihr Vater, ein General, war Gouverneur von St. Petersburg. Auch Alexej von Jawlensky, Werefkins Schützling, und Wassily Kandinsky, Münters langjähriger Lebensgefährte, kamen aus Rußland. Sie und die anderen Mitglieder

des *Blauen Reiter* – Franz Marc, August Macke sowie einige
Frauen, die sich an Ausstellungen der Gruppe beteiligten
(Elisabeth Epstein, Maria Marc und Natalia Gontscharowa)
– waren von Nietzsche, aber auch von anderen Zeitströmun-
gen inspiriert (einige erwähnten wir bereits), und schließlich
entwickelte Kandinsky selbst bahnbrechende Theorien zur
Kunst der Moderne, während die Frauen sich (wie Paula
Modersohn-Becker) von Nietzsche zu einer Neubewertung
der Kunst und bei der Entwicklung ihrer künstlerischen
Fähigkeiten anregen ließen.

Kandinsky riß die Hindernisse, die das traditionelle Kunststudium Frauen in den Weg stellte, einfach ein. Sein Einfluß
schuf in München ein Klima, in dem sich Frauen wie Gabriele
Münter und Marianne Werefkin entfalten konnten, wobei
München für Künstlerinnen ohnehin ein sehr viel besseres
Pflaster war als andere deutsche Städte. 1894 gewährte die
bayrische Regierung der Akademie einen jährlichen Zuschuß
von 2000 Reichsmark und erkannte damit die Möglichkeit
eines regulären Kunststudiums für Frauen an. Dadurch wurde
München zum Dreh- und Angelpunkt künstlerischer Aktivitäten von Frauen und entwickelte sich darüber hinaus nach
Paris zum zweiten Zentrum europäischer Avantgardekunst.
An den anderen deutschen Kunstakademien waren Frauen
nach wie vor nicht zugelassen.[30] In München befand sich
auch der Sitz des von Ika Freudenberg geleiteten radikalen
Flügels der Frauenbewegung, den Gabriele Münter unterstützte, indem sie an den Freitagabendtreffen teilnahm. Aber
München war eben nicht typisch für Deutschland. Typischer
und perfider war die Kritik solcher Kunsthistoriker wie Karl
Scheffler, der den Frauen den Rat gab, Sujets zu malen, die
ihren sanfteren Naturen, denen »die Abstraktion fremd
blieb«, angemessener wären.[31] Und wie so oft wird die Betonung des harmonischen Wesens der Frau von der Warnung
begleitet, daß die Zerstörung dieser Harmonie die weibliche
Sexualität beschädigen könne.[32]

Diese Ansicht hätte Nietzsche sicherlich geteilt. In Zeitschriften wie dem *Simplicissimus* oder der *Jugend* finden sich häufig Karikaturen[33], die Künstlerinnen in Kleidung und Gebaren als vermännlichte Wesen darstellen. Das waren dann genau die »Malweiber«, mit denen Paula Modersohn-Becker und andere auf Selbstachtung bedachte Künstlerinnen auf keinen Fall verwechselt werden wollten. Ernst von Wolzogens Roman *Das dritte Geschlecht* (1899) erhob diesen Sexismus schon durch den Titel zum Programm. Die Handlung ist in den Kreisen der Münchner Boheme angesiedelt und porträtiert, leicht verschlüsselt, das Treiben der künstlerischen Avantgarde. Im Mittelpunkt steht die reizvolle und charmante Malerin Frau von Robiececk (der das Buch gewidmet ist). Es handelt sich dabei möglicherweise um eine Verschmelzung von Marianne Werefkin, die androgyne Neigungen gehabt haben soll, und Franziska zu Reventlow, deren zahllose Affären damals Aufsehen erregten. Im Flüsterton wird Frau von Robiececk dem »dritten Geschlecht« zugerechnet und damit als sexuell abnorm gebrandmarkt.[34] Auch Frauenrechtlerinnen werden von Wolzogen als Homosexuelle dargestellt, was vielleicht auf die Beziehung zwischen Lida Gustava Heymann und Anita Augspurg anspielt, die in München zusammenlebten. Wolzogen benutzt den Ausdruck »neues Weib« in diffamierender Weise, um deutlich zu machen, daß das »dritte Geschlecht« aus Frauen besteht, die Ehe und Mutterschaft ablehnen. Eine der Romanfiguren, Arnulf Rau, definiert sie als »Neutra von Natur«, die sich nicht mehr als sexuelle Wesen, sondern als einfache »Mitmenschen« begreifen. Solche Frauen, meint Rau, die mangels erotischer Triebe oder mütterlicher Neigungen auf weibliche Erfüllung verzichteten, habe es schon immer in großer Zahl gegeben, insofern bezwecke »die heutige zielbewußte Frauenemanzipation ... die Revolutionierung der Tanten«.[35]

Daraus läßt sich ersehen, daß jede Frau, die auf berufliche Selbständigkeit zielte, leicht in den Ruch kommen konnte, lesbisch zu sein, obwohl dies selten direkt gesagt wurde.[36] Sicher ist jedenfalls, daß Nietzsches Äußerungen über Frauen diese Sichtweise befördert haben. Emil Marriot hat allerdings darauf hingewiesen, daß Nietzsche in seinem Spott über das vermännlichte »neue Weib« selbst für seine Anhänger zu weit gegangen war.[37] Wolzogens von Nietzsche inspirierter Roman über die Schwabinger Künstlerinnen greift die antifeministischen Vorurteile des Philosophen auf, die allerdings zugleich typisch wilhelminisch waren. Während Schefflers und von Wolzogens Angriffe das frauenfeindliche Klima, das so viele hoffnungsvolle Künstlerinnen demoralisierte, weiter anheizten, unterstützte Kandinsky kreative Frauen auf so nachdrückliche wie ungewöhnliche Weise. 1909 gründete er die *Neue Künstlervereinigung*, aus der er sich 1912 wieder zurückzog. Immerhin konnten in drei Jahren, in denen er den Vorsitz innehatte, einige Frauen mit ihren Bildern an den von der Vereinigung organisierten Ausstellungen teilnehmen.[38]

Gabriele Münter
(1877–1962)

Als Gabriele Münter im Jahre 1900 von einem zweijährigen Amerikaaufenthalt nach Deutschland zurückkehrte, hatte sie über ihre Zukunft höchst unklare Vorstellungen. Sie folgte dem Rat ihrer Freundin Margarete Susman und ging nach München, um dort ein Kunststudium aufzunehmen. Susman war eine begeisterte Nietzsche-Anhängerin, die seine Aufforderung zur Umwertung aller Werte als das »Heroische« an ihm begriff, das es ihm erlaubte, die Atmosphäre der Moral »[e]nergisch wie kein anderer Geist« umzustürzen.[39] Von 1900 bis 1902 studierte Münter bei Jank an der Akademie für Frauen, die 1884 unter der Schirmherrschaft des zwei Jahre zuvor gegründeten »Künstlerinnen-Vereins« ins Leben gerufen worden war.

Danach schloß sich Münter der Künstlergruppe »Phalanx« an, die Kandinsky im selben Jahr von Wilhelm Hüsgen übernommen hatte. 1909 war sie Mitglied der von Kandinsky gegründeten »Neuen Künstlervereinigung« und nahm an den Ausstellungen von 1909 und 1910 teil; überdies war sie die einzige Frau in ihrem kleinen Kreis, die ihre Tätigkeit als Beruf ernst nahm.[40] Die Beziehung zwischen Münter und Kandinsky dauerte von 1903 bis 1916; ab 1904 bekannte sich Kandinsky, der noch mit einer russischen Kusine verheiratet war, öffentlich zu dieser Beziehung[41], heiratete Gabriele Münter indes nach seiner Scheidung 1911 nicht, und als sie sich 1916 in Stockholm trafen (Kandinsky mußte als russischer Staatsangehöriger während des Ersten Weltkriegs Deutschland verlassen), war zwischen ihnen eigentlich alles aus. Kandinsky heiratete bald darauf eine Russin und sah Münter nach dem Treffen in Stockholm nicht wieder.

1909 hatte Münter in Murnau bei München ein Haus gekauft, das für den Rest ihres Lebens ihre Heimstatt werden sollte, auch wenn sie weiterhin viele Reisen unternahm. Sie malte noch im hohen Alter und blieb dem Fauvismus auch dann treu, als die Kollegen von einst längst andere Wege eingeschlagen hatten. Sie war später mit Herwarth und Nell Walden befreundet, und ihr Werk wurde in der Galerie *Sturm* in Berlin ausgestellt. Während der Nazizeit hatte sie Arbeitsverbot, fand aber nach dem Krieg nicht nur in Deutschland, sondern auch im Ausland (insbesondere in Amerika) Anerkennung.

Münters Werk wurde höchstwahrscheinlich durch die Vermittlung von Kandinsky und vor allem ihrer Freundin Susman von Nietzsche beeinflußt, und auch wenn sie darüber keine schriftlichen Zeugnisse hinterließ, läßt sich mutmaßen, daß Kandinskys Nietzsche-Begeisterung auf sie abfärbte. 1908 teilte sie seinen Enthusiasmus für Rudolf Steiner, der damals noch zu den führenden Köpfen der theosophischen Bewegung gehörte, bevor er die Anthroposophie ins Leben rief.[42] Steiner wiederum war von Nietzsche inspiriert worden und hatte Elisabeth häufiger im Nietzsche-Archiv besucht. 1912 hatte Kandinsky seine elementare

Abhandlung *Über das Geistige in der Kunst, insbesondere in der Malerei* veröffentlicht. Es geht ihm darin um die Funktion der intuitiven Wahrnehmung für die bildnerische Gestaltung. Er zitiert Nietzsche, dessen »starke Hand« Wissenschaft und Moral erschüttert habe, beruft sich aber auch auf Madame Blavatsky, die, wie er meint, die wahre Bedeutung des Primitivismus erkannt habe, sowie auf eine Reihe zeitgenössischer Künstler von Arnold Böcklin bis Pablo Picasso. Münter stimmte mit Kandinskys Theorie der synästhetischen Wirkung von Farben (d. h. ihrer Fähigkeit, Gerüche, Klänge oder Stimmungen zu erzeugen) überein und demonstrierte dies mit dem Bild »Dorfstraße im Winter« (1911). Im Zentrum des Bildes steht ein rosafarbenes Haus, das alles verkörpert, was Kandinsky über »helles, warmes Rot« sagte (»entschlossen, laut, triumphierend wie Fanfaren«[43]). Es glüht wie ein riesiger rosafarbener Kaubonbon im Schnee, als wolle es triumphierend verkünden: »Ein kalter Tag? Wieso kalt?«

Zusammen mit ihren russischen Freunden entfernte sich Münter von dem berauschenden Dynamismus expressionistischer Maler wie Emil Nolde, dessen Werk »dionysische« Einflüsse Nietzsches aufweist, und wandte sich, ganz unnietzscheanisch, dem Spiritualismus zu, der in ihrem späteren Werk immer stärker hervortritt. Ihre Suche nach neuen Werten führte sie also nicht zu Nietzsches radikaler Negation und Umwertung aller Werte, sondern, im Gegenteil, zu einem quasi-esoterischen Ideal spiritueller Harmonie.

Bei Malerinnen wie Modersohn-Becker und Münter weckte Nietzsche ein Bewußtsein für persönliche Freiheit und künstlerische Selbstbestimmung. Die von Münter vollzogene Hinwendung zum Mystizismus jedoch, der das Schaffen der Avantgarde im München der Jahrhundertwende mit prägte, führte, auch wenn den Künstlern der damaligen Zeit das nicht deutlich war, von Nietzsche weg. Solche divergierenden Tendenzen lassen sich gut an dem Kreis um Karl Wolfskehl ablesen. Wolfskehl, der in Schwabing wohnte, war, wie sein Freund Stefan George, ein erklärter Bewunderer

Nietzsches. Münter wurde durch Margarete Susman in den Kreis eingeführt, dem auch Franziska zu Reventlow seit 1899 angehörte. Für Münchens junge Künstler war Wolfskehls Salon »die geistige Börse«.[44] Hier wurden die neuesten Entwicklungen in Kunst und Literatur ebenso diskutiert wie gesellschaftliche Reformen und die Emanzipation der Frau. Allerdings hegten Münter und Susman gegen den Kreis um Wolfskehl einige Bedenken, nicht zuletzt wegen der antisemitisch eingestellten Autoren Ludwig Klages (1872–1956) und Alfred Schuler (1865–1923), die dort ihre irrationalistischen Ideen verkündeten.[45] Da Wolfskehl selbst Jude war, führten diese Spannungen schließlich zum Ausschluß von Schuler und Klages.

Marianne Werefkin
(1864–1938)

Marianne Werefkin führte ihren eigenen Salon in der Giselastraße. Dort traf man sich, um über Kunst und Ästhetik zu diskutieren und Ideen zu erörtern, die, in bester Nietzsche-Manier, auf die Umwertung von Werten hinauslaufen sollten. Hierbei wurde die Bedeutung des Symbols zu einem erstrangigen Problem. Es ging um die Auseinandersetzung zwischen Symbolismus und Naturalismus, die, wie Jelena Hahl-Koch dargelegt hat[46], ein ungleicher Kampf war: Der Naturalismus war leicht verständlich und wandte sich an die breiten Massen, wohingegen der Symbolismus auf Exklusivität bedacht war. Mit ihrer Hinwendung zum Symbolismus distanzierte sich Werefkin von ihrem Lehrer Ilja Rjepin und seinem positivistisch inspirierten Hang zur Sozialkritik. Rjepin gehörte zur Gruppe der »Wanderer« *(peredvischniki)*, die die Kunst dem Volk näherzubringen suchte. Der Symbolismus dagegen stand Nietzsches elitären Grundsätzen näher, die sich vom Materialismus und Positivismus des 19. Jahrhunderts scharf abgrenzten.

Von 1896 bis 1906 entsagte Werefkin jeder künstlerischen Betätigung, um insbesondere den vier Jahre jüngeren Alexej von Jawlensky zu unterstützen. Sie sorgte u. a. dafür, daß er mit seinen Landsleuten Grabar und Kardowsky von 1896 bis 1899 an der Kunstakademie von Anton Azbè studierte.[47] Werefkin las Nietzsches *Zarathustra*, aber auch die *Geburt der Tragödie*, die sie für Wagner begeisterte. Sie gründete daraufhin die »Bruderschaft von Sankt Lukas«[48], die mit ihrem Namen an einen Klub erinnerte, den russische Maler 1809 in Wien auf dem Höhepunkt der romantischen Epoche gegründet hatten, um Kunst und Ethik gleichermaßen zu fördern.[49] Diese Programmatik wollte Werefkin zwar nicht wieder beleben, weil sie ihr altmodisch erschien, aber die Ideale des Klubs galten ihr doch als wichtiger Schritt hin zu einer »Kunst der Zukunft«. Für die »Bruderschaft« wurde Wagner zum Leitbild des Künstlers, der Ethik und Emotionalität gleichermaßen verkörpert. Ab 1906 nahm Werefkin die Malerei wieder auf, und ihr Haus entwickelte sich zum Treffpunkt für russische Künstler.

Es ist nicht ganz unwichtig, hier auf den Vorläufer der russischen Symbolisten, den Philosophen und Dichter Wladimir Solowjew (1853–1900) zu verweisen. Solowjew war 1896 von Rjepin porträtiert worden. Auch Solowjew war Anti-Materialist, der versuchte, die Darwinsche Abstammungslehre in sein System einer »positiven christlichen Philosophie« einzubauen.[50] Nietzsches Idee vom Übermenschen faszinierte ihn und stieß ihn zugleich ab, weil für ihn das Ende der Geschichte den Triumph des göttlichen Reichs auf Erden bedeutete. Seine Ablehnung des Übermenschen als personifiziertem Egoismus trifft sich mit Münters Begeisterung für den Altruismus des heiligen Georg, die sie in dem »Stilleben mit Heiligem Georg« (1911) zum Ausdruck bringt. In der *Kurzen Erzählung vom Antichrist* versuchte Solowjew, sein christliches Weltbild mit Nietzsche in Einklang zu bringen. In dieser Erzählung trägt der Antichrist zarathustrische Züge; er ist der Übermensch, der sich selbst überhebt und schließlich besiegt wird. Solowjews Menschenideal ist ein in die Entwicklung des Kosmos organisch eingebundenes Individuum, demgegenüber der rein egoistische Übermensch faszinierend erscheint, aber zerstörerisch wirkt.

Der Materialismus, so dürften Werefkin und ihre russischen Freunde nach der Lektüre Solowjews und Nietzsches gedacht haben, ist bloß die halbe Wahrheit, Seele und Geist die andere Hälfte. In Werefkins Satz »Lerne dich selbst kennen!«[51] hallt der Anspruch von Sigmund Freuds *Die Traumdeutung* (1900) ebenso nach wie der Beginn von Nietzsches *Genealogie der Moral:* »Wir sind uns unbekannt«. Solowjews Apokalyptik führt letztlich zu der Schlußfolgerung, daß der entscheidende Kampf im Innern des Menschen selbst ausgefochten wird.[52] Bei allen Unterschieden zwischen den russischen Symbolisten und dem Kreis um Werefkin hatten doch alle eine Vorliebe für die Vorsilbe »über«: Wortbildungen wie »überweltlich« oder »überindividuell« waren sehr beliebt.[53] Die Maler und Schriftsteller des Symbolismus wollten über sich selbst und alle Grenzen hinausgehen.

Leider hat Werefkin ihre Kunsttheorie nicht systematisch ausgearbeitet, so daß man ihre ästhetischen Vorstellungen aus handschriftlichen Notizen und den auf Französisch geschriebenen *Briefen an einen Unbekannten* (»Lettres à l' Inconnu«, 1901–1905) entnehmen muß. Diese Briefe erinnern mit ihrem Romantizismus stark an *Goethes Briefwechsel mit einem Kinde* (1835) von Bettina von Arnim, die darin nicht nur Goethes Tod verwinden, sondern ihre eigene Individualität erkunden wollte.[54] Ausgelöst durch die Trennung von Jawlensky (der noch im gemeinsamen Haushalt das Dienstmädchen, Helen Nesnakomoff, schwängerte und es später heiratete) sind Werefkins Briefe ebenfalls eine Art Selbstgespräch. Beide Frauen sprechen von sich gleichsam als Kind; beide sprechen von der mystischen Dimension in der Kunst und beziehen sich auf die »Magie der Zeichen«; beide definieren »Geist« mit Bezugnahme auf das Religiöse und ihre eigene Erfahrung, wobei die Gefühle, die sie beschreiben, in der Alltagswelt wurzeln; beide ziehen die Welt der Natur und der Träume, in der Kunst, Genius, Liebe und Schönheit angesiedelt sind, der Wirklichkeit vor. Jedoch klingen in Werefkins *Briefen* auch nietzscheanische Töne an: Schmerz und Leid schreibt sie einen positiven Wert zu und bekennt (ähnlich wie Modersohn-Becker) in elitärer Selbsteinschätzung, daß sie den meisten Menschen ihres Umfeldes überlegen und mithin zur Einsamkeit verdammt ist. Nietzscheanisch, mit einem Schuß Androgynität, klingt auch das Bekenntnis: »Ich bin kein Mann, ich bin keine Frau, ich bin ich selbst.«[55] So war sie die geworden, die sie war, ein Prozeß, der, wie ihr »Selbstbildnis I« (um 1910) zeigt, nicht ohne Kämpfe verlaufen war: Die rote Iris ihrer Augen scheint Löcher in die Leinwand bohren zu wollen, und die Farbe wird nur dadurch abgemildert, daß das Weiße der Augen in einem kühl-sanften Blau gemalt ist. Auch Werefkins Auffassung von der Beziehung zwischen Kunst und Leben trägt nietzscheanische Züge: »Kunst – das sind die Funken, die aufleuchten, wenn ein Individuum sich am Leben reibt.«[56]

Franziska zu Reventlow
(1871–1918)

Am deutlichsten läßt sich Nietzsches Einfluß bei Franziska Gräfin zu Reventlow erkennen. Ihre Kindheit war turbulent; immer wieder schickten sie ihre adligen Eltern, weil sie mit ihr nicht zurechtkamen, in Internate. Insofern verwundert es nicht, daß ein so halsstarriges Mädchen von der Lektüre des *Zarathustra* völlig eingenommen wurde. In ihrem autobiografischen Roman *Ellen Olestjerne* beschreibt sie die befreiende und berauschende Wirkung der Lektüre, als sie und ihr Bruder das Buch während der Abwesenheit der Eltern heimlich zur Hand nahmen:

»Das war nicht mehr Verstehen und Begreifen – es war Offenbarung, letzte äußerste Erkenntnis, die mit Posaunen schmetterte – brausend, berauschend, überwältigend.«[57]

1889 zog die Familie nach Lübeck, wo sich Reventlow einem Ibsenklub anschloß; zwei Jahre später wurde sie, weil man herausgefunden hatte, daß sie Liebesbriefe schrieb (sie war zwanzig!), zur Besserung in eine Pfarrersfamilie gegeben. Mit dem einundzwanzigsten Geburtstag setzte sie sich von ihrer Familie ab. 1893 verwirklichte sie ihren Traum: Um Kunst zu studieren, ging sie nach Schwabing. Zu dieser Zeit war sie mit Walter Lübke verlobt, hatte jedoch in München verschiedene Liebesaffären. Dessenungeachtet heiratete sie Lübke und setzte ihre Studien fort. Als weitere Affären folgten, reichte ihr Ehemann schließlich die Scheidung ein. Von diesen Ereignissen berichtet *Ellen Olestjerne*, der mit der ekstatischen Liebe der Heldin zu ihrem Neugeborenen endet. Tatsächlich hatte Reventlow 1897 einen Sohn zur Welt gebracht, den sie über alles liebte. In dieser Hinsicht entspricht sie durchaus dem Nietzscheschen Typ der konservativen Frau, die die Mutterschaft als Erfüllung betrachtete. Mit ihren zahllosen Amouren schockierte sie die Gesellschaft, und man könnte vermuten, daß sie zeitweilig als Edelprostituierte tätig war (ein Tagebucheintrag verrät, daß sie ihren Freunden nicht zu sagen wagt, in welchem Haus sie ihre Zeit verbringt).[58] Obwohl ihr Verhalten letztlich die Scheidung bewirkt hat, vermißt sie ihren Exgatten, ist deprimiert und fühlt sich einsam – eine Schwermut, die sie zeit ihres Lebens nicht verläßt.

Indem Reventlow ihre individuelle Freiheit lebte, folgte sie nicht nur den Argumenten von Nietzsche und Ibsen, sondern auch ihrer Libido. Als sie 1899 durch Ludwig Klages in den Kreis der Kosmiker um Wolfskehl eingeführt wurde, stimmte sie enthusiastisch in den Ruf nach freier Liebe ein, den alle Mitglieder des Kreises im Namen weiblicher Emanzipation eifrigst propagierten. Wolfskehl hatte sich im Rahmen seiner Doktorarbeit mit Bachofens umfassender Studie *Das Mutterrecht* (1861) auseinandergesetzt und pflegte seitdem eine romantisierende Perspektive auf den gesellschaftlichen Status der Frau in Vergangenheit und Gegenwart. Er und seine Mitstreiter waren auf der Suche nach Darstellungen matriarchaler Frauen in der germanischen Mythologie, wie etwa Wagners Walküren. Zudem vertraten alle die Auffassung, die sexuelle Befreiung der Frau sei mit der erotischen Freizügigkeit bereits gegeben. Es ist klar, daß die um Gleichberechtigung kämpfende Frauenbewegung mit so radikalen Anschauungen nichts anfangen konnte und wollte; Frauenrechtlerinnen wie Lida Gustava Heymann und Anita Augspurg lehnten die Forderung nach sexueller Freizügigkeit denn auch entschieden ab, mußten sich jedoch von Franziska zu Reventlow sagen lassen, daß die Frauenbewegung, solange sie die Vermännlichung der Frauen betreibe, der entschiedene Feind erotischer Kultur sei.[59] Damit verlängert sie die Reihe derjenigen Frauen, die dem Feminismus so feindselig gegenüberstehen wie sonst nur die Männer.

Klages, mit dem Reventlow ein leidenschaftliches Verhältnis hatte, war dem Mystizismus ebenso zugetan wie Alfred Schuler, wohl die bizarrste Persönlichkeit im Kreis der Kosmiker. Schuler glaubte, er sei die Reinkarnation eines römischen Legionärs und versuchte, in Kleidung und Gebaren dem zu entsprechen. Der Kreis feierte dionysisch-orgiastische Feste, während der Spiritus rector, Stefan George, sich etwas auf Distanz hielt. Einer seiner Anhänger, Rudolf Pannwitz, gab dem Kreis den Namen, unter dem er bekannt wurde. Für Pannwitz war Nietzsche der »kosmische Mensch«[60], und die Gruppe machte es sich zum Ziel, durch Mythen und das Studium heidnischer Kulte kosmische Energien zu gewinnen.

1913 veröffentlichte Franziska zu Reventlow, die 1910 München in Richtung Ascona verlassen hatte, den Roman *Herrn Dames Aufzeichnungen*, in dem sie den hedonistischen Lebensstil der »Kosmiker« schildert. Es ist ein Schlüsselroman, zu dem die Autorin selbst uns den Schlüssel gibt.[61] Herrn Dames unbefangene Bemerkungen gestatten es Franziska, ihre Ablehnung der rassistischen Tendenzen des Kreises auf so elegante wie unauffällige Weise zu verdeutlichen. Dabei stehen, wie bereits erwähnt, Schuler und Klages im Vordergrund. Sie vertraten die Auffassung, daß die kosmischen Elemente einer Person sich in ihrem Blut befänden. Ein Kosmiker ist im Einklang mit sich selbst, wohingegen die »molochitische« (d. h. semitische) Person chaotisch, negativ und zerstörerisch wirkt. Zudem ging die Gruppe davon aus, daß eine Nation qua Rasse ihr je eigenes, für sie typisches Blut besitze. Wenn in diesem Blut irgendwann bestimmte Elemente die Oberhand gewännen, würde die Rasse sich in einer vorherbestimmten Weise verhalten. Im Roman erklärt Professor Hofmann (= Wolfskehl), daß im Blut eine »Blutleuchte« zustande kommen würde, sobald heidnische Elemente überwiegen. Hofmann zufolge geschah dieses Ereignis in den achtziger Jahren in Deutschland, wodurch Nietzsche-Zarathustra und auch die phantastischen Ideen Ludwigs II. hervorgebracht wurden.[62]

Während Klages abstruse Theorien über das Okkulte vertrat, und Schuler sich über die Unreinheit des semitischen Bluts verbreitete[63], interessierte sich Wolfskehl schlechthin für alles Dionysische bis hin zur Gewinnung kosmischer Energie. 1904 brach in der Gruppe ein wütender Streit aus, der Wolfskehl um sein Leben fürchten ließ.[64] In ihrem Roman sympathisiert Reventlow mit Hofmann/Wolfskehl und zeichnet den Charakter von Delius (= Schuler) mit einigem Recht sehr negativ. Bis in die zwanziger Jahre verbreitete Schuler in Abendveranstaltungen seine antisemitischen Ideen; auch der damals noch unbekannte Hitler zählte zu seinen Zuhörern.

Im Gegensatz zu Klages und Schuler, die ganz ungeniert Nietzsches Ideen mit antisemitischem Gedankengut vermischten, ging Reventlow mit den Vorstellungen des Philosophen sehr viel vorsichtiger um. Ihre ironische Distanz zu den Kosmikern verdeutlicht die Unterscheidung, die die Romanfigur Dr. Sendt (ihr jüdischer Freund Paul Stern) zwischen dem Apollinischen und dem Dionysischen macht:

> »Apollo ist bekanntlich der Gott des Lichtes, der Vernunft – Dionysos der des Rausches und des Blutes. Auch in Wahnmoching [= Schwabing] hat man nicht umsonst seinen Nietzsche gelesen, aber es genügt hier, zu wissen, daß es ehrenhafter ist, mit dem Dionysos auf vertrautem Fuß zu stehen.«[65]

Auch Reventlow selbst taucht im Roman auf, in zweierlei Gestalt. Zum einen ist sie die selbstbewußte Susanna, die einen Liebhaber und eine Tochter hat, zum anderen die melancholische und unsichere Maria, die mit Hallwig (= Klages) liiert ist. Beide haben, zum Mißvergnügen der Gruppe, Beziehungen zu Außenseitern (die im Roman »Zinnsoldaten« genannt werden), so wie Reventlow ihre Affären pflegte, als sie von 1903 bis 1906 im »Eckhaus«, das im Roman eine große Rolle spielt, mit Franz Hessel und Bogdan von Suchocki in einer *ménage à trois* lebte.

Mit diesem Labyrinth sexueller Begegnungen zeichnet Reventlow ihre Vision von freier Liebe. Sie folgte nur allzu gern den »heidnischen« Grundsätzen der Kosmiker und lebte ihre Sexualität aus. Indem sie Nietzsches Ruf nach Freiheit folgte, verwirklichte sie, ihrer Meinung nach, das, was er den Frauen anriet. In der Frage von Susanna »Ist Eifersucht nicht eigentlich unheidnisch?«[66] wird unterstellt, daß die sexuelle Befreiung nicht durch Eifersuchtsprobleme getrübt werden solle. Die Frage könnte auch von Nietzsche formuliert sein. Reventlows extravaganter Lebenswandel hinderte sie allerdings nicht daran, sich gegen die Frauenemanzipation zu stellen, und auch hierin ist sie Nietzsche gefolgt.[67]

Schriftstellerinnen der alten Schule

Die Emanzipation brachte eine »neue Frau« hervor, der ander re Frauen – und nicht unbedingt die konservativsten – häufig ablehnend gegenüberstanden. Ganz allgemein hegte man die Befürchtung, die Emanzipation führe zur Vermännlichung der Frau oder gar zum Sozialismus.[68] In diesem Sinne sahen auch einige Schriftstellerinnen der alten Schule, von Nietzsche beeinflußt, die weibliche Sexualität als etwas zum Wesen der Frau Gehöriges an. So schrieb die Frauenrechtlerin Grete Meisel-Heß, eine Freundin Helene Stöckers, aber von etwas konservativerem Zuschnitt als diese, einige Romane, in denen Nietzsches Einfluß deutlich sichtbar ist, am ausgeprägtesten vielleicht in *Die Intellektuellen* (1911).[69] Wie Helene Stöcker, verfaßte auch sie diverse Abhandlungen über die Sexualität der Frau, die sich zumeist der vertrauten Argumentation bedienen, daß die »neue Frau« ihre Weiblichkeit gefährde, wenn sie sich auf männliches (d. h. wissenschaftliches) Terrain begebe. Ironischerweise zog sie sich den Vorwurf des Literaturhistorikers Carl Bleibtreu zu, ein lesbisches Mannweib zu sein, das mit Gedichten im nietzscheanischen Stil »rhapsodische Selbstbefleckung« betreibe.[70] Dies zeigt, daß jede Frau, die sich im wilhelminischen Deutschland zu Fragen der Sexualität äußerte, von vornherein verdächtig war. Der Hinweis auf die »Selbstbefleckung« zeigt darüber hinaus eine Vulgarität, die noch über die schlimmsten Äußerungen Nietzsches hinausreicht.

Zusammen mit Franziska zu Reventlow und Laura Marholm gehört Grete Meisel-Heß zu den Schriftstellerinnen der alten Schule, die davon überzeugt waren, daß Frauen eine andere Denkweise hatten als Männer, und aus diesem Grund Emanzipationsbestrebungen ablehnten. Grete Meisel-Heß betonte:

»Die Ehe von Kollege und Kollegin, das Produkt der modernen Frauenbewegung, gestaltet sich im allgemeinen nicht besonders glücklich. ... Das Leitmotiv solcher emanzipierter Frauen für die Ehe ist ein ganz unrichtiges, wenn sie glauben, in dieser Gemeinschaft müsse die Frau auf derselben geistigen Höhe, auf der gleichemporragenden Stufe menschlicher Kultur stehen wie der Mann. Es ist dies einfach oft fast unmöglich, jedenfalls auch zum ehelichen Glücke unnötig.«[71]

Angesichts dessen ist es heilsam, sich Nietzsches diesbezüglichen Standpunkt zu vergegenwärtigen. Im Gegensatz zu Meisel-Heß bemerkte er mit einiger Skepsis, daß die meisten Männer etwas »sinken ... wenn sie Frauen nehmen« (MA I, Aph. 394; KSA 2, 268), auch wenn er zugleich jeden Versuch, dieses Ungleichgewicht zu beseitigen, energisch bekämpfte.

Laura Marholm
(1854–1900)

Die Schriftstellerin Laura Marholm war Frauenrechtlerinnen wie Hedwig Dohm, Helene Lange und Gertrud Bäumer, die an vorderster Front für die Gleichberechtigung in puncto Bildung und Beruf kämpften, ein Dorn im Auge. Sie lehnten ihren Konservatismus ab[72], und in der Schweiz übte Meta von Salis herbe Kritik an Laura Marholms Romanheldinnen, weil diese sich den Männern unterordneten, statt autonome Individuen zu werden. In der Tat war Marholm der festen Überzeugung, daß die Frauen ihr Glück nicht in der Persönlichkeitsentwicklung, sondern in der Unterordnung unter den Mann fänden. Es ist daher nicht erstaunlich, daß sie eine begeisterte Nietzsche-Anhängerin war. Sie bezeichnete ihn als

> »[n]icht blos das deutsche, sondern *das* Genie, der Unberechenbare, der Nichtclassificirbare, der Neuschöpfungsvorläufer, in dem eine neue Culturepoche zum Bewußtsein erwachte«.[73]

Laura Marholm, 1854 in Riga geboren, war eine erfolgreiche Journalistin und Romanautorin, die sich schon vor ihrer Heirat mit dem Schweden Ola Hansson einen Namen gemacht hatte. Sie war sehr darum bemüht, skandinavische Schriftsteller in Deutschland bekannt zu machen. Ihr berühmtester Schützling war August Strindberg, der sie einschüchternd fand und ihr den Spitznamen »Frau Blaubart« gab.[74] Sie und ihr Mann waren der Mittelpunkt der Friedrichshagener Gruppe, einer Künstlerkolonie am Rande von Berlin, zu der auch die Brüder Hart, Arno Holz (einer der führenden Vertreter des deutschen Naturalismus) und Wilhelm Bölsche gehörten. Natürlich wurde auch hier viel über Nietzsche diskutiert, und Ola Hansson schrieb 1890 die erste Abhandlung über den Philosophen.[75] Man glaubte, Determinismus und Nietzscheanismus (insbesondere die Entwicklung des Übermenschen) seien insofern miteinander verwandt, als sie den Fortschritt des Menschen begünstigten. Zu den Gästen der Friedrichshagener gehörte auch Stanislaus Przybyszewski, der sich in Berlin mit Strindberg, Max Dauthendey, Edvard Munch und Otto Julius Bierbaum im »Schwarzen Ferkel«, einem Weinlokal, traf. Diese Gruppe war mit dem Naturalismus à la Gerhart Hauptmann unzufrieden und wollte über die präzise Beobachtung des Lebens, die Arno Holz zunächst mit der Formel »Kunst = Natur – x« ausgedrückt hatte, hinausgehen, was dann zunächst Holz selbst tat, der zusammen mit Johannes Schlaf einen von sehr viel persönlicheren Ausdrucksformen geprägten »konsequenten Naturalismus« anstrebte.

Natürlich wurde auch über die Bedeutung der Sexualität für Männer und Frauen gesprochen, wobei die Gruppe keine einheitliche Meinung entwickelte. Einige Mitglieder – wie etwa Przybyszewski und Strindberg – hielten die Sexualität für geistfeindlich und den Kampf der Geschlechter für zerstörerisch, andere, die im bisweilen sehr weitläufigen Sinn von Nietzsche beeinflußt waren, erblickten in der Sexualität den Ausdruck der Kraft des Lebendigen. Marholms Anmerkungen zur weiblichen Sexualität sollten im Zusammenhang mit Männern wie Dauthendey, Bierbaum und Dehmel gese-

hen werden, deren Ideen sie, mehr oder weniger bewußt, aufnahm. Nietzsches Denken besaß für eine so heterogene
Gruppe sicherlich eine stabilisierende Funktion, wenngleich
z. B. Dehmel, der von den Rhythmen des *Zarathustra* wie
besessen war, sich später von Nietzsche distanzierte, weil er
»Herrenmoral« und »Lebensbejahung« nicht in Einklang
bringen konnte. Dehmel zielte auf eine gelebte Moral und
eine »erlebte Liebe«.[76]

Berlin war damals ein Zentrum medizinischer Forschung,
zu der auch die Sexualwissenschaft gehörte, deren hauptsächliche Vertreter 1905 den »Bund für Mutterschutz« gründeten. Die Mitglieder des Bundes waren sich darin einig, daß
die Frau ein Anrecht auf individuelle Lebensgestaltung und
den Genuß ihrer Sexualität habe und nicht auf die Funktion
als Mutter reduziert werden dürfe; vielmehr müsse sie die
Möglichkeit der Geburtenkontrolle oder einer legalisierten
Abtreibung haben, wenn sie kein Kind wolle. Damit war Laura Marholm überhaupt nicht einverstanden. Warum aber
wollte sie die Zeiger der Zeit zurückdrehen und einzig in
der Mutterschaft die Erfüllung der Frau sehen? Sie mißverstand die Physiologie der Sexualität und nahm an, daß Frau-
en nur dann einen echten Orgasmus haben, wenn sie empfangen.[77] Ihre Argumentation ist jedoch falsch und tendiert
überdies zu einem vagen Mystizismus.

> »Durch das Kind entscheidet sich das innerste Wesen im Wei-
> be. Ihr verborgenster Fond kommt zum Vorschein. Sie wird
> gut oder sie wird böse: sie *wird* etwas Bestimmtes, während sie
> vorher etwas Unbestimmtes war, das über sich selbst im
> Innersten noch nicht Bescheid wußte.«[78]

Eine solche Frau wird ihrem Mann eine liebevolle und will-
fährige Gefährtin sein, eine *grande amoureuse*, die im Gegensatz zu zwei weiblichen Fehlentwicklungen steht, nämlich
der *détraquée* – einer Art Vamp – und der *cérébrale*, der bil-
dungsbeflissenen »neuen Frau«. Marilyn Scott-Jones sieht in
Marholms Werken ein »Beispiel für die in konservativen lite-

rarischen Kreisen um 1890 verbreitete romantisch-mystische Orientierung«, die ihre Wurzeln in Schopenhauer und Nietzsche habe.

»Indem Marholm an der Vorstellung eines sogenannten natürlichen weiblichen Verhaltens festhält, erschafft sie den Mythos des Weiblichen neu, der bereits in der ersten Jahrhunderthälfte von Schopenhauer und zu Marholms Zeit von Nietzsche verbreitet wurde. Am Ende des neunzehnten Jahrhunderts war die Vorstellung von einem in Männlichkeit und Weiblichkeit gegliederten Universum so gang und gäbe, daß Marholms Schriften zur weiblichen Psychologie, die soziale, ökonomische und kulturelle Einflüsse unberücksichtigt lassen, einfach bereits bestehende Klischees bedienten.«[79]

Dennoch darf nicht vergessen werden, daß Marholm sich mit Artikeln (für die *Freie Bühne* oder *Die Zukunft)* und Büchern für Frauenthemen einsetzte. Ihr *Buch der Frauen* (1895) wurde von Meta von Salis zwar wegen der konventionellen Einstellung kritisiert, enthält aber u. a. einen sehr einfühlsamen Essay über die junge Marie Bashkirtseff, in dem Marholm die sozialen Verhältnisse, die das junge Mädchen geistig einengten, anklagt und dem neuen Jahrhundert mit missionarischem Eifer entgegenblickt. Aber auch hier hat sie für die emanzipierte Frau nichts übrig.

Gabriele Reuter
(1859–1941)

Wegen ihrer ungebundenen (wenngleich nicht à la Reventlow zügellosen) Lebensweise zog sich Gabriele Reuter den Unmut ihrer Familie zu. Wie Marholm und Reventlow glaubte sie, daß die Geburt eines Kindes die Erfüllung weiblicher Geschlechtlichkeit sei, jedoch stand sie der Idee der Frauenbildung nicht ablehnend gegenüber. Sie war im großen und ganzen davon überzeugt, daß die Männer nicht die notwendige Bedingung für das Glück der Frau darstellen, und ihre Kritik am Patriarchat steht im Einklang mit den Interessen der Frauenbewegung, an der sie nicht aktiv teilnahm. Mit Nietzsches Werken kam sie Ende der achtziger Jahre in Berührung, ironischerweise durch die Vermittlung einer alten Dame, die in einem katholischen Stift lebte, dessenungeachtet aber Nietzscheanerin war. In den neunziger Jahren hatte sie sich in Weimar niedergelassen, wo es mehr als genug Schriftsteller und Denker gab (z. B. Rudolf Steiner und Fritz Koegel), die Nietzsches Schriften studierten. In ihrer Autobiografie beschreibt sie, wie Koegel aus den Manuskripten von *Der Antichrist* und *Jenseits von Gut und Böse* vorliest, wobei sich in der Zuhörerschaft allmählich eine ganz und gar antibürgerliche Stimmung ausbreitet.[80]

Obwohl Reuter nicht gerade das Hohelied der emanzipierten Frau singt, galt sie in ihrer Zeit als Frauenrechtlerin. Beständig weist sie darauf hin, daß Frauen, die sich selbst verwirklichen wollen, von der Gesellschaft an den Rand gedrängt werden. Eben dies widerfährt Agathe, der Protagonistin des enorm erfolgreichen Romans *Aus guter Familie* (1895). Agathe lehnt den Sozialismus ihres Cousins Martin als »sündiges Gift« ab und weigert sich, seine Traktate zu lesen, weil sie dadurch nicht nur berauscht, sondern auch zum Bösen verführt werden könnte.[81] Ihre Mutter hat ein Leben in Selbstverleugnung und Einsamkeit geführt, ihr Glück war das Glück der anderen.[82]

Diese Selbstaufopferung ist Agathes Sache nicht; sie beansprucht Rechte für sich als Individuum, wird dabei aber allmählich demoralisiert. Es gibt im Roman einen entscheidenden Augenblick, wo sie Martin wiedertrifft und bereit ist, mit ihm nach Zürich zu gehen, um ihrem dominierenden Vater zu entkommen. Aber Martin flirtet mit einer Kellnerin, und Agathe erkennt, daß sie ihn liebt, ohne wiedergeliebt zu werden. Darüber verliert sie den Verstand und kommt in eine Anstalt für Geisteskranke. Danach wird sie dazu gebracht, alle Einschränkungen, die der Vater ihr auferlegt, zu akzeptieren. Am Ende des Romans steht eine beängstigend heitere Agathe, die keinen Widerstand mehr leistet und sich gerade noch um ihren Vater kümmern kann. Die Gelegenheit zur Heirat ist vertan, weil sie, wie Reuter betont, mittlerweile über vierzig ist. Fast alle Romanheldinnen von Reuter sind zum Schluß resigniert oder gescheitert, was auch Richard Johnson auffällt:

> »[Reuter] hat auf überzeugende Weise kritische Darstellungen der bürgerlichen Familie geliefert. In fast allen ihren Werken wird eine Frau durch die Familie zerstört oder entkommt ihr, um ein eigenes Leben zu führen. Reuter erkannte, daß die meisten bürgerlichen Väter, Brüder und Ehemänner ihre Töchter, Schwestern und Frauen zu unterdrücken suchten.«[83]

Reuter war, wie gesagt, sehr interessiert an Nietzsche und spielte wo immer es ging in ihren Romanen auf ihn an. So heißt z. B. eine Figur in *Frau Bürgerlins Söhne*, ein Künstler, Dionys. Reuter lebte in Weimar und damit im Zentrum der von Elisabeth eifrig betriebenen Nietzsche-Industrie. Sie hatte sich allerdings schon in Naumburg mit Elisabeth und Franziska angefreundet und dort 1894 auch Nietzsche selbst sehen können, wobei sie merkte, daß sie sich eine Freiheit herausnahm, weil Nietzsche Besuch als verstörend empfand.[84] Ganz sicher verstörte er sie, oder doch zumindest sein durchdringender Blick, den er ihr für den Bruchteil einer Sekunde zuwarf. Wie viele andere Frauen, von denen hier bereits die Rede war, eignete auch sie sich von ihm an, was sie gebrauchen konnte. Wichtig war ihr vor allem sein Freiheitsbegriff:

> »Wie wenig wahrhaft freie Menschen gibt es doch auch heute noch, wo so viel von Freiheit auf allen Gebieten die Rede ist ... wie tief sollten wir uns täglich das Nietzschewort zu Gemüte führen: es soll nicht heißen: Freiheit *wovon*, sondern Freiheit *wozu*! Unsere Freiheit sei die des reichen Menschen, der den Mut zu sich selber hat, der sich von keinem Konventionszwang beschränkt fühlen mag, dort zu wirken, zu schaffen,

zu lieben, wo seine Kraft ihn hinlockt, sei es auch in unge-
wöhnlichen Gebieten!«[85]

Das klingt unkonventioneller als Gabriele Reuter in Wirklichkeit war. Im Roman *Liselotte von Reckling* (1903) genießt
die Titelheldin ihre Hochzeitsreise auch in sexueller Hinsicht. Dies wird jedoch aus der Perspektive des Ehemanns,
Lorenz, geschildert, was man je nach Belieben als wirkungs-
volle Distanzierungstechnik oder als Zeichen einer thema-
tisch bedingten Nervosität sehen kann.[86] Meiner Ansicht
nach ist eher letzteres der Fall, denn Frau und Mann empfinden später aufgrund ihrer nächtlichen Aktivitäten eine Art
Scham, und die Ehe ist bereits gefährdet, als am Ende der
Hochzeitsreise auch noch eine Fehlgeburt eintritt. So fahren
sie ernüchtert heim. Der Mann sucht nun die geistige Nähe
einer Philosophin und zielt damit letztlich auf die Auflösung
der Ehe. Dann wieder versucht er, die Vergebung seiner Frau
zu erlangen, doch hat Liselotte (die sich gleichwohl danach
sehnt, auch die körperlichen Beziehungen zu ihm wieder aufzunehmen) das Gefühl, dies würde sie entwerten, und so findet keine Versöhnung statt. Zum Schluß ist die Heldin allein,
vom Mann hintergangen, aber in ihrer Tugend triumphierend – ein sehr charakteristischer Schluß für Reuters
Romane.[87] Das ist von Nietzsche recht weit entfernt, aber
Reuter ging es ja auch im wesentlichen um den Freiheitsbegriff. Wenn ihre Protagonistinnen am Ende frei sind, haben
sie dafür bitter büßen müssen. Auf diese Weise kann zwar die
Autorin, wie Lou Salomé am Schluß von *Ma*, das »Nein« der
Frau in ein »Ja« verwandeln, aber häufig bleibt unklar, warum
dieses »Ja« dem »Nein« vorgezogen werden sollte, und von
Zarathustras Lebensbejahung sind wir ohnehin sehr weit ent-
fernt.

FÜNFTES KAPITEL

NIETZSCHE UND DIE FRAUENRECHTLERINNEN

In diesem Kapitel soll erörtert werden, welche Bedeutung Nietzsches Ideen für aktive Frauenrechtlerinnen der wilhelminischen Ära hatten, die mit Nietzsche nicht persönlich bekannt waren. Weil seine Ansichten über Frauen die philosophischen Auseinandersetzungen v. a. des französischen Feminismus inspirierten, werde ich mich am Schluß dieses Kapitels mit der Bedeutung beschäftigen, die Nietzsches Gedanken für den heutigen Feminismus haben oder haben könnten, soweit sie nicht durch den Poststrukturalismus auf die Frage nach der »Frau an sich« reduziert wurden. Diese biologistische Auffassung vom Wesen der Frau als *Differenz* in und an sich, die nur einen Zweig der feministischen Forschung ausmacht[1], kann zur Vernachlässigung eher praktischer Gesichtspunkte führen.[2] Diese Diskussion ist vor einhundert Jahren schon ähnlich geführt worden. Damals wurde von einem Teil der Frauenbewegung (als Beispiel sei hier Helene Lange genannt) die Ansicht vertreten, das Wesen der Frau unterscheide sich von dem des Mannes und sollte stärkere Beachtung erfahren, während ein anderer Teil (Helene Stöcker, Lily Braun) diese Argumentation ablehnte, weil sie nicht zu einer Verbesserung der Lage der Frauen führe. Tatsächlich war, wie die folgenden Abschnitte zeigen werden, die Auseinandersetzung sehr viel komplexer.

Die Entwicklung des »Bundes deutscher Frauenvereine«

Wie die britische Frauenbewegung kann auch die deutsche eine Reihe von Männern vorweisen, die sich, wie John Stuart Mill im viktorianischen England, in ihren Schriften der Sache der Frauen angenommen haben. In Deutschland hat Theodor Gottlieb von Hippel bereits 1792 in seinem Buch *Über die bürgerliche Verbesserung der Weiber* moniert, daß die Frauen an den Emanzipationsbestrebungen der Französischen Revolution keinen Anteil hätten. Auch die deutsche Revolution von 1848 führte nicht zu einer Verbesserung des rechtlichen Status der Frau; vielmehr wurden viele Aktivisten, wie etwa Gottfried Kinkel und Malwida von Meysenbug, ins Exil getrieben. In seinem einflußreichen Werk *Das Mutterrecht* wies Johann Jakob Bachofen auf die Wahrscheinlichkeit hin, daß es in der Vorzeit eine matriarchale Gesellschaft als Vorläuferin des Patriarchats gegeben habe. 1879 erschien August Bebels *Die Frau und der Sozialismus,* das zunächst im Rahmen der Sozialistengesetze verboten und darum 1883 mit dem unverfänglichen Titel *Die Frau in Vergangenheit, Gegenwart und Zukunft* neu aufgelegt wurde. Ein paar Jahre später wurde es unter dem ursprünglichen Titel eines der wichtigsten Dokumente des Sozialismus zur Frauenfrage.

Anders vielleicht als heute wandten sich damals die Vertreterinnen einer biologistischen Sichtweise zugleich entschieden gegen den Sozialismus. Das erklärt sich u. a. aus der Tatsache, daß die »gemäßigten« Frauenrechtlerinnen (die aus heutiger Sicht äußerst konservativ erscheinen) aus dem Bürgertum stammten und vom Sozialismus den Untergang ihrer Klasse befürchteten. Diese Furcht sollte nicht unterbewertet werden, denn die Ideale des Sozialismus, der eine kollektivistische Lösung sozialer Probleme anstrebte, standen tatsächlich in direktem Gegensatz zu den Idealen der gemäßigten Frauenrechtlerinnen, denen es einfach nur um die persönliche Entwicklung von Frauen ging. Die Frau, darin waren sich die gemäßigten Kräfte einig, besaß ein fürsorglicheres und sanfteres Wesen als der Mann (eine in der wilhelminischen Ära nahezu unhinterfragte Auffassung), jedoch sei ihre Individualität nicht berücksichtigt worden; es gelte daher, so das Schlüsselwort, ihre »Persönlichkeit« zu respektieren und zu entwickeln. Dadurch wurde die Frauenbewegung von Anfang an geschwächt, denn die gemäßigten Frauenrechtlerinnen vertraten Grundsätze, die (wie die Forderung nach größerer Anerkennung der Hausarbeit) die patriarchalen Gesellschaftsstrukturen faktisch unangetastet ließen. Es ging nicht darum, die Rolle der Hausfrau in Frage zu stellen, vielmehr sollten nur die Möglichkeiten der Frau, sich innerhalb dieser Rolle zu entfalten, verbessert werden. Hier konnten sich die Gemäßigten auf Nietzsches Ideen zur Entwicklung des Individuums berufen; allerdings traten schon bald radikalere Frauenrechtlerinnen auf den Plan und argumentierten, ebenfalls mit Rekurs auf Nietzsche, für eine »neue Ethik« und eine Sexualreform, die, offen oder versteckt, als Forderung nach freier Liebe oder, wie Helene Lange es nannte, »Hurra-Erotik« gebrandmarkt wurde.[3]

In den vierziger Jahren gab es viele karitative Frauenvereine, in denen Frauen der Mittelschicht (wie Nietzsches Tante Rosalie) sich um das Wohl der sozial Schwachen kümmerten. Dies blieb für längere Zeit der ideologische Kern der deutschen Frauenbewegung, auch wenn die Frauen sich schon bald in unterschiedliche Interessengruppen mit oftmals sehr klar umrissenen Zielsetzungen aufspalteten: Einige wollten für das Frauenwahlrecht kämpfen, andere gegen das Gesetz zur Legalisierung der Prostitution angehen, wieder andere setzten sich mit den beruflichen Möglichkeiten der Frau oder dem Recht auf Abtreibung auseinander. So konnten vielseitig interessierte Frauen durchaus verschiedenen Fraktionen gleichzeitig angehören, jedoch fehlte der Bewegung die Perspektive eines gemeinsamen, einheitlichen Kampfziels, wie es die britischen Suffragetten besaßen. Diese Unübersichtlichkeit schwächte die Frauenbewegung, so daß es später zahlreiche Abspaltungen gab. Daß die Weimarer Verfassung von 1919 den deutschen Frauen das Wahlrecht verschaffte (was in Großbritannien erst neun Jahre später geschah), verdankt sich eher dem Zufall. Paradoxerweise lehnten viele konservative Frauen diesen Schritt zur politischen Gleichberechtigung ab.[4]

Den ersten Versuch zur Vereinigung der unzähligen Frauengruppen unternahm Louise Otto-Peters, die in der Revolution von 1848 aktiv gewesen war. 1865 gründete sie in Leipzig den »Allgemeinen Deutschen Frauenverein«, dessen Forderungen fortan den Maßstab für die gemäßigten Kräfte der Frauenbewegung setzen sollten.

> »Wie immer die Anschauungen von Louise Otto-Peters und ihrer Mitstreiterinnen 1848 ausgesehen haben mögen: Von 1865 an akzeptierten sie jedenfalls nahezu unhinterfragt die Rolle, die den Frauen seitens der offiziellen gesellschaftlichen Moral zugewiesen wurde. Ebenso übernahmen sie im wesentlichen das Klischeebild der »wahren deutschen Frau«, die gefühlsbetont, unterwürfig und vor allem mütterlich ist ... Anstatt dieses Klischeebild als falsch zurückzuweisen, akzeptierten sie es und versuchten, ihm einen gewissen Adel zu verleihen.«[5]

Im März 1894 wurden die mittlerweile 34 Frauenvereine zu einer Dachorganisation, dem »Bund deutscher Frauenvereine«, zusammengeschlossen, der unter der Leitung von Marie Stritt im Jahre 1901 137 Vereine mit insgesamt etwa 70000 Mitgliedern umfaßte. Allmählich formierten sich auch radikalere Interessengruppen, die in dem 1888 von Minna Cauer gegründeten »Verein Frauenwohl« ihren Ausdruck fanden. Ab 1895 gab Cauer außerdem noch eine Zeitschrift heraus: *Die Frauenbewegung* war das Sprachrohr der linken Kräfte der Emanzipationsbewegung, zu denen neben Cauer und Stritt auch Anita Augspurg und Lily von Gisycki (später Lily Braun) gehörten. 1898 hatte sich der »Bund deutscher Frauenvereine« (BDF) in zwei Flügel gespalten, deren linker

allmählich größer und selbstbewußter wurde. Der Konflikt
war damit vorprogrammiert.[6]

Die Frage der Prostitution war dann der Funke, der zur
Explosion führte. Nach einigen heißen Schlachten standen
die gemäßigten Kräfte als Siegerinnen fest. Nachdem die
Frauen durch das Reichsvereinsgesetz von 1908 endlich die
Möglichkeit erhielten, sich politisch zu betätigen, strömten
viele gemäßigt orientierte Frauen in die Frauenbewegung
und drängten die radikaleren Kräfte endgültig an den Rand.
Als 1910 Marie Stritt von Gertrud Bäumer an der Spitze des
BDF abgelöst wurde, war der Bund endgültig ins Fahrwasser
der Konservativen geraten, von denen nicht wenige das
»Ewig-Weibliche« zuallererst in der *deutschen* Frau verkörpert sahen. Damit waren die Frauen wieder auf den Stand
der bereits von Nietzsche betriebenen Verklärung der Mutterrolle zurückgefallen.

Ich möchte im folgenden den Einfluß von Nietzsches Ide-
en auf vier Frauenrechtlerinnen genauer untersuchen; es handelt sich dabei um Hedwig Dohm, Helene Lange, Lily Braun
und Helene Stöcker. An der je unterschiedlichen Reaktion
dieser Frauen auf Nietzsche lassen sich die Probleme und
Widersprüchlichkeiten verdeutlichen, die die Frauenbewegung in Deutschland so permanent begleiteten.

Hedwig Dohm
(1833–1919)

Hedwig Dohm wurde in Berlin als drittes Kind der acht-
zehnköpfigen jüdischen Familie Schleh geboren. Als Acht-
zehnjährige besuchte sie ein Lehrerinnenseminar, übte den
Beruf aber nicht aus, sondern heiratete 1852 Ernst Dohm[7],
mit dem sie fünf Kinder hatte. Sie fand schnell Zugang zu
den führenden literarischen und künstlerischen Kreisen Berlins
und begann selbst zu schreiben: Romane und Abhandlungen über Themen der Frauenbewegung, in der sie aller-

dings, im Unterschied zu den anderen in diesem Kapitel diskutierten Frauen, nie eine offizielle Tätigkeit innehatte. Ihre erste feministische Streitschrift *Was die Pastoren von den Frauen denken. Zur Frauenfrage, von Philipp von Nathusius und Herrn Professor der Theologie Jacobi in Königsberg* erschien 1872; ein Jahr später dann *Der Jesuitismus im Hausstand. Ein Beitrag zur Frauenfrage*, eine sehr engagierte Darstellung der fehlenden Berufsmöglichkeiten für Frauen in Deutschland. Immer wieder zeigte sie auf, in welcher Weise den Frauen die Entwicklung zur (wirtschaftlichen oder geistigen) Unabhängigkeit verweigert wurde: ein zentrales Thema ihres Romans *Sibilla Dalmar* (1896)[8], und im Roman *Plein Air* (1891) untersucht sie die im Wilhelminismus herrschende Doppelmoral gegenüber ehelicher Untreue. Ebenso war Dohm eine scharfsichtige Kritikerin von Schriftstellern wie Strindberg, Maupassant und – nicht zuletzt – Nietzsche, die die frauenfeindliche Atmosphäre der Gesellschaft beförderten. Zugleich aber war sie von Nietzsche fasziniert und reagierte auf seine Misogynie mit verletzter Enttäuschung. Dabei bleibt ihr Ton jedoch immer gemessen. Daß sie von den Gemäßigten als Radikale angesehen wurde, zeigt nur, wie konservativ jene eigentlich waren.[9]

Bevor ich auf die Gedanken eingehe, die Dohm in ihren Artikeln äußert, möchte ich einige Bemerkungen zu ihrer Novelle *Werde, die Du bist!*[10] machen, u. a. deshalb, weil der Titel selbst sehr nietzscheanisch ist.[11] Zu Beginn der Handlung treffen wir eine alte Dame, Agnes Schmidt, in einem Sanatorium für Geisteskranke, wo sie Gedanken vor sich hinmurmelt, die an Nietzsches *Zarathustra* gemahnen; am Schluß der Novelle spricht sie mit ihrem letzten Atemzug ein Nietzsche-Wort. Agnes Schmidt ist dazu erzogen worden, alle traditionellen Werte des Ewig-Weiblichen zu respektieren. Sie hat diese Werte verworfen und stirbt nun verbittert, weil sie niemals eine eigenständige Persönlichkeit geworden ist. Die Novelle ist eine leidenschaftliche Polemik gegen die gesellschaftliche Verachtung alter Menschen; ein Thema, dessen sich Dohm, die zur älteren Generation der Frauenrechtlerinnen gehörte, immer wieder annahm (wie z. B. in *Plein Air*). In ihrem Artikel »*Nietzsche und die Frauen*« schlägt sie sogar aus ihrem eigenen Alter rhetorisches Kapital:

> »Friedrich Nietzsche! Du mein größter Dichter des Jahrhunderts, warum schriebst Du über die Frauen so ganz jenseits von Gut? Ein tiefes, tiefes Herzeleid für mich. Es macht mich noch einsamer, noch älter, noch abseitiger.«[12]

Die Handlung der Novelle läßt sich kurz wie folgt zusammenfassen. Die als »Greisin« bezeichnete Agnes Schmidt (tatsächlich ist sie erst vierundfünfzig) hat an der Seite eines Beamten, dem sie zwei Töchter gebar, ein so ehrbares wie langweiliges Leben geführt. Sie ist vielleicht deshalb so frühzeitig gealtert, weil der eheliche Geschlechtsverkehr nach der Geburt des zweiten Kindes eingestellt wurde, was auf jene resignierte Erschöpfung verweist, die auch Peter Gay anspricht, wenn er über die Frauen der Mittelschicht spricht, die zu einem ärmlichen Sexualleben und vorzeitigem Altern verdammt waren, in dem » ... Hinweise auf die natürliche und erotische Neigung der Frauen beleidigend und zugleich überflüssig erschienen«.[13] Nach dem Tod des Ehemanns wohnt Agnes für eine Weile erst bei der einen, dann bei der anderen Tochter; bei der einen wird sie verspottet, bei der anderen bedrängt, ihre Pension dem Schwiegersohn zu überschreiben. Durch einen Glücksfall erbt sie 10000 Mark und wagt ihren ersten emanzipatorischen Schritt: Sie behält das ganze Geld für sich und reist nach Italien; bei einer Schiffsüberfahrt gönnt sie sich eine Flasche Champagner, die sie heimlich in ihrer Kabine trinkt. Aber dann wird sie unsicher, fragt sich, wer sie wirklich ist. Bei der Suche nach dem Sinn ihres Daseins kommt ihr ein Sturm zu Hilfe, dessen »dithyrambischen« Taumel sie als höchste Form der Lebensbejahung empfindet.[14]

Der Sturm als Vorbote des Wahnsinns gemahnt nicht nur an *König* Lear; die Erfahrung der wilden und rauhen See erinnert auch an einen Aphorismus aus der *Fröhlichen Wissenschaft* (Zweites Buch, Aph. 60; KSA 3, 424 f.), hat indes nichts mit der Kraft zu tun, die Jacques Derrida, der sich ebenfalls auf diese Meeresmetapher bezieht, den Frauen am Rand der patriarchalen Gesellschaft zuspricht (s. mein Schlußwort). Tatsächlich gibt sich Dohm (nicht nur in dieser Novelle) große Mühe, die Fehler in Nietzsches Psychologie aufzudecken: Agnes trifft einen jungen Arzt, der voller Mitgefühl für seinen Nächsten ist: »Mitmensch, nicht Übermensch.«[15] Sie verliebt sich in ihn: Er ist der Mann, dem sie in ihrer Jugend nur allzu gern begegnet wäre. Sie erkennt, daß sie ihr Leben vergeudet hat, und als sie den Arzt von ihr als »Großmutter Psyche« reden hört, wird sie auf höchst grausame Weise an ihr Alter erinnert. Sie möchte es vor sich verleugnen, ist aber von diesem Zeitpunkt an ihres Lebenswillens beraubt, weil sie *nicht die sein kann, die sie ist.* Ihr Tod wird durch einen Besuch des jungen Arztes im Sanatorium beschleunigt. Die früher gestellte Diagnose: »Vorzeitige Alterung des Herzens« erweist sich so als auf brutale Weise korrekt.

Dohms Geschichte ist in vielerlei Hinsicht interessant und auch gut erzählt. Das Thema der Verachtung eines alten Menschen steht, soweit ich weiß, in der damaligen Literatur ziemlich einzigartig dar; für andere in diesem Buch erwähnte Schriftstellerinnen ist die Sexualität der älteren Frau zumeist negativ besetzt, wie Lou Salomés Porträt von *Ma*, der Heldin mit dem sprechenden Namen, oder Gabriele Reuters Darstellung der Agathe in *Aus guter Familie* zeigten. Die Tatsache, daß in Dohms Novelle Agnes von allen, auch von sich selbst, bereits für altersschwach gehalten wird, sollte uns stutzig machen. Dohm zeigt, daß für Agnes die sexuelle Anziehungskraft der Vergangenheit angehört, aber sie zeigt es als gesellschaftliches Konstrukt, das sie mit Nachdruck in Frage stellt. Inspiriert durch Nietzsches Forderung, das Leben zu bejahen, greift sie zugleich Zarathustras Härte an und zeigt die Folgen auf, die ein nur der Kinderaufzucht gewidmetes Leben für die einzelne Frau hat. Wenn die domestizierte Frau ihre sexuelle

Anziehungskraft verliert, kann die Einengung auf den häuslichen Bereich auch nach Nietzsches Kriterien nicht mehr
gerechtfertigt werden und gerät zur Einkerkerung.

Die Geschichte zeigt, auf welche Weise gesellschaftliche
Klischeevorstellungen über weibliche Sexualität Agnes
Schmidt daran hindern, sie selbst zu sein. Nietzsches Auffas-
sung, Frauen *sollten* ihre Sexualität leben können, wird von
Dohm auf produktive Weise hinterfragt. Wenn nämlich die
Frau das Alter jenseits der Gebärfähigkeit erreicht hat, was
dann? Nietzsche schwieg sich darüber aus. Lou Salomés Hal-
tung war uneindeutig.[16] Offenbar wollte sie die Bürde ihrer
eigenen Einstellung – die Ehe als mögliches Ende sexuellen
Genusses für die Frau – nicht tragen; jedenfalls zog sie es vor,
statt von »Ehe« vom »Lebensbund« zu sprechen, der andere
Möglichkeiten nicht ausschließen mußte. Zwar pries Dohm
Lou Salomés Intelligenz in den höchsten Tönen, glaubte
aber, daß sie, wie auch Nietzsche, letzten Endes gegen die
Entfaltung der weiblichen Persönlichkeit war – nicht im
Ganzen, aber, wegen der Verschwiegenheit über das Alter,
zum Teil.

In ihren feministischen Streitschriften bestand Dohms
Taktik darin, auf spezifische Fragestellungen zu antworten.
Wie wir sahen, argumentierte sie in ihrer Kritik an Lou Salomés Einstellung gegenüber der gesellschaftlichen Position
der Frau eng an deren Text. Genauso verfährt sie mit Nietzsche, dessen Philosophie ihr immer gegenwärtig ist, auch
wenn sie zu Themen der Frauenbewegung schreibt. So gab
sie z. B. einem Artikel über die fraktionellen Spaltungen der
Frauenbewegung den wortspielerischen Titel »Herrenrechte«, der auf Nietzsches »Herrenmoral« rekurriert.[17] Ihre
Fähigkeiten in der Verwendung rhetorischer Mittel – Wie-
derholung, Ironie, gleichzeitiger Angriff von verschiedenen
Seiten – können auch heute noch beeindrucken und machen
den Essay »Nietzsche und die Frauen« zu einer spannenden
Lektüre. Dohm nimmt sich hier viel Zeit, bis sie bei Nietzsche angelangt ist. In einer langen Einleitung (zwei von zehn

Seiten) erörtert sie zunächst die Frauenfeindschaft von Strindberg und Maupassant, die sie mit dem Verdikt »Sie sehen vor lauter Dirnen das Weib nicht« abschließt.[18] Danach wendet sie sich Schopenhauer zu, dessen Lektüre für jede Feministin, die sich ernsthaft mit der Frauenfeindlichkeit auseinandersetzen wollte, unerläßlich war. Überhaupt wird Schopenhauer in diesem Zusammenhang um die Jahrhundertwende sehr viel öfter erwähnt als Nietzsche. Dohm ist der Ansicht, daß Nietzsche niemals intime Beziehungen zu einer Frau gehabt habe – was sich nicht beweisen läßt –, und kontrastiert dies mit der Hybris seiner Äußerungen über »das Weib an sich«. Sie setzt sich mit den berüchtigten Passagen in *Jenseits von Gut und Böse* auseinander, in denen es heißt, der Mann könne über die Frau nur »*orientalisch* denken« (JGB, Siebentes Hauptstück, Aph. 238; KSA 5, 175), und indem sie erneut das Wortspiel mit »Herr« verwendet, macht sie alle Männer lächerlich, die ihre Größe durch die Unterwerfung der Frau zu bestätigen suchen:

> »Da liest man: ›Ihr erster und letzter Beruf soll sein, Kinder zu gebären.‹ (nicht ganz neu) ... [d]er ist nicht Herr, der Sklaven will.«[19]

Angesichts Nietzsches Bemerkung über das »Weib« – »seine grosse Kunst ist die Lüge, seine höchste Angelegenheit ist der Schein und die Schönheit« (JGB, Siebentes Hauptstück, Aph. 232; KSA 5, 171) – zieht sie den Schluß, Nietzsche sei nicht Sokrates, denn »er weiß nicht, was er nicht weiß«.[20] Besonders empörend findet sie seine Bemerkungen angesichts der Tatsache, daß er so prominente emanzipierte Frauen wie Malwida von Meysenbug zu seinem Freundeskreis zählte. In bezug auf die Peitsche schlägt Dohm erwartungsgemäß einen ziemlich bitteren Ton an. Sie hält die Peitsche für eine bloße Chiffre, die sich in Nietzsches Händen eher in ein Zepter zur Verehrung der Frau verwandelt. Kurz gesagt, Nietzsche wußte nicht, was er tat.

»O Nietzsche, Du hoher, priesterlicher Geist, tiefer Geheimnisse Wisser und doch der einfachsten Wahrheiten Nichtwisser! Mit Gott und Göttern kannst Du reden, mit den Gestirnen, mit dem Meer, mit Geistern und Gespenstern. Nur mit und über Frauen kannst Du nicht reden.«[21]

Was Witz und Energie angeht, ist Dohm eine würdige Gegnerin Nietzsches, auch wenn sie ihm stilistisch unterlegen ist. Es ist sehr bedauerlich, daß Nietzsche, bereits geisteskrank, auf ihre Polemik nicht mehr antworten konnte.

Helene Lange
(1848–1930)

Helene Lange war die Hauptvertreterin des konservativen Flügels der Frauenbewegung. Für unsere Untersuchung sind zwei Ziele wichtig, die sie in theoretischer wie praktischer Hinsicht verfolgt hat: Zum einen ihr Interesse an der Entwicklung der weiblichen Persönlichkeit, zum anderen ihr konsequentes und effektives Bemühen, die Bildungschancen für Mädchen und Frauen zu verbessern. Im Hinblick auf das erste Ziel konnte sie Nietzsches Ideen nicht uneingeschränkt folgen. Zwar war die Bedeutung, die er einer elitären Kultur beimaß, ganz in ihrem Sinne, weil sie, gegen den Sozialismus, am Wert kultureller und gesellschaftlicher Eliten festhielt, andererseits jedoch schien der Nietzscheanismus die Libertinage zu begünstigen, wogegen sie mit eiserner Entschlossenheit kämpfte. Das dionysisch begriffene »sich ausleben« war für Lange nur eine Einladung zu »nacktem Egoismus«.[22]

Helene Lange wurde in Oldenburg (Oldenburg) geboren und legte 1871 in Berlin ihre Lehrerinnenprüfung ab. 1876 wurde sie Leiterin eines Lehrerinnenseminars und gründete 1889 »Realkurse« für Frauen, die ab 1893 in Gymnasialkurse umgewandelt wurden. Im gleichen Jahr war sie im Vorstand des »Allgemeinen Deutschen Frauenvereins«, ein Jahr später, bei Gründung des »Bundes Deutscher Frauenvereine«, wurde sie auch dort in den Vorstand gewählt und amtierte im BDF bis 1906. Überdies war sie Gründungsmitglied des »Allgemeinen Deutschen Lehrerinnenverbandes«, dem sie bis 1930 vorstand. Ihre Abneigung gegen die Sozialistinnen im BDF hing auch mit dem Vereinsgesetz zusammen, das u. a. die politische Betätigung von Frauen untersagte. Dabei sah Helene Lange keinen Widerspruch zwischen ihrem Kampf an der Bildungsfront und ihrer Ablehnung sozialistischer Tendenzen. Die deutsche Frau sollte sich entwickeln, und mit ihr die deutsche Kultur und das deutsche Wesen. Der Gedanke der Zucht stand ja auch Nietzsche alles andere als fern.

> »Mann und Weib sind eben kein zufälliger Witz der Natur; sie sind nicht nur zum körperlichen, sondern auch zum gemeinsamen geistigen Aufbau des menschlichen Geschlechts notwendig. Das Volk, das diese Wahrheit zuerst innerlich erfaßt und in die Tat umsetzt, wird einen neuen Kulturabschnitt einleiten. Die Deutschen werden es wahrscheinlich *nicht* sein. Aber die deutschen Frauen werden mehr als die anderen Nationen diese Wandlung geistig unterbauen und fördern können, weil auch ihnen von dem geistigen Erbgut ihres Volkes etwas geworden ist, das den deutschen Mann stets an die Spitze großer Ideenbewegungen geführt hat. Ich glaube nicht, daß es »völkische« Voreingenommenheit ist, wenn ich bei anderen Nationen keine Frauenschriften finden kann, die an Bedeutung für die herannahende, ganz sicher kommende große Wandlung in der menschlichen Natur den Schriften von Gertrud Bäumer und Marianne Weber gleichkämen.«[23]

R. Hinton Thomas schreibt Helene Lange einen instinktiven Liberalismus zu[24], während die eben zitierte Passage für mich eher auf einen (unbewußten) Populismus hinzudeuten scheint. Kurz vorher hat sie in einem Loblied auf die Tugenden der Hausfrau für eine Rückkehr zu den vom Materialismus bedrohten Werten der Tradition plädiert. Der Beginn des Zitats verweist auf die Eugenik, die zur eigenständigen

Wissenschaft geworden war (und die, aus Gründen, auf die
ich noch zu sprechen komme, von gemäßigten und radikalen
Frauenrechtlerinnen gleichermaßen positiv eingeschätzt
wurde). Mit vorgeblicher Bescheidenheit räumt Lange dann
ein, daß die großen Veränderungen, die sich anbahnen (radikale Fortschritte der Frauenbewegung), vielleicht nicht
zuerst in Deutschland stattfinden werden (wofür Lange und
ihren engsten Mitstreiterinnen, allen voran Gertrud Bäumer,
hinreichend gesorgt hatten), aber immerhin hätten die deutschen Frauen etwas von der Überlegenheit der deutschen
Kultur geerbt (Aber wie? Sicherlich nicht durch Bildung
und Erziehung). Und wenn sie ihre Ausführungen nicht für
»völkische Voreingenommenheit« hält, so möchte ich genau
das Gegenteil behaupten. Wenn sie Marianne Weber[25] und
Gertrud Bäumer[26] über andere Nationen (Welche? Sicherlich
nicht *alle?)* stellt, dann verbirgt sich dahinter jener Chauvinismus, der Deutschland letzten Endes in den Nationalsozialismus geführt hat. Natürlich ist diese Art von Rhetorik mit
ihrem leicht mystischen Hang zum »Geistigen« bei aller
gegenteiligen Behauptung äußerst politisch. Sicher findet
sich dergleichen nicht allein in der deutschen Frauenbewegung, aber nur hier so programmatisch.

Lange befürchtete, Nietzsches Ideen könnten vor allem
die Ehe gefährden. Ein Beispiel dafür finden wir in ihrem
Essay »Die Frauenbewegung und die moderne Ehekritik«.
Hier wendet sie sich gegen die »neue Ethik« à la Stöcker
und hält die Auffassung, die Sexualität sei Ausdruck von
Lebensbejahung, für irreführend: Freie Liebe, offene Ehe u.
dgl. hält sie für selbstsüchtig und gesellschaftsschädlich. Solche Freizügigkeiten förderten nicht die Persönlichkeitsentwicklung der Frau. Diese müsse vielmehr darauf abzielen,
das Eheleben (und damit die Gesellschaft) zu verbessern.
Die junge Generation müse stabil und verantwortungsbe-
wußt sein, damit sie nicht von der Gesellschaft die Erziehung ihrer Nachkommenschaft erwartet.[27] In »Feministische Gedankenanarchie« weist Lange darauf hin, daß diese

von Nietzsche inspirierte Freiheit das Heim gefährde, weil sie jungen Menschen eine falsche Orientierung vermittle.[28]

Bevor ich mich denjenigen Frauen zuwende, die in Langes Augen derart schockierende Veränderungen in Gang setzen wollten, will ich noch kurz darauf verweisen, daß Nietzsche von dem Gedanken einer weitergehenden Übereinstimmung zwischen Langes und seinen Ideen sicherlich nicht angetan gewesen wäre, weil er den nationalistischen Ton, der hier der Lobpreisung des Ewig-Weiblichen zugrunde liegt, zutiefst verabscheute. Andererseits stimmte seine Hervorhebung der Mutterrolle mit den Vorstellungen des gemäßigten und konservativen Teils der Frauenbewegung weitgehend überein. Das Argument vom Anderssein der Frau lief in der Praxis darauf hinaus, daß viele Frauen, die sich, wie Laura Marholm oder Grete Meisel-Heß[29], der Frauenbewegung verschrieben hatten, ihre Theorien nicht weiterentwickeln konnten, weil sie bei jedem Thema (Ehe, Mutterschaft usw.) immer auf den gleichen Ausgangspunkt, die Behauptung von der geistigen Überlegenheit des Mannes und der daraus folgenden Unterordnung der Frau, zurückgeworfen wurden.

Lily Braun
(1865–1916)

Nietzsche beeinflußte das Leben von Lily Braun stärker als ihre Ideen, weil sie sich in ihren Schriften hauptsächlich mit den gesellschaftlichen Aspekten der Frauenbewegung beschäftigte. Sie entstammte, wie einige andere Frauen in diesem Buch, einer aristokratischen Familie (den von Kretschmanns) und besaß die besten Voraussetzungen für eine gute Heiratspartie, die abzugeben sie sich, zur Enttäuschung ihrer Eltern, jedoch weigerte. Statt dessen heiratete sie 1893 den Nationalökonomen Georg von Gisycki (der, schwer krank, auf den Rollstuhl angewiesen war), woraufhin Brauns Eltern mit ihr brachen. Als von Gisycki schon zwei Jahre später starb, ehelichte sie den Sozialdemokraten Heinrich Braun, was ihre Enterbung zur Folge hatte. Die Hoffnung, in den Besitz eines größeren Vermögens zu gelangen, war damit erloschen, und Heinrich Brauns finanzielle Dauernotlage scheint legendär gewesen zu sein. Lily Braun mußte sich also ihren Lebensunterhalt selbst verdienen, was sie mit beträchtlicher Energie und ohne Rücksicht auf ihre Gesundheit auch tat.

Trotz ihrer Hinwendung zu den Sozialdemokraten blieb sie eher Einzelkämpferin[30], und wegen ihrer Unterstützung der revisionistischen Richtung in der SPD nahm sie der linke Flügel unter Anführung von Clara Zetkin unter Beschuß. Zudem empfanden ihre Parteigenossen und -genossinnen die *ménage à trois*, die Heinrich Braun, der gerade erneut geheiratet hatte, als er Lily kennenlernte, mit ihr und seiner Frau führen wollte, als Skandal und lehnten die freie Lebensweise, die sie unter Berufung auf Nietzsches Ideen führte, ab. Sie folgten Marx und hatten kein Verständnis für individualistische Lebensentwürfe, während Lily Braun sich Marx über Nietzsche genähert und dabei die christliche Erziehung ihrer Kindheit abgestreift hatte[31]. Damit hatte sie die von Helene Lange später so gründlich attackierte »neue Ethik« Helene Stöckers gewissermaßen vorweggenommen. Später unterstützte sie Stöcker in ihrem (erfolglosen) Kampf um diese neue Ethik.

Lily Brauns Hauptwerk *Die Frauenfrage* ist eine faktenreiche Untersuchung über die gesellschaftlichen und ökonomischen Ungerechtigkeiten, gegen die die Frauenbewegung zu kämpfen hatte. Ihre Forderungen unterscheiden sich nicht wesentlich von denen Helene Langes; der Antagonismus zwischen beiden liegt darin, daß Lange, insbesondere vor 1908, in der Sozialdemokratie eine direkte Bedrohung der Frauenbewegung sah. Aber natürlich konnte sie auch die Absicht, den Kapitalismus zu überwinden, nicht gutheißen. So verdammte Lange Lily Brauns Werk als »einseitige Anwendung des ökonomischen Determinismus«[32], ohne es

indes gelesen zu haben. Solche Spaltungen waren Wasser auf
den Mühlen der Kritiker und amüsierten die bürgerliche
Gesellschaft. 1899 erschien in der Zeitschrift *Jugend* unter
der Überschrift *Höhere Töchter* eine Karikatur von Julie Wol-
thorn, in der eine junge Frau einer anderen die »Frauenfrage«
erklärt: »Ich glaube, es geht darum, daß jemand eine Frau
fragt, ob sie ihn heiraten will.«[33]

Natürlich hätte Nietzsche Brauns Verbindung seiner Philosophie mit sozialdemokratischen Ideen strikt abgelehnt,
wobei für ihn der Sozialismus mit Gefahren verbunden war,
die heute dem Kommunismus angelastet werden – Unterdrückung des Individuums und soziale Gleichmacherei. Lily
Braun war hellsichtig genug, zu bemerken, sie werde den
Sozialismus nicht mehr unterstützen, wenn er zu einer der-
artigen Mittelmäßigkeit führen würde; an Theodor Gomperz
schrieb sie 1911, der Sozialismus sei für sie die Grundlage, auf
der das Individuum sich entfalten könne. Sollte das aber
nicht der Fall sein, setze sie Vertrauen in die menschlichen
Instinkte, daß der Sozialismus genauso überwunden werden
könne wie der Kapitalismus.[34] Ihre Bedenken gegenüber dem
Kollektivismus wurden durch die Gründung des »Spartakus-
bundes« 1917 und die nachmalige Politik der KPD bestätigt.
Jedenfalls war sie davon überzeugt, daß der von ihr vertretene Sozialismus die Freiheit des Individuums durch die Nietzscheschen Werte der Negation und Selbsttranszendenz
bewahren werde. Ihre Utopie zielte auf »eine Gesellschaft
überlegener Individuen, in der es keine Gleichheit, Unifor-
mität und unterdrückerische Kollektivität« gibt.[35] Ihrem
quasi-autobiografischen Buch *Memoiren einer Sozialistin*
können wir entnehmen, wie sie sich Nietzsches Philosophie
als Grundlage einer sozialistischen Ethik dachte:

Nietzsche gab dem Sozialismus »das, was wir brauchen: eine
ethische Grundlage ... Alle seine großen Ideen leben in uns:
der Trieb zur Persönlichkeit, die Umwertung aller Werte, das
Jasagen zum Leben, der Wille zur Macht. Wir brauchen die

blitzenden Waffen aus seiner Rüstkammer nur zu nehmen –
und wir sollten es tun. ... Und spüren Sie den Geist der Verneinung nicht in allem, was heute lebenskräftig ist und vor-
wärts will? Kunst und Literatur, Wissenschaft und Politik setzen ihr Nein der Vergangenheit entgegen, die noch
Gegenwart sein will.«[36]

Der Hinweis auf die »Lebenskraft« zeigt, daß neben Nietzsche noch andere Geistesströmungen (zu denken wäre an
Shaw und Bergson) Lily Braun beeinflußten, und läßt verständlich werden, warum ihre Parteigenossen – und vor
allem die Genossinnen – ihre Argumente eher verwirrend
als überzeugend fanden.

Helene Stöcker
(1869–1943)

Im Vergleich zu den bereits genannten Frauen hat Helene
Stöcker am eigensinnigsten für die Verbreitung von Nietzsches Gedanken gesorgt. Ihre Einstellung ist als die einer
typisch bürgerlich-radikalen Feministin beschrieben worden.[37] Wie Lily Braun rebellierte sie gegen die elterliche Religion, in ihrem Fall einen strengen Calvinismus. Wie Dohm
und Lange ließ sie sich als Lehrerin ausbilden, weil im wilhelminischen Deutschland höhere Bildung anders nicht zu
erlangen war. Während ihrer drei Jahre als Assistentin von
Wilhelm Dilthey in Berlin (1896–1899) begegnete sie Minna
Cauer und engagierte sich in der Frauenbewegung. 1900 ging
sie nach Bern, um dort zu promovieren. Sie unterstützte
später den Feldzug gegen die Prostitution, was für eine über-
zeugte Nietzscheanerin[38], die an die freie Entfaltung des
Individuums glaubte, eigentlich unlogisch war, denn die Pro-
stitutionsgegner vertraten eine äußerst repressive Moral, die
von der Keuschheit der Frau als ihrem Wesensmerkmal ausging. Folglich sei das moralische und gesellschaftliche Problem der Prostitution nur dadurch zu lösen, daß auch die

Männer zur Keuschheit ermutigt würden. Allerdings herrschte allgemeine Übereinstimmung darüber, daß der Staat in keinem Fall die Prostitution durch Legalisierung unterstützen dürfe.

Nach einer kurzen Liebesaffäre mit einem verheirateten Mann, Alexander Tille[39], die sie in ihrem an Anspielungen auf Nietzsche reichen Roman *Die Liebe* (1922) literarisch verarbeitete, gewann sie die überaus nietzscheanische Überzeugung, daß auch Frauen ihre Sexualität leben müßten. Also keine Keuschheit, sondern sexuelle Erfüllung für alle. In ihrer kleinen Abhandlung *Die Liebe der Zukunft* (1922)[40] wird deutlich, daß es Stöcker um gegenseitige Achtung in der Liebe und in den allgemein-menschlichen Beziehungen geht, während ihr Hauptwerk *Die Liebe und die Frauen* (1906) darauf zielt, daß die Frau die Möglichkeit zur Befreiung in sich selbst entdeckt. Die bürgerliche Ehe, davon war Stöcker jetzt überzeugt, behinderte die Entfaltung des Individuums. So entwickelte sie mit großer intellektueller Energie die »neue Ethik«, die dem Individuum das geben sollte, was ihm bisher verwehrt geblieben war. Ihr Lieblingsausdruck in diesem Zusammenhang lautete: »sich ausleben«. Diese neue Ethik, der Lange so abhold war, wurde auch zum Losungswort der Vereinigung, die Stöcker 1905 gründete: den »Bund für Mutterschutz«. Im gleichen Jahr rief sie auch die Zeitschrift dieses Bundes ins Leben, die zunächst *Mutterschutz, Zeitschrift zur Reform der sexuellen Ethik*, ab 1908 dann *Die neue Generation* hieß. Ihr Ziel war, Institutionen und Einstellungen auf eine »neue Ethik« zu orientieren. In einem offenen Brief an mögliche Mitarbeiter der Zeitschrift umriß Stöcker ihre Ziele wie folgt:

> »Sie soll zu energischen Reformen sowohl in bezug auf Institutionen wie Anschauungen führen, zu einer neuen Ethik, deren Wert nicht blos Entsagung und Verneinung ist, – freilich erst recht nicht rohe genusssüchtige Willkür –, sondern die sich eine *stärkere frohere Menschheit zum Ziel setzt.*« (GSA 72/124b)

Die meisten Mitglieder des Bundes lehnten den verordneten Gebärzwang ab; die Frau sei weder sozial noch biologisch verpflichtet, Kinder in die Welt zu setzen. (Hier ließ Stöcker Nietzsches Ansichten einfach außer acht.) Allerdings war der Bund kein Befürworter hedonistischer Praktiken à la Wolfskehl und Co., sondern beschäftigte sich mit sehr praktischen Angelegenheiten. Er stand Frauen bei Vaterschaftsprozessen bei und sorgte für die Unterstützung unverheirateter Mütter, für die er auch gern ein Haus als Zufluchtsstätte eingerichtet hätte, aber dieser Plan ließ sich nicht in die Tat umsetzen. Ein umstrittener Punkt war die Frage der Legalisierung von Abtreibung; viele aus dem Vorstand waren dafür, der hauptsächliche Widerstand kam von Ulrich Ploetz. Der Bund startete eine Kampagne zur Aufklärung über Verhütungsmittel, die weitreichende Unterstützung, aber auch die Empörung bestimmter Kreise bis hinauf zum Kaiserpaar erfuhr. Der schließliche Bruch zwischen Stöcker und Ploetz weist auf die weitere Entwicklung des Bundes hin. Von Beginn an gehörten viele Ärzte zu den Mitgliedern, wie etwa Julien Forel, Iwan Bloch (1907 Sekretär des Bundes) und Alfred Moll, deren Interesse vor allem in der medizinischen Erforschung der weiblichen Sexualität bestand.[41] Nach 1910 übernahmen die Ärzte den Bund, aber da hatten die gemäßigten Kräfte der Frauenbewegung ihn bereits gespalten.

Es ist nicht schwer zu verstehen, daß Helene Lange ihre konservativen Familienideale und ihr Bestreben, die Zahl der unehelichen Kinder zu vermindern, durch die Bedeutung, die der Mutterschutz der freien Entfaltung weiblicher Sexualität beimaß, gefährdet sehen mußte, auch wenn Stöcker die Familie als Institution nicht angriff. Ihr ging es in erster Linie um die Beseitigung der herkömmlichen verlogenen Moralprinzipien, ein Ziel, dem sie sich mit von Nietzsche entlehntem missionarischen Eifer widmete. Eine Auseinandersetzung zwischen den gemäßigten Kräften und dem Führungsgremium im Mutterschutzbund war unvermeidlich. Diese Auseinandersetzung war deshalb so wichtig, weil es, auch wenn dies nie klar gesagt wurde, um die Frage ging, wie Frauen ihre Sexualität wahrnehmen; daß hier gesellschaftliche Faktoren eine konstitutive Rolle spielen, hat Hedwig Dohm gezeigt. Die gemäßigten Frauenrechtlerinnen folgten der traditionellen Auffassung weiblicher Pflichten und scheinen tatsächlich geglaubt zu haben, daß die ehrbare Frau keine sexuellen Bedürfnisse haben müsse. Damit vertraten sie im wesentlichen die Auffassung der konservativen männlichen Ärzteschaft. Wie Jeffrey Weeks sagt:

> »Dem Denken des neunzehnten Jahrhunderts fehlt jeder Begriff einer weiblichen Sexualität, die von der der Männer unabhängig gewesen wäre.«[42]

Diesen Mißstand wollte die Führung des Mutterschutzbundes beheben, doch mußte die »neue Ethik« zunächst in harten Kämpfen durchgesetzt werden.

In diesem Zusammenhang ist auf Ruth Bré zu verweisen, die für kurze Zeit im Bund mitarbeitete. Sie war eine völkisch orientierte Vertreterin der Rassenhygiene, die in der damaligen Ostmark eine Art Frauenkolonie gründen wollte, hinter der sich offensichtlich Züchtungsmaßnahmen verbargen. Daß der Bund Gelder bereitstellte, um mittellosen Frauen zu helfen, gefiel ihr überhaupt nicht; allerdings verließ sie die Organisation schon kurze Zeit nach deren Konstituierung. Indes waren auch Stöckers Ansichten im Bund nicht unumstritten; so kam es zwischen ihr und Ulrich Ploetz, mit dem sie in bezug auf Fragen der Eugenik durchaus übereinstimmte, zu einer Kontroverse um das Problem der Empfängnisverhütung. Allerdings sah Stöcker, die die Eugenik überaus positiv beurteilte, nicht voraus, was die Nazis daraus machen würden.[43] Ihre Vorstellung zielte auf die Entwicklung einer neuen Generation gesünderer und glücklicherer Menschen, nicht aber auf die Züchtung einer Rasse im nationalistischen Sinne (der auch Nietzsche völlig ablehnend gegenüberstand). Jedoch ist ihre Argumentation nicht immer stringent, weil sie in ein und

demselben Absatz Nietzsche, Ärzte und Romanautoren
munter durcheinander zitiert.

Die Spaltungstendenzen im Bund führten zum Verlust
einer einheitlichen Strategie; ein Teil der Mitglieder trat v. a.
für soziale Reformen ein, andere wollten eugenische Pro-
gramme verwirklichen. Hinzu kamen Auseinandersetzungen zwischen den gemäßigten Kräften im BDF und den Radikalen im Mutterschutzbund, die sich 1908, anläßlich der
Kampagne gegen den § 218, der abtreibungswillige Frauen
mit schweren Strafen bedrohte, zuspitzten. Der Mutterschutzbund trat, zusammen mit den radikalen Kräften im
BDF, für die Aufhebung des § 218 ein; die Abstimmung im
BDF ergab eine äußerst knappe Mehrheit für die gemäßigten
Kräfte, die das Abtreibungsgesetz beibehalten wollten.
Immerhin hatten auch hier viele Gemäßigte, darunter Marie
Stritt, die Kampagne des Mutterschutzbundes unterstützt.
Wäre die Abstimmung positiv ausgefallen, hätte Deutschland
bei der Forderung nach legalisierter Abtreibung in Europa
eine Vorreiterrolle gespielt.[44] Nach der Niederlage der Radi-
kalen übernahmen die Konservativen im BDF die Führung;
1910 mußte Marie Stritt ihren Platz im Vorstand an Gertrud
Bäumer abtreten, und dem Mutterschutzbund wurde die
Aufnahme in den BDF verweigert. Hinzu kamen schwere
Auseinandersetzungen im Bund selbst, die schließlich zum
völligen Zerwürfnis zwischen Adèle Schreiber und Helene
Stöcker führten. Den Höhepunkt bildeten Gerichtsprozesse
und tätliche Übergriffe – für die Presse ein Anlaß zu schaden-
freudiger Berichterstattung.[45]

Währenddessen war Helene Stöcker mit Vorlesungen an
der Lessing-Hochschule beschäftigt und setzte sich in einer
Reihe von Zeitungsartikeln mit der Philosophie Nietzsches
auseinander. Dabei spielte ihr Kontakt zu seiner Schwester,
der seit 1895 bestand, eine nicht unerhebliche Rolle. Elisabeth hatte Stöcker ein Exemplar des ersten Teils ihrer Nietzsche-Biographie geschickt, woraufhin ein intensiver Briefwechsel einsetzte, der mit einem Besuch von Helene

Stöcker in Naumburg und später mit mehreren Aufenthalten in Weimar verbunden war, wobei sie 1897 auch Nietzsche begegnete. Christl Wickert zufolge soll Stöcker bei ihrem Besuch in Naumburg den Eindruck gewonnen haben, Nietzsches Misogynie könne der Verachtung für eine »zunächst viel konventionellere und primitivere« Person wie Elisabeth entsprungen sein.[46] Allerdings schlägt Stöcker in vielen Artikeln gegenüber Elisabeth einen versöhnlichen, wo nicht gar freundlichen Ton an. Ich bin der Auffassung, daß die Verehrung, die die beiden Frauen Nietzsche entgegenbrachten, zu einer Art freimaurerischer Freundschaft zwischen ihnen führte.[47]

Die in ihrem Ton freundschaftliche Korrespondenz zwischen Stöcker und Elisabeth bestand über zwei Jahrzehnte hinweg. In einer ihrer Ansprachen bezeichnete Stöcker Nietzsches Schwester sogar als typische Vertreterin der modernen Frauenbewegung[48], was gewiß nicht sarkastisch gemeint war und angesichts der konservativen und zunehmend nationalistischen Ausrichtung der Frauenbewegung nicht einmal ganz falsch gewesen wäre. Tatsächlich jedoch sprach Elisabeth immer abschätzig über Emanzipationsbestrebungen und wurde sogar Mitglied im »Deutschen Bund gegen die Frauenemanzipation«.[49] Offensichtlich war Stöcker aufgrund ihrer Begeisterung für Nietzsche unfähig, Elisabeths zutiefst reaktionäre Einstellung zu erkennen.

Mit der Zeit entwickelte sich der Briefwechsel zu einer Art Zusammenarbeit zwischen Kolleginnen. Elisabeth schickte Stöcker Freiexemplare und Artikel des Archivs, während Stöcker sich mit eigenen Artikeln und Nachrichten über neue Nietzsche-Literatur revanchierte. Elisabeth war mittlerweile mit Post von Nietzsche-Verehrern so eingedeckt, daß sie nicht immer auf Stöckers Briefe antworten konnte, was indes zu keinerlei Verstimmungen führte. Stöcker schickte dann ein weiteres Exemplar ihres Artikels. Diese Beharrlichkeit zeigt, daß sie die vielleicht anfänglich vorhandenen negativen Gefühle gegenüber Nietzsches Schwester überwunden hatte.

Der herzliche Ton, den Elisabeth in ihren Briefen anschlägt, wirkt angesichts der prüden Entrüstung über Lou Salomé intrigant, und man begreift nur schwer, warum sie Stöcker, deren Moralauffassung der ihren völlig entgegengesetzt war, so sehr wertschätzte. Überdies bewunderte Stöcker Lou Salomé und schrieb anläßlich ihres siebzigsten und fünfundsiebzigsten Geburtstages Glückwunschartikel.[50] Offensichtlich war sie von Lou Salomés freiheitsbestimmten Lebensstil sehr angetan, ohne jedoch zu verkennen, daß ihr Verhalten gegenüber Nietzsche alles andere als fair gewesen war, wie sie anläßlich einer Besprechung von Erich Podachs Buch *Friedrich Nietzsche und Lou Salomé. Ihre Begegnung 1882* bemerkte. Doch versucht sie selbst jetzt noch, 1938, Elisabeth abgewogen zu beurteilen, habe die Schwester doch, bei aller berechtigten Kritik an ihrem Verhalten in der Affäre, Nietzsche davor bewahren wollen, das volle Ausmaß ihres Streits mit Lou zur Kenntnis zu nehmen.[51] Mit dem Beginn des Ersten Weltkriegs versiegte der Briefwechsel zwischen Helene Stöcker und Elisabeth, der aber schon seit 1910, dem Höhepunkt der Kampagne des BDF gegen Stöcker, seinen ursprünglichen Schwung verloren hatte. Doch finden sich auch danach noch Spuren des gegenseitigen Respekts.

Mit dem Beginn des Ersten Weltkriegs wurde die schon zuvor friedenspolitisch engagierte Stöcker zur Pazifistin (was damals für die Konservativen purer Landesverrat war). Zugleich trat sie allen Versuchen, Nietzsche kriegerische Gelüste zu unterstellen, energisch entgegen, indem sie betonte, daß er 1870 zwar bereit war, seinem Vaterland zu dienen, den auf die Reichsgründung folgenden Nationalismus mit seinen alljährlichen Siegesfeiern jedoch strikt ablehnte.[52]

1929 erschien *Die neue Generation* als Festschrift mit Artikel und Reden zu Stöckers 60. Geburtstag. Dort beschrieb u. a. Fenner Brockway die Jubilarin als »eine der großen bildenden Persönlichkeiten, die Deutschland in den letzten vierzig Jahren gesehen hat. Sie ist eine Pionierin der Gleichberechtigung, der Sexualreform, des Pazifismus, der sozialen Revolution«.[53] Zu dieser Zeit hatten sich Stöcker und Elisabeth nicht mehr viel zu sagen. Stöcker, gesundheitlich bereits angeschlagen, verließ Deutschland im Februar 1933 sofort nach dem Reichstagsbrand (ihre Wohnung wurde unmittelbar danach von den Nazis durchsucht) und starb nach einer Odyssee durch verschiedene Länder schließlich 1941 in New York. Konsequent wie sie war, blieb sie ihr Leben lang unverheiratet, lebte aber von 1905 bis zu dessen Tod 1931 mit dem Rechtsanwalt Bruno Springer in freier Gemeinschaft zusammen. Elisabeth hingegen blieb in Weimar, wo sie – im Namen Nietzsches – Hitler hofierte und sich von Mussolini hofieren ließ: ein Verrat, den kein Nietzsche-Enthusiast jemals entschuldigen kann. Oscar Levy, selbst Mussolini-Anhänger, versuchte Elisabeth zu erklären, daß sie mit der Unterstützung für den Duce ihre Position mißbraucht habe.[54]

Im folgenden möchte ich Stöckers Argumentation untersuchen, mit der sie zu belegen suchte, daß Nietzsche kein Antifeminist war. Ich stimme zwar mit ihrer Prämisse nicht überein, weil sie Nietzsches Ambivalenz gegenüber dem weiblichen Geschlecht wegerklärt, doch muß man bedenken, daß sie zu einer Generation von Frauen sprach, deren emanzipatorische Möglichkeiten im Vergleich mit späteren Generationen (wie etwa der von »'68«) noch sehr beschränkt waren. Stöckers Technik erörtere ich an zwei Textauszügen unterschiedlichen Datums; der eine entstammt dem ersten Brief, den sie 1895 an Elisabeth schrieb, der andere einem Zeitschriftenartikel aus dem Jahre 1904:

>»Und nun bin ich froh, daß das Bild, das Sie von ihm entwerfen, durchaus mit dem Bild, das ich von ihm hatte, harmonisiert. Ich bin auch durchaus nicht der Meinung, daß er »die Frauen verachtet« – wenigstens nicht in dem Sinne, wie man es gewöhnlich auffaßt. Wer so köstliche Worte über die Ehe geschrieben hat, – wer so bestrebt gewesen ist, den Beziehungen zwischen Mann und Weib je vornehme Auffassung zu geben, – der hat wohl das Recht, sich über das Enge, Klein-

liche und Erbärmliche, wovon sich leider im Weib im allgemeinen noch so viel findet – bitter und scharf auszusprechen.«[55]

»Dem Prediger der Willensverneinung steht der Prophet der heroischen Lebensbejahung gegenüber. Wer das Leben bejaht, bejaht auch die Liebe, die Freude, die Vereinigung der Geschlechter. Er sprach nicht nur das Lachen, nicht nur die Freude heilig, er sprach auch die Liebe heilig. Mit dieser ›Umwertung‹ der mittelalterlichen Verachtung der Sinne und der Lebensfreude ist schon einer der entscheidensten Schritte getan, auch die Frauen aus der mittelalterlichen Verachtung herauszuheben. Steht es so fest, daß die Frauen alle Ursache haben, dem Propheten des heroischen Optimismus dankbar zu sein, so ist die Frage unendlich verwickelter, wie in Nietzsches eigenem Leben Liebe und Freundschaft sich verhielten.«[56]

Interessanterweise betont nur der zweite Text die Freude an der Sexualität, während beiden ein apologetischer Ton gemeinsam ist. Der erste Text enthält zudem noch eine gute Portion an feministischem Selbsthaß, der unterstellt, daß manche Frauen Nietzsches Misogynie durchaus verdient haben. Der apologetische Ton ist insofern berechtigt, als Nietzsche über Frauen einiges sagte, was man nicht mit einem Achselzucken abtun kann. Stöcker aber hält die Gewinne, die sich aus seiner Philosophie ziehen lassen, für größer als die Verluste, die sich aus den frauenfeindlichen Bemerkungen ergeben. Auch wenn dies als Rechtfertigungsstrategie fungiert, ist es natürlich eine völlig legitime Auffassung. Nicht nur Stöcker hatte den Eindruck, daß Nietzsche ihr und vielen anderen Frauen die kalte Hand des letzten Patriarchen – Gott – von der Schulter nahm, damit sie zur Selbsterkenntnis gelangten. Diese antichristliche Dimension ist nicht zu unterschätzen. Tatsächlich war Stöcker Anhängerin der monistischen Lehren des Naturforschers Ernst Haeckel, dessen Buch *Die Welträtsel* (1899) damals große Aufmerksamkeit erregte.[57]

Aus unserer Erörterung von Nietzsches Anschauungen über die weibliche Sexualität ging hervor, daß seiner Meinung nach die Frau die Schwanger- und Mutterschaft anstrebt und der Mann nur Mittel zum Zweck ist. Stöcker weicht diesem Thema aus, wobei sie (was ihr und dem Mutterschutzbund oft zum Vorwurf gemacht wurde) keineswegs gegen Mutterschaft an sich ist. Statt dessen verbindet sie ihre Vorstellungen von Eugenik mit Nietzsches Begriff der Höherentwicklung, die nicht zu rassereiner Nachkommenschaft, sondern zu einer Generation führen soll, die zur Weiterentwicklung der gesamten Menschheit beitragen kann.

> »Vielleicht auf keinem andern Gebiete, wie auf dem einer höheren und ernsteren Auffassung von Liebe und Ehe, ihrer Bedeutsamkeit für die Zukunft der Rasse, für die Erhöhung des Typus Mensch lassen sich seine [Nietzsches] Wirkungen so sicher und segensreich spüren.«[58]

Obwohl ich diese Sätze nicht für bedrohlich halte, können wir heute Begriffe wie »Zucht« oder »Rasse« nicht mehr neutral verwenden, was für Nietzsches und Stöckers Schriften gleichermaßen gilt. Aber Stöckers Schlüsselbegriff heißt nicht »Rasse«, sondern »Zukunft«. In ihrer »neuen Ethik« ging es auch um die Frage, wie man in einer Welt, in der die alten religiösen Werte nicht mehr gelten, dem anderen mit Respekt begegnen könne. Auf diese Weise führte ihr Werk sie über rein feministische Erwägungen hinaus.

Wenn Stöcker sich zum Thema »Nietzsche und die Frauen« äußerte, sagte sie in der Einleitung fast immer ein paar Worte zu den Frauen, die ihm oder für ihn in seinem Leben wichtig waren, und sie räumte stets ein, daß manche seiner Bemerkungen mehr als mißverständlich seien, bevor sie erläuterte, auf welche Weise seine Philosophie die Frauen befreien und in die Zukunft wirken könne. Für sie lag die Stärke seiner Gedankenwelt in der Idee der Lebensbejahung, der Selbstüberschreitung und der Umwertung der Moral.

*»Ich könnte nur einen feinen Mann lieben, einen Friseur
oder einen Lieutenant.«*

Eine Frauenrechtlerin

„Warum heiraten Sie nur nicht, Sie gäben sicher eine famose Hausfrau." — „Nein, das Weib hat denn doch noch höhere Aufgaben, und Mutter zu werden. Übrigens hat mich auch noch keiner dazu aufgefordert."

»Warum heiraten Sie nur nicht, Sie gäben sicher eine famose Hausfrau.« – »Nein, das Weib hat denn doch noch höhere Aufgaben, als Gattin und Mutter zu werden. Übrigens hat mich auch noch keiner dazu aufgefordert.«

186

Professor der Nationalökonomie:
»Sie haben sich da einen schweren und gefahrvollen Beruf erwählt,
mein Fräulein!«

*»Erst die modernsten Kunstrichtungen haben die ideale Künstlerehe
ermöglicht: im Sommer malt mein Mann mit mir Landschaften
im Freien, und im Winter häkele ich mit meinem Mann
Spitzen im Atelier.«*

Die Malweiber in der Marées-Ausstellung

Die Malweiber in der Marées-Ausstellung

Die Ehe als Kunstwerk Albert Weisgerber (München)

„Was macht Hans Joachim Wellenkamp jetzt?" — „Der ist in einer Bankiers-Ehe künstlerischer Beirat!"

Die Ehe als Kunstwerk
»Was macht Hans Joachim Wellenkamp jetzt?« –
»Der ist in seiner Bankiers-Ehe künstlerischer Beirat!«

Emanzipation

„Schäm dich, Emmy, früher schwärmtest du für Frauenrechte und jetzt erniedrigst du dich zur Milchkuh." — „Ach — ich bin so froh, daß ich endlich etwas gefunden habe, daß die Männer nicht besser machen können als wir."

»Schäm dich, Emmy, früher schwärmtest du für Frauenrechte und jetzt erniedrigst du dich zur Milchkuh.« – »Ach – ich bin so froh, daß ich endlich etwas gefunden habe, daß die Männer nicht besser machen können als wir.«

»Mit der verdammten Schnürerei wirst du dir noch die ganze Leber
verquetschen!« – »Gott, das sieht man doch nicht auf der Straße!«

»Kandidatin, sagen Sie mir, was fällt Ihnen an der Patientin auf?« –
»Daß das Mensch einen seidenen Unterrock an hat.«

Schlußwort

Dies ist auch heute, ein Jahrhundert später, ein im wahrsten Sinne konstruktiver Umgang mit dem Thema, und das um so mehr, als die in Mode gekommenen dekonstruktivistischen Ansätze, die um den metaphorischen Gebrauch des Begriffs »Frau« kreisen, den Blick auf die wirklichen Frauen verstellt haben. So wertvoll diese Diskussionen in sich auch sein mögen, so obskur und für die Alltagsprobleme von Frauen irrelevant sind sie andererseits geworden.

Ich habe anderenorts[59] den Nutzen dekonstruktivistischer Verfahrensweisen für die feministische Interpretation des Themas »Nietzsche und die Frauen« kritisch erörtert. Kurz gefaßt, möchte ich bezweifeln, daß Derridas einflußreicher Aufsatz *Sporen*, in dem er die Frau jenseits des patriarchalen Diskurses stellte, zu ihren Gunsten verstanden werden sollte oder kann. Auf so geistreiche wie geschickte Weise leitete er diese Perspektive aus der Meeresmetapher ab, die Nietzsche in der *Fröhlichen Wissenschaft* (Zweites Buch, Aph. 60) verwendet. Derrida interpretiert diese Metapher als Versuch, der Frau eine Position großer und permanenter Verflüssigung zuzuschreiben, in der sie ihre »Andersheit« strategisch nutzen könne.[60] Aber läßt sich nicht erahnen, daß Derrida mit den Zielpfosten zugleich das Ziel beseitigte – anders gesagt, der »Frau« empfahl, sich zu entfernen und spielen zu gehen?[61]

Es läßt sich nicht leugnen, daß Frauen eine andere Physiologie haben als Männer, aber die Vorstellung, so hoffe ich gezeigt zu haben, daß Frauen *ihrem inneren Wesen nach* anders denken und handeln, sollte – das gilt zumindest für mich – in Frage gestellt werden. Die westliche Gesellschaft ist immer noch von Grund auf patriarchalisch organisiert; Machtpositionen sind nur selten mit Frauen besetzt. Die Erklärung für diese Tatsache liegt nicht einfach in ihrer »Differenz«, aus der heraus sie es vorziehen, nicht mit den Männern zu konkurrieren, sondern auch in den patriarchalischen

Gesellschaftsstrukturen. Das kann sich als augenscheinlich harmloser sexistischer Witz manifestieren, aber auch als ein Rachefeldzug, den britische Gynäkologen in den achtziger Jahren gegen die von Wendy Savage proklamierten einfacheren Hebammenpraktiken führten.[62] Schon der Ausdruck »Postfeminismus« erweckt den Eindruck, als hätten die Frauen die Gleichberechtigung erreicht und könnten zur Tagesordnung übergehen, wohingegen jede berufstätige Frau mit kleinen Kindern bestätigen wird, daß die doppelte Last sich keineswegs in Luft aufgelöst hat, auch wenn sie mitunter genug verdient, um eine Kinderbetreuung finanzieren zu können.

Allerdings will ich mit diesem Buch die gegenwärtigen philosophischen Interpretationen von Nietzsches Ansichten über »die Frau« nicht verdrängen, sondern den Diskussionen einen Kontext verschaffen. Von Anbeginn war es mein Ziel, Nietzsches tatsächliche Beziehungen zu Frauen zu analysieren, um zu zeigen, wo zwischen Worten und Taten des Philosophen Widersprüche auftauchten, die, wie wir sahen, ihre eigene Dynamik entwickelten. Wie Nietzsche selbst herausfand, war es gar nicht so einfach zu behaupten: »Ich mag meine Mutter nicht«, und es dabei bewenden zu lassen. Zwei Monate später bat er Franziska (in einem Brief vom 13. Mai 1883), sie möge ihm neue Schreibfedern besorgen. Außerdem wollte ich der Frage nachgehen, wie und warum so viele Frauen aus Nietzsches Generation, ob sie ihn nun persönlich kannten oder nicht, bereit waren, seine frauenfeindlichen Bemerkungen und die berüchtigte »Peitsche« zu ignorieren oder darüber hinwegzusehen. Die Antwort darauf liegt offenbar in dem befreienden Einfluß, den er auf ihr gesamtes Leben ausgeübt hat, wofür sie ihm zutiefst dankbar waren. Dieses Problem der persönlichen Freiheit ist m. E. der Kernpunkt jeder aktuellen Diskussion um das Thema »Nietzsche und die Frauen«. Ich meine, der grundlegende Widerspruch in seinem Denken, der darin besteht, den Frauen die traditionelle Rolle häuslicher Unterordnung zuzuweisen und zugleich die Freiheit des Individuums (und die dazu notwendige Selbstüberwindung) zu verkünden, läßt sich nicht auflösen. Diese Antinomie macht allerdings die Erörterung von Nietzsches Einfluß auf die Frauen seiner Generation so kompliziert. Eine große Anzahl prominenter Frauen aus vielen Bereichen der wilhelminischen Gesellschaft – Kunst, Pädagogik, Politik – war zu der (vielleicht ironisch distanzierten) Annahme bereit, daß seine Aufforderung zur Lebensbejahung und Selbstverwirklichung auch ihnen gelte. Und so sagten sie lauthals »Ja« zu allem, was um die Jahrhundertwende als »nietzscheanisch« galt (auch wenn es, wie die wachsende Begeisterung für das »Völkische«, sehr wenig mit Nietzsche zu tun hatte), während andere ein vorsichtigeres »Ja, aber –« wagten und nur wenige ein »Nein«.

ANMERKUNGEN

ZUR EINLEITUNG

1 Vgl. etwa Jacques Derrida: *Sporen: Die Stile Nietzsches*, in Werner Hamacher (Hg.), *Nietzsche aus Frankreich* (Frankfurt/M.-Berlin 1986), S. 129–168; Luce Irigaray, *Marine Lover of Friedrich Nietzsche* (New York 1991)[1980]; Ofelia Schutte, *Beyond Nihilism: Nietzsche Without Masks* (Chicago 1984), bes. S. 176–185: »The Domination of Women«); Hélène Cixous und Catherine Clement, *The Newly Born Woman* (Minneapolis 1986); David Farrell Krell, *Postponements: Women, Sensuality and Death in Nietzsche* (Bloomington 1986); Elizabeth Berg, »Third Woman« in *Diacritics*, 12, 1982, S. 11–20; Debra B. Berhoffen, »On the Advantage and Disadvantage of Nietzsche for Women« in A. B. Dallery und C. E. Scott (Hg.), *The Question of the Other. Essays in Continental Philosophy* (New York 1989), S. 77–88; Paul Patten, *Nietzsche, Feminism and Political Theory* (London 1993); Peter J. Burgard, *Nietzsche and the Feminine* (Charlottesville und London 1994).

2 Vgl. Sarah Pomeroy, *Goddesses, Whores, Wives and Slaves. Women in Classical Antiquity* (New York 1975), S. 87.

3 So Adorno in den *Minima Moralia* (Frankfurt/M. 1951), Aph. 59.

4 Einen nützlichen Überblick über die Aktivitäten und Publikationen von Sexualwissenschaftlern im deutschsprachigen Raum um die Jahrhundertwende bietet Erwin Haeberles Buch *Anfänge der Sexualwissenschaft. Historische Dokumente* (Berlin und New York 1983).

5 Es geht mir hier darum, daß die »neue Frau« oftmals einzig und allein aufgrund ihrer intellektuellen Bestrebungen als »maskulin« abgestempelt wurde. Vgl. dazu Jeffrey Weeks, *Sex, Politics and Society. The Regulation of Sexuality since 1800* (London und New York 1982), S. 115 ff. und S. 164–167.

6 In ihrem Buch *Die Frauenbewegung* (1912) zitiert Ellen Key Nietzsche ebenso häufig wie zustimmend. Sie schreibt dort u. a.: »Selbst gemäßigte Frauenrechtlerinnen … haben die Berufung der Mutter in ihrer Bedeutung unterschätzt.« Das Zitat entstammt einem Auszug des Buchs in Sheila Jeffreys (Hg.), *The Sexuality Debates* (New York und London 1987), S. 588. Allerdings wahrte sie kritischen Abstand und stufte Nietzsche in seiner Misogynie gleich nach Strindberg ein. Jedoch verzieh sie ihm wegen seiner Äußerungen zur Mutterschaft, die ihren eigenen so vollkommen entsprachen, alles andere. »Er prophezeit, daß die Frau als Mutter die Welt erlösen wird«, schrieb sie in dem Aufsatz »Moderne Liebe«, zitiert nach Richard Frank Krummel, *Nietzsche und der deutsche Geist*, 2 Bde. (Berlin und New York, Bd. 1: 1974, Bd. 2: 1983), Bd. 2, S. 145 f.

7 Ricarda Huch, Brief an Josef Viktor Widmann vom 23. September 1909. Zitiert nach Bruno Hillebrand, *Nietzsche und die deutsche Literatur*, 2 Bde. (München 1978), Bd. 1, S. 91.

8 Vgl. R. Hinton Thomas, *Nietzsche in German Politics and Society 1890–1918* (Manchester 1983), S. 83: »In ihrem klassischen Zusammenhang von Bildung und Erziehung verwies die Idee der ›Persönlichkeit‹ auf den Begriff einer durch das Streben nach innerer Kultur verwirklichten Individualität … was im Feminismus, wie etwa bei Helene

Lange, zur Idealisierung eines durch Zurückhaltung und Selbstbeherrschung, Ausgewogenheit und Harmonie gekennzeichneten Frauentypus führte.«

9 Helene Lange befürwortete die bessere Ausbildung von Lehrkräften, räumte jedoch ein, daß diese nicht den drei akademischen Fächern (alte Sprachen, Naturwissenschaften und Medizin) entsprechen würde, auf die die Gymnasialschüler durch das Abitur vorbereitet wurden. Sie bewunderte den umfassenderen Ansatz des englischen Schulsystems und schlug für die Lehrerausbildung einen vierten Zweig vor, der allgemeiner und für beide Geschlechter geeignet wäre. Vgl. Helene Lange, *Der vierte Weg zur Universität* (Berlin 1909), S. 8 f.

ZU KAPITEL EINS

1 Vgl. etwa seine Invektive gegen den Chauvinismus der deutschen Gesellschaft: »›Deutschland, Deutschland über Alles‹, ich fürchte, das war das Ende der deutschen Philosophie…« (GD, »Was den Deutschen abgeht«, Aph. 1, KSA 6, 104).

2 Vgl. ihr Buch *Friedrich Nietzsche und die Frauen seiner Zeit* (München 1935), S. 30 f.

3 Martin Pernet, *Das Christentum im Leben des jungen Nietzsche* (Wiesbaden 1989), S. 42.

4 Elisabeth Förster-Nietzsche, *Das Leben Friedrich Nietzsches*, 3 Bde. (Leipzig, Bd. I: 1895; Bd. II,1: 1897; Bd. II,2: 1904); Bd. I, S. 23. Elisabeth legte, wie sie sagt, ihrer Großmutter den Doktortitel scherzhafterweise zu, weil ihr Großvater das schon getan hatte; sie selbst führte nach ihrer Heirat mit Dr. Förster (1885) den »Dr. h. c.«, der ihr de facto jedoch erst 1921, aus Anlaß ihres 75. Geburtstags, von der Universität Jena verliehen wurde.

5 Vgl. etwa Hermann Josef Schmidts *opus magnum* mit dem umständlichen Titel *Nietzsche absconditus oder Spurenlesen bei Nietzsche … An der Quelle: In der Pastorenfamilie, Naumburg 1854-1858 oder Wie ein Kind erschreckt entdeckt, wer es geworden ist, seine »christliche Erziehung« unterminiert und in heimlicher poetophilosophischer Autotherapie erstes »eigenes Land« gewinnt* (Berlin/Aschaffenburg, Bd. I: 1991; Bd. II: 1993). Schmidt geht davon aus, daß Franziska, sei es durch den frühen Tod ihres Mannes, sei es aufgrund eigener Charaktereigenschaften, Erziehungsmethoden entwickelte, die die Bedürfnisse und Wünsche ihrer Kinder unterdrückten, was sich vor allem auf den Sohn unheilvoll ausgewirkt habe (Bd. II, S. 844). Schmidts Mammutunternehmen folgt nicht nur den Spuren in Nietzsches frühen Aufzeichnungen, sondern gibt auch einen derart umfassenden Überblick über die Nietzsche-Forschung, daß die entsprechenden Fußnoten den eigentlichen Text beinahe unter sich begraben. Schon der Titel ist symptomatisch: Er scheint den Inhalt des Werks vollständig zu erläutern, ist in Wahrheit jedoch höchst kryptisch.

6 Adalbert Oehler, *Nietzsches Mutter* (München 1941).

7 Vgl. H. F. Peters, *Zarathustras Schwester. Fritz und Lieschen Nietzsche – ein deutsches Trauerspiel* (München 1983 [1. Aufl. 1977]).

8 Oehler hat diesen kurzen, im Druck dreizehn Seiten umfassenden Text in seinen Band über Franziska aufgenommen (Oehler, S. 26–39).

9 Vgl. *Das Leben Friedrich Nietzsches*, Bd. I, S. 63 ff. passim. Diese Meinungsverschiedenheit war natürlich nichts im Vergleich zu der Auseinandersetzung über die Rechte an Nietzsches Werken, die Elisabeth schließlich der Mutter entreißen konnte, um danach die alleinige Nutznießerin der Lizenzen und Honorare zu sein (Vgl. Peters, S. 149).

10 Oehler, S. 37 ff.

11 Oehler, S. 35. Ihre Mutter antwortete: »Dieser Fehler verbessert sich alle Tage, mein Kind.« Aber das war wohl ein Irrtum.

12 Jørgen Kjaer, *Friedrich Nietzsche. Die Zerstörung der Humanität durch Mutterliebe* (Opladen 1990).

13 Klaus Goch, *Nietzsche über die Frauen* (Frankfurt/M. und Leipzig 1992).

14 George Eliot hegte große Sympathien für Feuerbachs »Menschheitsreligion« (vgl. Rosemary Ashton, *George Eliot* [Oxford und New York 1983], S. 11) und folgte auch seiner Auffassung, Freundschaft finde ihren Höhepunkt in der Ehe. Hier könnte ein Berührungspunkt zwischen Feuerbach und Nietzsche liegen, auch wenn ihre Gedankenwelten sonst keine Gemeinsamkeiten aufweisen.

15 In *Götzen-Dämmerung* bezeichnet er sie als »Moral-Weiblein« (»Streifzüge eines Unzeitgemässen«, Aph. 5; KSA 6, 113).

16 Vgl. Erich F. Podach, *Gestalten um Nietzsche* (Weimar 1932), S. 12.

17 Vgl. Reiner Bohley, »Nietzsches christliche Erziehung«, in *Nietzsche-Studien* 18, 1989, S. 377–395, der darauf hinweist, daß der Haushalt natürlich nicht frei von Spannungen war, die »auf Nietzschesche Art und Weise« unter den Teppich gekehrt wurden und so zu heimlichem Groll führten. Die anfänglichen Spannungen zwischen Franziska und Rosalie scheinen jedoch im Lauf der Jahre geschwunden zu sein.

18 Curt Paul Janz weist in seiner Nietzsche-Biographie *(Friedrich Nietzsche. Biographie.* 3 Bde. [München und Wien 1979]) darauf hin, daß diese Beschäftigung für Frauen absolut unüblich war. Übrigens las Rosalie die *Vossische Zeitung.*

19 Vgl. Jacques Lacan, *Schriften* Bd. I–III (Olten und Freiburg/Weinheim und Berlin; Bd. I: 1973; Bd. II: 1975; Bd. III: 1980). Die Sprache, so Lacan, ist immer-schon *(toujours-déjà)* da und drückt die geschlechtliche Differenz als männliche Präsenz und weiblichen Mangel aus. Vgl. auch *Lacan and the Subject of Language,* hg. von Ellie Ragland-Sullivan und Mark Bracher (London und New York 1991), sowie Andrea Nye, *Feminist Theory and the Philosophies of Man* (New York und London 1989).

20 Goch, S. 17.

21 Kjaer, S. 42.

22 Timothy Stunt, »Geneva and British Evangelicals in the Early Nineteenth Century«, in *Journal of Ecclesiastical History,* 32, I, 1981, S. 35–46. Haldane gehörte den Kongregationalisten an, bevor er zum Baptismus übertrat. Er kritisierte das traditionelle Theologiestudium, weil es die Bibel vernachlässige. Der Genfer *Reveil* wirkte seinerseits wiederum auf viele evangelisch orientierte Christen in England zurück.

23 Vgl. Carl Pletsch, *Young Nietzsche. Becoming a Genius* (New York u. a. 1991).

24 So Siegfried Mandel, der Übersetzer von Lou Salomés *Nietzsche* (Redding Ridge 1988) in seinem Vorwort. Man könnte dabei auch an Goslar denken, dessen Bewohner Wordsworth und seine Schwester, die 1800 dort zu Gast waren, vom gesellschaftlichen Verkehr ausschlossen, weil sie die Schwester für die Konkubine des Dichters hie ten. Vgl. dazu Robert Gittings und Jo Manton, *Dorothy Wordsworth* (Oxford 1985), S. 90.

25 Goch, S. 154 f.

26 Zum Zusammenhang von Verdrängung und Neurose vgl. Sigmund Freud, »Über Psychoanalyse«, in ders., *Gesammelte Werke* Bd. VIII, S. 1–60; v. a. die zweite Vorlesung: »Widerstand, Verdrängung, Heilung«, S. 17-26.

27 Vgl. Mazzino Montinari, »Nietzsche and Wagner One Hundred Years Ago: 1980 Addendum«, in Thomas Harrison, *Nietzsche in Italy* (Saratoga, Ca. 1988), S. 113–117.

28 Bekanntlich schließt Goethes *Faust II* mit den Zeilen des »Chorus mysticus«: Das Ewig-Weibliche / Zieht uns hinan.

29 Briefe an Overbeck vom 9. September 1882 bzw. 6. März 1883.

30 Wie Cosima Wagner im Falle ihres Mannes schwang sich Elisabeth nach dem Tod ihres Bruders zur Nachlaßverwalterin auf; da beide Frauen recht skrupellos sein konnten, kam es häufiger zu Interessenkonflikten.

31 Vgl. dazu Janz, Bd. I, S. 583 f.

32 Natalie Herzen war die Schwester von Olga Herzen, der Pflegetochter Malwida von Meysenbugs. Vgl. dazu das dritte Kapitel.

33 In seinem Brief vom 29. Juni 1877 dankte Rohde Overbeck (der bereits geheiratet hatte) für die Glückwünsche zu seiner bevorstehenden Hochzeit und bedauerte, daß Nietzsche nicht auch einen solchen »Friedensengel« sein eigen nenne. *Franz*

Overbeck – Erwin Rohde. Briefwechsel, hg. von Andreas Patzer (Berlin und New York 1990), S. 21.

34 Goch, S. 141.

35 *Friedrich Nietzsche und die Frauen seiner Zeit*, S. 46.

36 Vgl. Ben Macintyre, *Forgotten Fatherland. The Search for Elisabeth Nietzsche* (London 1992).

37 Sie wurde dabei von Männern wie Alfred Baeumler, Alfred Rosenberg und Oswald Spengler unterstützt. Letzterer gehörte seit 1923 zum Ausschuß des Nietzsche-Archivs. Zur Vereinnahmung Nietzsches durch die Nazis vgl. Baeumlers Aufsatz »Nietzsche und der Nationalsozialismus«, in *Nationalsozialistische Monatshefte*, 49, April 1934, S. 1–10, sowie Rosenbergs *Mythus des 20. Jahrhunderts*, das die Naziideologie erheblich beeinflußte. Spengler kehrte sich zwar später vom Nationalsozialismus ab, bereitete ihm jedoch mit seinem Werk *Der Untergang des Abendlandes* (1918) den Boden.

38 Vgl. Peters, *Zarathustras Schwester*. Die Beweise, die er für seine Behauptung vorbringt, sind allerdings nicht sehr überzeugend.

39 Diese Ansichten hatte Förster in einem Buch mit dem schwerfälligen Titel *Deutsche Colonien im oberen Laplata-Gebiet mit besonderer Berücksichtigung von Paraguay* (1886) niedergelegt. In seinem Brief vom 5. Juli 1885 wies Nietzsche seine Schwester sarkastisch darauf hin, er se. überrascht zu hören, daß Förster ihr einen jüdischen Kosenamen gegeben habe: »Eli bedeutet ›mein Gott‹ und wahrscheinlich, im besonderen Falle ›meine Göttin‹...« (KGA III, 3, S. 64).

40 Brief an Mrs. Crosland vom 7. August 1908: »Ich durchwanderte einen ganzen Tag lang die Straßen von Weimar und staunte immer wieder darüber, wie ein solcher Mann eine solche Schwester haben könne! Nach und nach empfand ich jedoch Mitleid für die Frau, die ihre »Berühmtheit« sehr teuer bezahlt.« Zit. nach Ben Macintyre, S. 168. (Der Originalbrief befindet sich in der Privatsammlung Albi Rosenthal.)

41 Vgl. etwa Laura Frost, *Die Persönlichkeit Friedrich Nietzsches* (Königsberg 1906). Frost behauptet – eine für die damalige Zeit durchaus typische Sichtweise –, daß es Nietzsches größtes Glück gewesen sei, eine so liebevolle und treue Schwester und Mutter gehabt zu haben.

42 Im Januar 1932 konnte sie das Theater in Weimar dazu bewegen, Mussolinis Napoleon-Drama *Die hundert Tage* auf den Spielplan zu setzen; zu ihrer freudigen Überraschung wohnte Hitler einer Aufführung bei. Am 2. November 1933 schenkte sie Hitler Nietzsches Spazierstock und empfing ihn am 20. Juli 1934 im Nietzsche-Archiv, wohin sie ihn mehrfach eingeladen hatte. Für die Zusendung ihres Buchs *Friedrich Nietzsche und die Frauen seiner Zeit* bedankte sich Hitler am 26. Juli 1935 schriftlich bei ihr (das Original seines Briefs befindet sich im Goethe-Schiller-Archiv). Hitler nahm sogar an den am 11. November 1935 stattfindenden Beerdigungsfeierlichkeiten anläßlich ihres Todes teil.

43 Janz, Bd. I, S. 377.

44 Helene Stöcker, »Friedrich Nietzsche und die Frauen«, in *Bühne und Welt*, 6, Nr. 20, Berlin 1904, S. 859.

45 Vgl. Siegfried Mandel, »Nietzsche and the Jews«; Vortrag, gehalten auf der dritten Jahreskonferenz der »Friedrich-Nietzsche-Society« am Royal Holloway and Bedford New College, Egham, London, 24. April 1993.

46 Ida Overbecks Beitrag zu Carl Albrecht Bernoullis zweibändigem Werk *Franz Overbeck und Friedrich Nietzsche: Eine Freundschaft* (Jena 1908) findet sich in Band I, S. 336–351.

47 R. G. Hollingdale, *Nietzsche* (London, Boston und Henley 1985), S. 70.

48 Janz, Bd. I, S. 293.

49 Henry Walter Brann, *Nietzsche und die Frauen* (Bonn 1976), S. 81.

50 Entsprechende Versuche finden sich bei Brann (S. 97–106), Bernoulli (Bd. II, S. 79–86) und Karl Reinhardt, *Nietzsches Klage der Ariadne* (Frankfurt/M. 1936). Wäh-

rend Brann und Bernoulli sich auf die reale Begegnung zwischen Nietzsche und Cosima konzentrieren, bietet Reinhardt eine philosophische Interpretation, die sich an Nietzsches Begriff der *vita femina* orientiert. Erich F. Podach setzt sich in seinem Buch *Ein Blick in die Notizbücher Nietzsches: Ewige Wiederkunft, Wille zur Macht, Ariadne* (Heidelberg 1963) kritisch mit Reinhardts Thesen auseinander, die, wie er sagt, auf einem unechten Text (einem in den Archiven unauffindbaren »Satyrspiel«) beruhen.

51 Gottfried Wagner, »Nietzsche's Sister and Wagner's Wife: Forging Their Way Ahead«, Ansprache auf der vierten Jahreskonferenz der »Friedrich-Nietzsche-Society«, University College, Swansea, 16. April 1994.

52 Vgl. den Entwurf eines Briefes an Elisabeth von Mitte November 1888.

53 Vgl. Bernoulli, Bd. II, S. 85: »Aber die Gefühle innerster Andacht und Ehrfurcht wurden in ihm durchkreuzt und zum Abfall angestiftet durch den Argwohn, ja durch die Gewißheit, daß Wagners Hinwendung zur Gläubigkeit, seine Abkehr zur christlichen Mystik dem Einfluß seiner Gemahlin zuzuschreiben gewesen sei.«

54 Vgl. Hubert Treiber, »Paul Rée – ein Freund Nietzsches«, in *Bündner Jahrbuch* Nr. 29, 1986, S. 35–59.

55 Bernoulli, Bd. II, S. 83.

56 Vgl. sein Buch *Geschlecht und Charakter* (Wien 1903).

57 Vgl. Bernoulli, Bd. II, S. 81.

58 Brann, S. 86 ff.

59 Bericht im *Jenaer Krankenjournal*, abgedruckt in Daniele Pia Volz, *Nietzsche im Labyrinth seiner Krankheit. Eine medizinische Untersuchung* (Würzburg 1990), S. 392 ff.

60 Elisabeth Förster-Nietzsche, *Friedrich Nietzsche und die Frauen seiner Zeit*, S. 68 f. Janz, Bd. I, S. 838.

61 Hollingdale, S. 151.

62 Janz, Bd. I, S. 727.

ZU KAPITEL ZWEI

1 Zu den ökonomischen Wandlungen vgl. Eda Sagarra, *An Introduction to Nineteenth Century Germany* (London 1980), S. 232. Zu den beruflichen Möglichkeiten von Frauen vgl. Barbara Franzoni, »Work Options and Women's Choices« in John C. Fout, *German Women in the Nineteenth Century. A Social History* (New York und London 1984), S. 257–269 passim. Die sozial Bessergestellten konnten Lehrerinnen werden (sofern sie unverheiratet waren), sich im Privatbereich als Erzieherinnen (Gouvernanten) betätigen oder in der Krankenpflege arbeiten.

2 Im Englischen wurde das Fragment unter dem Titel *The Greek Woman* in einer Sammlung von Texten Nietzsches publiziert: *Early Greek Philosophy and Other Essays,* übers. von Maximilian Mügge (London und Edinburgh 1911), während es im Deutschen erst durch die Nachlaßpublikation bekannt wurde. *(Anm. des Übers.)*

3 Otto Weininger, *Geschlecht und Charakter*, S. 389 f.

4 Vgl. Carol Diethe, *Aspects of Distorted Sexual Attitudes in German Expressionist Drama* (New York, Bern, Frankfurt/M. und Paris 1988), Kap. 1.

5 Volz, S. 5 und S. 392. Als Rosalie Franziska erzählte, sie hätte es »mit den Nerven«, konnte diese zunächst überhaupt nicht verstehen, was damit gemeint war, bis ihre Mutter ihr erklärte, das müsse wohl etwas mit einer »allgemeinen Schwäche« zu tun haben. In: Oehler, S. 30.

6 Peter Gay, *The Bourgeois Experience. Victoria to Freud.* 2 Bde. (New York und Oxford, Bd. I: 1984; Bd. II: 1986), Bd. II, S. 336.

7 Brann, S. 32.

8 Biddy Martin, *The (Life)Styles of Lou Andreas-Salomé* (Ithaca und London 1991), S. 55.

9 Cornelia Koepcke, *Lou Andreas-Salomé* (Frankfurt/M. 1986), S. 186. Koepcke erwähnt Richard Beer-Hofmanns Flirt mit Lou in Wien 1895/96.

10 Vgl. Angela Livingstone, *Lou Andreas-Salomé* (London 1984), S. 101.

11 Martin, S. 165.

12 Lou Andreas-Salomé, *Friedrich Nietzsche in seinen Werken.* Mit Anmerkungen von Thomas Pfeiffer. Hg. von Ernst Pfeiffer (Frankfurt/M. und Leipzig 1994), S. 242.

13 Martin, S. 38.

14 Hubert Treiber, »Gruppenbilder mit einer Dame«, in *Forum* 35, 409–410, Januar/Februar 1988, S. 40–54.

15 Ernst Pfeiffer, *Friedrich Nietzsche, Paul Rée, Lou von Salomé. Die Dokumente ihrer Begegnung* (Frankfurt/M. 1970), S. 239. Vgl. auch Martin, S. 70 ff. sowie Hayman, S. 246.

16 Bernoulli, Bd. II, S. 336. Nietzsche war im Mai 1882 kurz in Basel gewesen und hatte bei dieser Gelegenheit Ida Overbeck von seinen Bedenken berichtet. Er habe zu Lou gesagt: »ich würde mich für verpflichtet halten, um Sie vor dem Gerede der Leute zu schützen, Ihnen meine Hand anzutragen […]« Ida Overbeck weist also alle Vermutungen bezüglich eines formellen Antrags zurück.

17 Treiber, S. 43.

18 Lou Salomé, »Tagebuch für Paul Rée«, in Pfeiffer, S. 181 f.: »wie sehr gleich denken und empfinden wir … und wie nehmen wir uns die Worte und Gedanken förmlich von den Lippen.«

19 Das möglicherweise für Lou gedachte Fragment beginnt:
»Fritz
»So ihr nicht werdet
– Overbecks
– Manfred
– Ein Mann in eines Kindes Hut!
– damals war ich furchtbar eingeklemmt (scheinbar verloren)
– meinen Schriften nicht immer gewachsen
– ohne Vater und Berather
– Nilson
– Rée
…« (usw.)
(KGA III, 1, S. 282 f.)

20 Lou Andreas-Salomé, »Ein Apokalyptiker«, in *Das Magazin für Litteratur,* 61, Nr. 47, 19. Nov. 1892, S. 753 ff.; das Zitat S. 754. Der zweite Teil ihrer Kritik findet sich in der nächsten Nummer der Zeitschrift (Nr. 48, 26. Nov. 1892; S. 777 ff.).

21 Lou duzt Paul Rée und nennt ihn ihr »Hüsung« (Obdach, Schutz); sein Kosename für sie war »Schneckli«.

22 Für Angela Livingstone sind die Liebesbriefe, die Rée aus Stibbe an Lou schreibt, »so sinnlich, wie ein platonischer Liebhaber sein konnte« (S. 51).

23 Bernoulli, Bd. I, S. 339.

24 Rudolph Binion, *Frau Lou. Nietzsche's Wayward Disciple* (Princeton 1968), S. 97 ff.

25 Die Einzelheiten dieser Auseinandersetzung finden sich in Peters, *Zarathustras Schwester.* Die schlimmste Beleidigung scheint Lous Bemerkung gewesen zu sein, Nietzsche sei ihr gegenüber zudringlich geworden (stimmt das?), wohingegen sie mit ihm die ganze Nacht verbringen könne, ohne erregt zu werden.

26 Bernoulli, Bd. I, S. 340.

27 Vgl. Hayman, S. 52.

28 Erich F. Podach, *Friedrich Nietzsche und Lou Salomé. Ihre Begegnung 1882* (Zürich und Leipzig 1938).

29 Ende August 1882; KGA III, 1, S. 247. Der Satz ist eine Variante von Aphorismus 270 der *Fröhlichen Wissenschaft* und zudem ein Pindar-Zitat, was ihm in Nietzsches Augen zusätzliche *gravitas* verleiht.

30 Podach, S. 45.

31 Lou Andreas-Salomé, *Lebensrückblick. Grundriß einiger Lebenserinnerungen* (Zürich und Wiesbaden 1951), S. 106.

32 *Franz Overbeck und Erwin Rohde. Briefwechsel,* S. 179 (9. März 1895).

33 Martin, S. 186. Martin deutet, allerdings hinter vorgehaltener Hand, die Möglichkeit an, daß Lou bisexuell gewesen ist. Zum Sadomasochismus vgl. Freud, *Drei Abhandlungen zur Sexualtheorie* (GW V, S. 27–145), und zum Masochismus als Charaktereigenschaft der weiblichen Sexualität vgl. ders. »Über die weibliche Sexualität« (GW XIV, S. 515–537) sowie »Die Weiblichkeit« (GW XV, S. 121 ff.).

34 Die Tatsache, daß Joachim Köhler in seinem Buch *Zarathustras Geheimnis. Friedrich Nietzsche und seine verschlüsselte Botschaft* (Nördlingen 1989, S. 245 ff.) das Dreiecksverhältnis zwischen Lou, Nietzsche und Rée als mögliche homosexuelle Beziehung zwischen den beiden Männern deutet – eine rein hypothetische Spekulation –, zeigt nur, wie undurchsichtig diese Geschlechterverhältnisse sind.

35 Martin, S. 178.

36 Lou Andreas-Salomé, *Fenitschka. Eine Ausschweifung. Zwei Erzählungen,* hg. von Ernst Pfeiffer (Frankfurt/M. 1982), S. 39.

37 Sidney James Webb (1859–1947) und seine Frau Beatrice (geb. Potter; 1858–1943) gehörten zu den bedeutendsten Vertretern des Fabianismus, der englischen Version der Sozialdemokratie. *(Anm. des Übers.)*

38 Richard v. Krafft-Ebing ging in seinem Werk *Psychopathia sexualis* (1886) davon aus, daß Frigidität bei Frauen mit einer neuropathischen Veranlagung, z. T. auch mit einer Neigung zur Hysterie zusammenhängt.

39 Livingstone (S. 131) zufolge wurde Lou zumindest einmal von ihrem Liebhaber Zemek schwanger und erlitt eine Fehlgeburt; möglicherweise trieb sie auch ein von Rilke gezeugtes Kind ab.

40 Vgl. etwa Biddy Martin: »Gerade weil die Texte aus der Perspektive eines Mannes erzählt werden ... können Salomés Geschichten männliche Projektionen des Weiblichen erforschen und sogar analysieren. Salome läßt eigene Reflexionen über die sozialen und kulturellen Bestandteile des ›Rätselhaften‹ der Frau in die Gedanken selbstkritischer männlicher Figuren einfließen, die uns verdeutlichen, welches Rätsel die Frau für sie ist.« (S. 176 f.)

41 *Fenitschka,* S. 97.

42 Treiber, S. 51 ff. Treiber erklärt Lous Neigung zu Dreiecksbeziehungen unter Verwendung von Georg Simmel entlehnten soziologischer Kategorien.

43 Lou Andreas-Salomé, *Ma* (Stuttgart 1901), S. 193.

44 Livingstone, S. 131.

45 Lou Andreas-Salomé, »Der Mensch als Weib«, in *Die Erotik. Vier Aufsätze* (München 1979), S. 16.

46 Richard J. Evans, *The Feminist Movement in Germany 1894–1933* (London und Beverly Hills 1976), S. 177.

47 Hedwig Dohm, »Reaktion in der Frauenbewegung«, in *Die Zukunft,* 18. November 1899, S. 279–291.

48 »Der Mensch als Weib«, S. 36 f.

49 Dohm, S. 286.

50 Lou Andreas-Salomé, »Ketzereien gegen die moderne Frau«, in *Die Zukunft,* 7, Nr. 26, 1888/89, S. 237–240.

51 Dohm, S. 290 f.

52 Sander L. Gilman, *Begegnungen mit Nietzsche* (Bonn 1985), S. 303. Isabella von Ungern-Sternberg war von Nietzsche und seinen Theorien so beeindruckt, daß sie 1902 ein Buch mit dem Titel *Nietzsche im Spiegelbild seiner Schrift* veröffentlichte, in dem sie versucht, seine Persönlichkeit aus seiner Handschrift und der seiner engsten Verwandten zu deuten.

53 Vgl. G. B. Shaw, *Mensch und Übermensch,* wo es im »Handbuch des Revolutio-

närs« (Kap. IX) u. a. heißt, der Sozialismus sei auf grundlegende Weise nur durch die Sozialisierung der Zuchtwahl, d. h. der menschlichen Evolution, möglich. Shaw glaubte, in dieser Hinsicht Sozialist, Darwinist und Nietzscheaner zu sein.

54 Vgl. James Woycke, *Birth Control in Germany 1871–1933* (London und New York 1988), Kap. 4: »The Abortion Underworld«.

55 Richard J. Evans, »Prostitution, State and Society in Imperial Germany«, in *Past and Present*, 70, Februar 1976, S. 106–129.

56 Annemarie Pieper, »*Ein Seil geknüpft zwischen Tier und Übermensch*«. *Philosophische Erläuterungen zu Nietzsches erstem »Zarathustra«* (Stuttgart 1990), S. 312.

57 Für die englischsprechende Leserschaft bietet Hollingdales Übersetzung hier ein wirkliches Problem, weil er, im Gegensatz zu Kaufmann, den letzten Satz mit »Do not forget your whip!« (Vergiß *deine* Peitsche nicht!) wiedergibt. Damit wird der Sinn des Satzes in ganz entscheidender Weise verändert, was angesichts der Tatsache, daß es oftmals der einzige Satz aus dem *Zarathustra* wo nicht gar von Nietzsche überhaupt ist, der einen höheren Bekanntheitsgrad aufweist, höchst bedauerlich ist.

58 Pieper, S. 310.

59 Emily Gelzer, die 1897 Fritz Koegel, den Herausgeber der Großoktavausgabe von Nietzsches Werken, heiratete, empfand Nietzsches Ansichten über Frauen, insbesondere die Auslassung über die Peitsche, als beleidigend.

60 Peters (in *Zarathustras Schwester)* erläutert die näheren Umstände dieser Bemerkung.

61 Hermann Josef Schmidt, »›Du gehst zu Frauen?‹ – Zarathustras Peitsche – ein Schlüssel zu Nietzsche oder einhundert Jahre lang Lärm um nichts?«, in H. M. Gerlach, R. Eichberg und H.-J. Schmidt (Hg.), *Nietzscheforschung. Eine Jahresschrift*, Bd. 1 (Berlin 1994), S. 111–134. Leider hat Nietzsches Mutter das Pech, daß die ihm unterstellten Sexualneurosen hauptsächlich ihr zur Last gelegt werden; ich habe die Schattenseiten dieses Ansatzes im ersten Kapitel diskutiert. Allerdings gibt Schmidt im ersten Teil seines Aufsatzes einige einleuchtende Hinweise auf mögliche literarische und/oder mythologische Quellen der Peitschen-Idee und vermittelt auch nützliche Einsichten betreffend die »infame« Photographie.

62 R. Hinton Thomas, Anhang: »Nietzsche, Women and the Whip«, S. 132–141; das Zitat S. 134. Allerdings unterläuft ihm in der Zuschreibung des Besitzers der Peitsche der gleiche Fehler wie Hollingdale.

63 Gerade an George Eliot kritisierte er den stilistischen Einfluß Rousseaus: »falsch, gemacht, Blasebalg, übertrieben«. (GD, »Streifzüge eines Unzeitgemäßen«, Aph. 6; KSA 6, 114).

64 Nietzsche schrieb am 24. November 1887 an Heinrich Köselitz (Peter Gast): »Daß Gluck zu seinen ersten Anhängern *Rousseau* gehabt hat, giebt zu denken: mir wenigstens ist alles, was dieser Mann geschätzt hat, ein wenig fragezeichenwürdig; insgleichen Alle, die *ihn* geschätzt haben (– es ist eine ganze Familie Rousseau, dahin gehört auch Schiller, zum Theil Kant, in Frankreich G[eorge] Sand, sogar Sainte-Beuve; in England die Eliot usw.). Jedermann, der die ›moralische Wörde‹ [sic] nöthig gehabt hat, faute de *mieux*, hat zu den Verehrern Rousseaus gehört, bis auf unsern Liebling Dühring hinab, der den Geschmack hat, sich in seiner Selbstbiographie geradezu als *Rousseau des neunzehnten Jahrhunderts* zu präsentiren.« (KGA III, 5, S. 203).

65 In ihrem Buch *The Man of Reason. »Male« and »Female« in Western Philosophy* (London 1984) hat Genevieve Lloyd nachgewiesen, daß diese Auffassung ihren Ursprung in Descartes' Theorie des Geistes hat.

66 Mary Wollstonecraft, *Vindication of the Rights of Woman* (Harmondsworth 1982; dt.: *Verteidigung der Rechte der Frauen*, Zürich 1975), S. 204.

67 *Fliegende Blätter*, Nr. 228, 1889, S. 195.

68 Z. B. die 1885 gegründete, in Berlin erscheinende Zeitschrift *Für edle Frauen*, die die Unterstützung des kaiserlichen Hofes genoß und von hoher Gesinnung zeugende Artikel über die Förderung von Frauen veröffentlichte.

69 Rousseau berichtet im neunten Buch seiner *Bekenntnisse* über den Bruch seiner Beziehung zu Mme. d'Epinay.

70 Joel Schwartz, *The Sexual Politics of Jean-Jacques Rousseau* (Chicago und London 1984), S. 9. Bedauerlicherweise scheint auch Schwartz der Theorie eines besonderen »Wesens« des Weiblichen anzuhängen.

71 Diana Behler, »Nietzsches View of Woman in Classical Greece«, in *Nietzsche-Studien*, 18, 1989, S. 359–376.

72 Behler (S. 372) beschreibt Nietzsches feindselige Ablehnung der Gleichberechtigung, die Platon den Frauen im vollkommenen Staat gewährt. Für ihn besaß die hellenische Frau die heilende Kraft der Natur für den Staat.

73 »Ich will mich darauf beschränken, zu sagen, daß mein Irrtum in dem Glauben bestand, die Tat eines Bürgers und eines Vaters dadurch zu tun, daß ich meine Kinder der öffentlichen Beziehung übergab...; durch solche Gedanken fühlte ich mich als ein Mitglied des platonischen Staates.« *Bekenntnisse* (Übers. von Ernst Hardt; Frankfurt/ M. und Leipzig 1985), Teil II, 8. Buch, S. 501 f.

74 Mary Wollstonecraft (S. 118) sprach von einer »Kinderrassel«.

75 Vgl. Schwartz, S. 90.

76 Theodor W. Adorno, *Minima Moralia*, Aph. 59.

77 Sagarra, S. 235.

ZU KAPITEL DREI

1 Gordon A. Craig, *Deutsche Geschichte 1866–1945* (München 1993), S. 235 f.

2 Lily Gizycki (später Lily Braun), *Die neue Frau in der Dichtung* (Stuttgart 1896).

3 Helene Stöcker, *Die Liebe* (München 1922), S. 385.

4 Ebd., S. 509 f.

5 Vgl. *Ebenso neu als kühn: 120 Jahre Frauenstudium an der Universität Zürich*, hg. von Katharina Beiser u. a. (Zürich 1988), S. 195.

6 Vgl. Janz, Bd. I, S. 624 f. Die Mehrheit sprach sich übrigens gegen den Antrag aus.

7 Mathilde Weber, *Ein Besuch bei den Studierenden der Medizin. Ein Beitrag zur Klärung der Frage des Frauenstudiums* (Stuttgart 1888), S. 11. Sondernummer der Zeitschrift *Die Frau im gemeinnützigen Leben.*

8 *Friedrich Nietzsche und die Frauen seiner Zeit*, S. 81.

9 Ebd., S. 82.

10 Vgl. Christiane Lattek, »Im englischen Exil 1852–59«, in: *Malwida von Meysenbug. Ein Porträt*, hg. von Günther Tietz (Frankfurt/M.-Berlin-Wien 1985), S. 71–110.

11 Malwida von Meysenbug, *Individualitäten* (Berlin und Leipzig 1901), S. 37.

12 Ebd., S. 30. »die Güte!« lautet die sarkastische Randbemerkung in Elisabeths Exemplar, das sich im Besitz der Herzogin Anna Amalia Bibliothek in Weimar befindet.

13 Meysenbug, S. 36.

14 Berta Schleicher, *Briefe von und an Malwida von Meysenbug* (Berlin 1920).

15 Malwida von Meysenbug, *Memoiren einer Idealistin* (Berlin und Leipzig 1905; Erstaufl. 1876), 3 Bde. Das Zitat Bd. I, S. XLIV.

16 Schleicher, S. 113.

17 Ebd., S. 111.

18 Schleicher, S. 147.

19 Meta von Salis-Marschlins, »The Position of Women in Europe«, in: Doris Stump, *Die unerwünsche Weiblichkeit* (Zürich 1988), S. 199–209; das Zitat S. 208.

20 Meta von Salis-Marschlins, *Aus meinem Leben*, zit. nach Stump, S. 60. Das maschinenschriftliche Manuskript befindet sich im Bibliotheksarchiv der Universität Basel.

21 *Aus meinem Leben*, zit. nach Stump, S. 26.

22 Agnes von Poitou (ca. 1025–1077) war (ab 1043) die zweite Gemahlin des römisch-deutschen Kaisers Heinrich III. Nach dessen Tod 1056 übernahm sie die Herrschaft anstelle des noch unmündigen Sohns, des späteren Kaisers Heinrich IV. Nach ihrer Entmachtung 1062 zog sie sich nach Rom zurück und stand bis zuletzt in enger Verbindung zur Kirche. *(Anm. des Übers.)*

23 Meta von Salis-Marschlins, *Auserwählte Frauen unserer Zeit* (Marschlins, Graubünden 1900 [Selbstverlag]). Zit. nach Doris Stump, *Sie töten uns – nicht unsere Ideen* (Zürich 1986), S. 148.

24 Eine genaue Darstellung der Umstände bietet Peter Metz in dem Aufsatz »Im Räderwerk der Justiz. Eine tragische Episode im Leben der Dichterin Meta von Salis-Marschlins«, in *Bündner Jahrbuch* 1981, S. 46–59.

25 Berta Schleicher, *Meta von Salis-Marschlins* (Zürich 1932), S. 63.

26 Stump, *Sie töten uns – nicht unsere Ideen*, S. 157.

27 Elisabeth hatte mit allen diesen Frauen in den neunziger Jahren Kontakt aufgenommen, um Stoff für die Biografie über ihren Bruder und Material für das Archiv zu bekommen. (Vgl. dazu David Marc Hoffmanns ausgezeichnetes Buch *Zur Geschichte des Nietzsche-Archivs*, Berlin und New York 1991). Das Goethe-Schiller-Archiv in Weimar besitzt noch keinen klassifizierten Index von Elisabeths umfangreicher Korrespondenz. Es mag hier der Hinweis genügen, daß die Korrespondenz zwischen Elisabeth und Mrs. Fynn, die 1895 begann, u. a. 25 Briefe seitens der Engländerin umfaßt und 1909 endete, als Emily Fynn Elisabeth vom Tod ihrer Mutter berichtete. Sophie Ritschl beantwortete Elisabeths Anfragen mit zwei Briefen, die allerdings wenig Substantielles enthalten. Nachdem sie 1897 die Villa Silberblick bezogen hatte, warf sie ihr Netz weiter aus, um Mäzene und Gastdozenten zu gewinnen, wodurch sie an Frauen herantrat, die, wie Helene Stöcker und Ellen Key, Nietzsche nicht persönlich gekannt hatten.

28 Meta von Salis-Marschlins, *Philosoph und Edelmensch: Ein Beitrag zur Charakteristik Friedrich Nietzsches* (Leipzig 1897), S. 20.

29 Ebd., S. 22.

30 Ebd., S. 59.

31 Ebd., S. 74.

32 Ebd., S. 21.

33 Meta von Salis-Marschlins, *Auserwählte Frauen unserer Zeit*, zit. nach *Sie töten uns – nicht unsere Ideen*, S. 145. Vgl. auch Kapitel 5, Anm. 96.

34 »The Position of Women in Europe«, in *Die unerwünschte Weiblichkeit*, S. 205.
    Anm. des Übers.: Carol Diethe weist darauf hin, daß Meta von Salis' Englisch fehlerhaft ist, was sich bei der Übertragung ins Deutsche auch deutlich zeigte. Der letzte Satz lautet im Original: »Naturally it is they too that create the caricature most abundantly and in the most pronounced way, where they are all at work together, and no counteracting factors near.« Hier läßt sich der Sinn nur erahnen.

35 *Philosoph und Edelmensch*, S. 22.

36 Meta von Salis-Marschlins, *Die Schutzengel*, 2 Bde. (München, Bd. I: 1889, Bd. II. 1891), Bd. II, S. 186.

37 Ebd. (Bd. II), S. 112; *Philosoph und Edelmensch*, S. 43.

38 Stump *(Sie töten uns – nicht unsere Ideen*, S. 149) findet in dieser Szene Anklänge an die enge Freundschaft zwischen Meta und der Baroneß Wöhrmann (vgl. *Gemma*, Basel 1918, Privatdruck, S. 38 f.). Stump verweist auch auf die (lesbische?) Freundschaft zwischen Meta und Theo Schücking 1878–79 (S. 150). Ähnlich deutet Brann, indem er auf Metas männliches Aussehen verweist, eine lesbische Neigung an (Brann, S. 171 und 173). Unabhängig von ihrer sexuellen Orientierung trägt der sterbende Falconier die Züge Nietzsches, der 1891, als der zweite Band erschien, längst in seinen Wahnsinn versunken war.

39 Schleicher, S. 156.

40 In *Die Schutzengel* (Bd. II, S. 182 f.) sagt Falconier zu Isa, er könne die Vorstellung

von dem zarteren und daher schutzbedürftigeren Wesen der Frau nicht aufgeben, obwohl er wisse, daß die Frau der Zukunft Stärke zeigen müsse.

41 Vgl. Elisabeth Förster-Nietzsche, *Friedrich Nietzsche und die Frauen seiner Zeit*, S. 74.

42 Janz, Bd. II, S. 307.

43 Vgl. Schleicher, *Meta von Salis-Marschlins*, S. 55.

44 Vgl. Peters, *Zarathustras Schwester.*

45 Über dem Eingang zum Haus – jetzt Humboldtstraße 36 – ist noch die Inschrift »Nietzsche-Archiv« eingemeißelt. [In der Architektur Henry van de Veldes u. a., insbesondere im Frühwerk von Peter Behrens, manifestiert sich ein bewußt an dem Erneuerer Nietzsche orientierter Gestaltungswille, der als »Zarathustra-Stil« in die (Bau-) Kunstgeschichte einging. Vgl. bspw. Jürgen Krause, *Märtyrer und Prophet – Studien zum Nietzsche-Kult in der bildenden Kunst der Jahrhundertwende* (Berlin und New York 1984).– *Anm. der Lekt.*]

46 Vgl. den unveröffentlichten Brief von Meta von Salis an Elisabeth Förster-Nietzsche vom 1. Januar 1898; zit. in Peters, *Zarathustras Schwester.*

47 Vgl. Janz, Bd. II, S. 281. Janz erinnert seine Leser an das Dreiecksverhältnis zwischen Lou, Rée und Nietzsche in Italien.

48 Resa von Schirnhofer, »Vom Menschen Nietzsche« (geschrieben 1937), hg. von Hans Lohberger und veröffentlicht unter dem Titel »Friedrich Nietzsche und Resa von Schirnhofer« in der *Zeitschrift für philosophische Forschung*, 22, 1969, S. 250–260 und 441–458. Lohberger hat dem Bericht Erläuterungen (S. 249 f.) und die für den Zusammenhang wichtige Korrespondenz hinzugefügt (S. 441–458): Nietzsches Briefe an Resa und seine Bemerkungen über sie in Briefen an andere Personen sowie eine Zusammenfassung zweier Briefe Resas an Nietzsche, die sich im Weimarer Goethe-Schiller-Archiv befinden.

Resas Bericht findet sich auch in Sander L. Gilmans Dokumentation *Begegnungen mit Nietzsche* (1981), ist dort jedoch, wegen der chronologischen Vorgehensweise des Herausgebers, in vier Abschnitte aufgeteilt worden (S. 473–485, enstpr. Lohberger S. 251–260; S. 489–494, entspr. Lohberger S. 441–450; S. 571–574, entspr. Lohberger S. 445–448; S. 695–699, entspr. Lohberger S. 448–451), so daß bei flüchtiger Lektüre der Eindruck entsteht, Gilman habe Auszüge aus einem umfangreicheren Werk publiziert.

49 Resa von Schirnhofer, S. 441. Sie bezeichnet den Felsen als »heiligen Stein«.

50 Vgl. ebd., S. 443 f. Resa erschrak zutiefst, als sie erfuhr, wie sich die Migräne auf Nietzsche auswirkte. Während ihres Aufenthalts teilte Nietzsche ihr auch mit, daß sein Vater an Gehirnerweichung gestorben sei.

51 *Friedrich Nietzsche und die Frauen seiner Zeit*, S. 74.

52 »Ich bin gar keine Gegnerin der Ehe«, beteuert sie.

53 Resa von Schirnhofer, S. 445.

54 Am 22. Oktober 1906 schickte Resa Elisabeth die Briefe. Zunächst waren es nur sieben, weil der eine verlegt worden war und schließlich in einem Koffer gefunden wurde. Jedenfalls sind in *Friedrich Nietzsche und die Frauen seiner Zeit* alle acht Briefe enthalten. In ihrem Begleitbrief beklagt sich Resa über ihr Wanderleben (bei dem es passieren konnte, daß wichtige Dinge in Koffern verschwanden!) und spricht erneut von ihrer »Hypersensitivität« hinsichtlich einer Veröffentlichung dieser Briefe, aber Elisabeth nahm, wie üblich, davon keine Notiz.

55 Resa von Schirnhofer, S. 449.

56 Ebd., S. 445.

57 Janz (Bd. II, S. 353) erwähnt die Namen E. René, Adalbert Brunn, H. Foreign, H. Sackorausch.

58 Helene von Druskowitz (alias E. René), *International* (Wien 1890), S. 37.

59 Janz, Bd. II, S. 353.

60 Zit. nach Janz, Bd. II, S. 354.

61 Helene von Druskowitz, *Zur neuen Lehre. Betrachtungen* (Heidelberg 1888), S. 23.

62 Vgl. Janz, Bd. II, S. 354.

63 Helene von Druskowitz, *Eugen Dühring. Eine Studie zu seiner Würdigung* (1899), S. 133. Krummel (Bd. I, S. 71) nimmt an, daß das Buch tatsächlich bereits im Herbst 1888 erschien.

64 Vgl. etwa ihr Buch *Die Zukunft der Frau* (München 1886), S. 103.

65 *Philosoph und Edelmensch*, S. 40.

66 *Friedrich Nietzsche und die Frauen seiner Zeit*, S. 138.

67 *Philosoph und Edelmensch*, S. 61.

68 Emily Fynn, »Silex«, zit. nach Gilman, S. 535.

69 Helen Zimmern, »Nietzsche-Erinnerungen«, in *Frankfurter Generalanzeiger*, 16. November 1926.

70 Resa von Schirnhofer, S. 252.

71 *Philosoph und Edelmensch*, S. 22.

ZU KAPITEL VIER

1 Vgl. Steven Aschheim, *The Nietzsche Legacy in Germany 1890–1990* (Berkeley, Los Angeles und Oxford 1986).

2 Langbehns Buch (Leipzig 1891 [1890]) war ein richtiger Bestseller, der schon im ersten Jahr nach seinem Erscheinen vierzig weitere Auflagen erfuhr. Langbehn veröffentlichte sein Werk zunächst anonym; unter dem Titel stand lediglich »Von einem Deutschen«, was bei dem vorwiegend der Mittelschicht entstammenden Publikum offensichtlich einen Nerv traf Allerdings wurde zunächst Paul de Lagarde, der den Stil und z. T. auch den Inhalt von Langbehns Werk gar nicht schätzte, für den Autor gehalten. Im vierten Band seiner *Mitteilungen* (4 Bde., Göttingen 1884–1891) distanzierte er sich deutlich von Langbehn und wies die Urheberschaft zurück.

3 Dieses System wurde jedoch europaweit bewundert. Vgl. Jean Favrat, *La Pensée de Paul Lagarde (1827–1891)* (Paris 1979), S. 491.

4 Vgl. William S. Bradley, *Emil Nolde and German Expressionism. A Prophet in His Own Land* (Michigan 1986, 1. Aufl. 1981), S. 19–27.

5 Janz (Band III, S. 91 ff.) berichtet die groteske Episode in allen Einzelheiten.

6 Brief an Rohde vom 27. Januar 1890, in *Franz Overbeck – Erwin Rohde. Briefwechsel*, S. 139: »Es scheint ein ganz besonderer Berserker zu sein – Kunsthistoriker, Schleswig-holsteiner [sic], wie es scheint professioneller Antisemit...«

7 Vgl. Edith Krull, *Kunst von Frauen. Das Berufsbild der bildenden Künstlerinnen in vier Jahrhunderten* (Frankfurt/M. 1984).

8 Friedrich Pecht [F. P.], »Über Berliner Damenmalerei«, in *Die Kunst für Alle*, 6, Nr. 4, 15. November 1890, S 49–52; das Zitat S. 50. Die Zeitschrift erschien von 1884 bis 1944 in München.

9 Gustav Pauli, *Paula Modersohn-Becker* (Leipzig 1919), S. 22.

10 Sophie Gallwitz (Hg.) *Paula Modersohn. Briefe und Tagebuchblätter* (Berlin 1949), S. 270. Brief an Milly aus Worpswede vom 17. Januar 1906.

11 Brief an Milly aus Worpswede, dat. 1905. Zit. nach Gallwitz, S. 268.

12 Brief an die Mutter aus Worpswede vom 19. Januar 1906. Zit. nach Gallwitz, S. 271.

13 Vgl. Pauli, S. 14 f.

14 Sie hatte Berlin schon verlassen wollen, als ein Telegramm ihrer Mutter sie dazu brachte, die Abreise hinauszuschieben. An Otto Modersohn schrieb sie am 8. März 1901 (in Gallwitz, S. 198): »Ich sollte noch nicht kommen und immer noch kochen, kochen, kochen. Das kann ich nun aber nicht mehr, will ich auch nicht mehr, thue ich

auch nicht mehr.« Ihr Brief an die Mutter vom selben Tag ist etwas diplomatischer formuliert.

15 Aschheim, S. 217. Laut Aschheim gehörten u. a. Erich Mühsam, der Zionist Martin Buber und der »sozialistisch-völkische [sic] Anarchist« Gustav Landauer dem Kreis an.

16 Jill Lloyd, *German Expressionism: Primitivism and Modernity* (Newhaven und London 1991), S. 109, führt als Beispiel Heinrich Pudor an, einen Bohemien aus Dresden, der schon in den neunziger Jahren nudistische Flugschriften verteilte, in denen er sich auf Langbehn und Nietzsche berief: »Pudors Vision der heroischen, blonden, rotlippigen, bronzefarbenen Germanen der Zukunft nimmt die Ideale des Nationalsozialismus vorweg.«

17 Brief aus Berlin vom 21. Januar 1901 (in Gallwitz, S. 185).

18 Ich wende mich damit gegen den augenblicklich in England verbreiteten Trend, die ganze deutsche Kunst seit der Romantik mit einem proto-nationalistischen Vorzeichen zu versehen. Anläßlich der Ausstellung »The Romantic Spirit in German Art 1790–1990 *[Der romantische Geist in der deutschen Kunst 1790–1990]*«, die Ende 1994 in der Londoner Haywood Gallery stattfand, wurde jedem Besucher eine von Susan May verfaßte Broschüre überreicht, in der es u. a. heißt: »Die dunkelste Stunde schlug dem Romantizismus im Dritten Reich, als der Nationalismus durch die Nazi-Ideologie korrumpiert wurde ... Hitler erannnte die deutschen Romantiker zu den größten Vertretern der wahren inneren Werte des deutschen Volkes und versicherte, daß große deutsche Kunst ›Kinder, Kirche und Küche‹ darzustellen habe.« Zeitgleich zur Ausstellung behaupteten viele Berichte in den Medien, die deutschen Romantiker seien Vorläufer des Dritten Reichs gewesen, so wie ein halbes Jahrhundert zuvor Nietzsches Philosophie für Hitler verantwortlich gemacht wurde, bis Walter Kaufmann zu Beginn der fünfziger Jahre den Denker rehabilitierte.

19 Hoetger äußerte sich mehrfach lobend über ihr Werk, so z. B. in »Erinnerungen an Paula Modersohn-Becker«, in C. E. Uphoff, *Paula Modersohn-Becker* (Leipzig 1920), S. 12–15, und »B. H.«, »Paula Modersohn-Becker« in *Genius* I, 1919, S. 34–37. Allerdings sind diese Beiträge eher schwärmerisch als informativ.

20 *Journal de Marie Bashkirtseff* (Paris 1903), 2 Bde., Bd. I, S. 13: »Si je ne vis pas assez pour être illustre, ce journal intéressa les naturalistes; c'est toujours curieux, la vie d'une femme, jour par jour, sans pose ... et je dis tout, tout. Sans cela, à quoi bon? Du reste, cela se verra bien que je dis tout. [Wenn ich nicht lang genug lebe, um berühmt zu werden, wird dieses Tagebuch die Naturforscher interessieren; das Leben einer Frau, aufgezeichnet Tag für Tag, ohne Verstellung, erweckt immer die Neugier ... und ich sage alles, alles. Worin läge der Sinn, wenn ich es nicht täte? Im übrigen wird man deutlich sehen, daß ich alles sage.]«

Als Marie diese Sätze 1884 schrieb, war sie zwölf Jahre alt und damit sicherlich noch keine *femme*. Sie starb 1896, im Alter von vierundzwanzig Jahren.

21 Krummel, Bd. II, S. 48.

22 Kein genaues Datum, zit. nach Gallwitz, S. 109.

23 Vgl. Oscar Schürer, »Das Werk der Paula Modersohn-Becker«, in *Der Cicerone*, 15, 1923, S. 813–826.

24 Marie Hecht, »Friedrich Nietzsches Einfluß auf die Frauen«, in *Die Frau*, 6, Nr. 8, 1898/99, S. 486–491, zit. nach *Literarische Manifeste der Jahrhundertwende 1890–1910*, hg. von Erich Ruprecht und Dieter Bansch (Stuttgart 1970), S. 549 ff.; das Zitat S. 546.

25 Die Herausgeber der *Literarischen Manifeste* weisen ausdrücklich auf dieses Paradox hin (S. 549, Anm. 16):

»In Wahrheit bedeutete der Nietzscheanismus innerhalb der Frauenwelt eine Abkehr von den Forderungen der ›radikalen Gleichmacherinnen‹. Er legte sie von neuem auf ihre biologische Rolle fest und verklärte auch von neuem die Herrschaft des Mannes.«

26 Brief an Otto Modersohn aus Berlin vom 31. Januar 1901, in Gallwitz, S. 189.

27 Vgl. etwa Gustav Klimts Gemälde *Die Hoffnung* von 1903. Adèle Schreibers Buch *Mutterschaft* (München 1912) enthält bildnerische Darstellungen, in denen Schwangerschaft und Mutterschaft verklärt werden. Die Darstellung des weiblichen Aktes in der europäischen Kunst untersucht John Berger in *Ways of Seeing* (Harmondsworth 1972), bes. S. 63.

28 Karl Scheffler, »Neue Bücher«, in *Kunst und Künstler*, 19, 1921, S. 331 f.

29 Vgl. Peter Lahnstein. *Münter* (Neuberg 1971), S. 15.

30 Gabriele Kleine, *Gabriele Münter und Wassily Kandinsky. Biographie eines Paares* (Frankfurt/M. 1990), S. 68C, Anm. 4. Frankfurt am Main war insofern eine Ausnahme, als der Maler J. C. Heerdt in den fünfziger Jahren des 19. Jahrhunderts durchgesetzt hatte, daß seine Tochter in die dortige Akademie aufgenommen wurde, aber alle anderen deutschen Akademien (Berlin, Düsseldorf, Dresden, Karlsruhe, Königsberg und Weimar) blieben den Frauen verschlossen.

31 Karl Scheffler, *Die Frau und die Kunst* (Berlin 1908), S. 38. Unter »Abstraktion« versteht Scheffler den Gebrauch von Vernunft und Verstand: »...man geht kaum zu weit, wenn man sagt, daß die Frau die eigentlich geistige Kunst sehr wohl entbehren könnte.«

32 Ebd., S. 98.

33 Vgl. etwa die Abb. 5 im zweiten Teil dieses Buches.

34 Ernst von Wolzogen. *Das dritte Geschlecht* (Berlin 1899), S. 94.

35 Ebd., S. 92 f.

36 Auch bei Lahnstein (S. 15) finden sich entsprechende Andeutungen in bezug auf Marianne Werefkin.

37 [Unter dem Pseudonym Emil Marriot veröffentlichte die Schriftstellerin Emilie Mataja. *Anm. der Lekt.:*] Emil Marriot, »Nietzsche und das ›neue Weib‹«, in *NWT* 121, 3. Mai 1903; zit. nach Krummel, Bd. II, S. 116. Für Marriot ist Nietzsches Idealfrau »nichts als ein Haremsmädchen«, und Marriot fügt hinzu, daß es in Deutschland keine orientalischen Zustände geben wird.

38 In ihrem Buch *Gabriele Münter: Between Munich and Murnau* (Cambridge, Mass. 1980), S. 43, Anm. 2, nennt Anne Mochon folgende Namen: 1909: Erma Bossi, Emy Dressler, Carla Pohle, Gabriele Münter, Marianne Werefkin; 1910: Bossi, Werefkin, Münter; 1911: Bossi, Werefkin.

39 Margarete Susman, »Zum Verständnis Nietzsches«, in *FZg* 339, 7. Dezember 1912, zit. nach Krummel, Bd. II, S. 504.

40 Vgl. Mochon, S. 34.

41 Johannes Eichner, *Kandinsky und Gabriele Münter: vom Ursprunge moderner Kunst* (München 1954), S. 40 ff.

42 Sixten Ringbom, *The Sounding Cosmos. A Study in the Spiritualization of Kandinsky and the Genesis of Abstract Painting.* (Åbo 1970), S. 64.

43 Wassily Kandinsky, *Über das Geistige in der Kunst* (München 1912); Neuausg. (mit einer Einführung von Max Bill) Bern 1980 (10. Aufl.).

44 Kleine, S. 97.

45 Kleine (S. 98) vertritt die Auffassung, daß Susman und Münter die beiden Schriftsteller (berechtigterweise) für fragwürdig hielten.

46 Jelena Hahl-Koch, *Marianne Werefkin und der russische Symbolismus. Studien zur Ästhetik und Kunsttheorie* (München 1967), S. 17.

47 Bernd Fäthke, *Marianne Werefkin. Leben und Werk 1860–1938* (München 1988), S. 45.

48 Es ist leider nicht bekannt, wer außer Grabar, Kardowsky und Lichtenberger (vgl. Fäthke, S. 42) noch der Bruderschaft angehörte.

49 Zit. in Fäthke, S. 43.

50 Wladimir Solowjew, »Drei Gespräche über Krieg, Fortschritt und das Ende der Weltgeschichte mit Einschluß einer kurzen Erzählung vom Antichrist«, in *Deutsche Gesamtausgabe*, Bd. VIII (München 1980), S. 680, Anm. zu S. 375.

51 Marianne Werefkin, *Briefe an einen Unbekannten 1901-1905,* hg. von Clemens Weiler (Köln 1960), S. 58).

52 Weiler in Werefkin, S. 68.

53 Hahl-Koch, S. 88.

54 Vgl. mein Kapitel »Bettina von Arnim and the ›Ewig-Kindliche‹«, in *Women Writers of the Age of Goethe VI* (Lancaster University: Modern Language Occasional Papers VI, 1994), S. 3–19.

55 Werefkin, S. 50. Werefkin hatte den Eindruck, daß die starken »männlichen« Eigenschaften ihrer Persönlichkeit vorherrschend waren. Sie war zur Einsamkeit bestimmt, weil sie keinen Menschen fand, der noch stärker war als sie und sie anerkennen könnte. Die »weiblichen« Eigenschaften, die sie an sich entdeckt, sind Mitleid und das Bedürfnis zu gefallen.

56 Werefkin, S. 34.

57 Franziska Gräfin zu Reventlow, *Ellen Olestjerne. Eine Lebensgeschichte* (München 1903), S. 575.

58 Dies., *Tagebücher 1895-1910* (München und Wien 1971), S. 42.

59 Dies., »Viragines oder Hetären«, in *Zürcher Diskussionen* 2, Nr. 22, 1899, S. 7.

60 Rudolf Pannwitz, *Einführung in Nietzsche* (München 1920).

61 Johannes Szekely, *Franziska Gräfin zu Reventlow. Leben und Werk* (Bonn 1971), S. 79–81.

62 Franziska Gräfin zu Reventlow, *Herrn Dames Aufzeichnungen oder Begebenheiten aus einem merkwürdigen Stadtteil* (München 1969), S. 46 f.

63 Zu Klages und Schuler vgl. die sehr instruktive Untersuchung von Stefan Breuer, *Ästhetischer Fundamentalismus. Stefan George und der deutsche Antimodernismus* (Darmstadt 1995), S. 95-113. *[Anm. des Übers.]*

64 Allerdings fühlten sich die Juden im Kreis der Kosmiker solange nicht bedroht, wie Klages und Schuler sich an die Regeln der Gruppe hielten. [Das Klima änderte sich, als Wolfskehl zunehmend zionistische Ideen vertrat, was Klages und Schuler mit antisemitischen Drohungen beantworteten. *Anm. des Übers.*]

65 *Herrn Dames Aufzeichnungen,* S. 50 f. Krummel (Bd. II, S. 505) zitiert ebenfalls diese Passage, äußert sich aber eher zurückhaltend, was die Bedeutung Nietzsches für den Roman angeht. Das ist sicher gerechtfertigt, ich möchte jedoch das kulturelle Klima verdeutlichen, in dem viele unterschiedliche Anspielungen auf Nietzsche die Tragweite seiner Gedanken anzeigen.

66 *Herrn Dames Aufzeichnungen,* S. 100.

67 Für Helmut Fritz vertrat sie die utopische Idee eines Lebens, in der Frauen keine berufliche Karriere verfolgen mußten, sondern ihre Erfüllung in Erotik und Mutterschaft finden konnten. (Vgl. ders.: *Die erotische Rebellion. Das Leben der Franziska zu Reventlow* [Frankfurt/M. 1980], S. 90.)

68 Käthe Schirmacher, *Die moderne Frauenbewegung* (Leipzig 1909), S. 83.

69 Vgl. dazu R. Hinton Thomas, S. 86.

70 Carl Bleibtreu, *Geschichte der deutschen National-Literatur von Goethes Tod zur Gegenwart,* hg. von Georg Gellert, 2 Bde. (Berlin 1912), Bd. I, S. 158.

71 Grete Meisel-Heß, *Die Ehe als Erlebnis* (Halle 1919), S. 236 f.

72 Helene Lange und Gertrud Bäumer, *Handbuch der Frauenbewegung,* 5 Bde. (Berlin 1901–1906), Bd. I, S. 106.

73 Laura Marholm, »Der Erdboden des Talents«, in *Die freie Bühne,* 1, Nr. 7, 19. März 1890, S. 201–205. Zit. nach Krummel, Bd. I, S. 84.

74 Marilyn Scott-Jones, »Laura Marholm and the Question of the Female ›Nature‹«, in S. L. Cocalis und K. Goodman (Hg.), *Beyond the Eternal Feminine* (Stuttgart 1982), S. 203–223.

75 Ola Hansson, *Nietzsche, seine Persönlichkeit und sein System* (Leipzig 1910).

76 Vgl. Albert Soergel, *Dichtung und Dichter der Zeit* (Leipzig 1911), S. 620.

77 Laura Marholm, *Zur Psychologie der Frau*, 2 Bde. (Berlin, Bd. I: 1897; Bd. II: 1903), Bd. I, S. 305.

78 Dies., *Die Frauen in der socialen Bewegung* (Mainz 1900), S. 172.

79 Scott-Jones, S. 222 f.

80 Gabriele Reuter, *Vom Kinde zum Menschen: Die Geschichte meiner Jugend* (Berlin 1921), S. 451.

81 Gabriele Reuter, *Aus guter Familie* (Berlin 1897), S. 220.

82 Ebd., S. 309.

83 Richard Johnson, »Gabriele Reuter: Romantic and Realist«, in *Beyond the Eternal Feminine*, S. 225–244; das Zitat S. 243.

84 *Vom Kinde zum Menschen*, S. 458 ff.

85 Gabriele Reuter, »Die Erziehung zum Glück«, in *Nord und Süd*, 32, 1910, S. 45–67; das Zitat S. 55.

86 Dies., *Liselotte von Reckling* (Berlin 1903), S. 141.

87 Weitere Romane dieser Autorin: *Ellen von der Weiden* (1900), *Der Amerikaner* (1906) und *Das Tränenhaus* (1909).

ZU KAPITEL FÜNF

1 Vgl. Linda Alcoff, »Cultural Feminism versus Post-structuralism: the Identity Crisis in Theory«, in *Signs: Journal of Women in Culture and Society*, 13, Nr. 3, 1988, S. 405–436. Alcoff diskutiert die beiden Arten des Feminismus – Essentialismus und Nominalismus –, die sich nach dem Ende des liberalen Feminismus der siebziger Jahre herauskristallisiert haben. Im Essentialismus erblickt sie die Gefahr einer neuen Ghettobildung, im Nominalismus (d. h. in poststrukturalistischen Ansätzen) das Risiko, zu vergessen, daß auch Theoretikerinnen eine »fleischliche Identität« besitzen.

2 Vgl. Heide Schlüpmann, »Zur Frage der Nietzsche-Rezeption in der Frauenbewegung gestern und heute«, in *Nietzsche heute. Die Rezeption seines Werkes nach 1968*, hg. von Susan L. Cocalis und Sara Lennox (Bern und Stuttgart 1988), S. 177–193. Ähnlich wie Alcoff plädiert auch Schlüpmann dafür, daß der theoretische Feminismus zu jenem Praxistyp zurückkehren sollte, den frühe Frauenrechtlerinnen wie etwa Helene Stökker vertreten haben.

3 Helene Lange, »Feministische Gedankenanarchie« (1908) in *Kampfzeiten. Aufsätze und Reden aus vier Jahrzehnten*, 2 Bde. (Berlin 1928), Bd. II, S. 1–8.

4 Richard J. Evans, S. 226 f.

5 Ders., S. 26.

6 Ders., S. 41.

7 Dohm war Redakteur der Satirezeitschrift *Kladderatsch*. [*Anm. des Übers.*]

8 Hedwig Dohm, *Sibilla Dalmar* (Berlin 1896), S. 68: »Hatte sie wirklich nur die Wahl: zu heiraten oder Lehrerin zu werden, mit einem Gehalt, das nach Ablauf einiger Jahrzehnte die fabelhafte Summe von 2 000 Mark erreichen könnte, oder – Ella Ried?« Ella Ried ist Sibillas Kusine, eine alte Jungfer.

9 Hinton Thomas, S. 81.

10 Hedwig Dohm, *Werde, die Du bist!*, in *Wie Frauen werden/Werde, die Du bist! Zwei Novellen* (Breslau 1894).

11 Vgl. Hinton Thomas, S. 89. Hinton Thomas, der sich auch mit dieser Novelle befaßt, läßt in seiner Darstellung den Kern der Erzählung unberührt.

12 Hedwig Dohm, »Nietzsche und die Frauen«, in *Die Zukunft*, 24. Dezember 1898, S. 534–543.

13 Gay, Bd. I, S. 165.

14 *Werde, die Du bist!*, S. 203.

15 Ebd., S. 229.

16 Vgl. dazu Michaela Wiesner, »Leben in seinem Ursinn – Lou Andreas-Salomés Essays zur Erotik«, in *Blätter der Rilke-Gesellschaft*, 11/12, 1984/85, S. 39–41.

17 Hedwig Dohm, »Herrenrechte«, in *Die Zukunft*, 14, 1896, S. 508–512.

18 Dies., »Nietzsche und die Frauen«, a. a. O.

19 Ebd., S. 537.

20 Ebd., S. 540.

21 Ebd., S. 543.

22 Vgl. R. Hinton Thomas, S. 82.

23 Helene Lange, *Lebenserinnerungen* (Berlin 1921), S. 273.

24 R. Hinton Thomas, S. 81.

25 Vgl. Alfred G. Meyer, *The Feminism and Socialism of Lily Braun* (Bloomington 1985), S. 34. [Marianne Weber, die Gattin des Soziologen Max Weber, hat u. a. ein Standardwerk zur Rechtsgeschichte der Frau verfaßt: *Ehefrau und Mutter in der Rechtsentwicklung* (1907). *[Anm. des Übers.]*

26 Nach der Selbstauflösung des BDF und ihrer Entfernung aus allen öffentlichen Ämtern – sie war seit 1920 als Ministerialrätin im Innenministerium tätig –, arrangierte sich Bäumer mit dem NS-Regime, um die von Helene Lange gegründete Zeitschrift *Die Frau* weiter herausgeben zu können. Nach dem Krieg erhielt sie wegen ihrer Kollaboration von den Alliierten zunächst Publikationsverbot. *[Anm. des Übers.]*

27 Helene Lange, »Die Frauenbewegung und die moderne Ehekritik« (1909) in *Kampfzeiten*, Bd. I, S. 8–29.

28 »Feministische Gedankenanarchie«, S. 1.

29 Grete Meisel-Heß schrieb neben Romanen auch Bücher über Sexualität und Ehe, wie z. B. *Die sexuelle Krise* (1909), *Das Wesen der Geschlechtlichkeit* (1916) und *Die Bedeutung der Monogamie* (1917).

30 Vgl. Meyer, S. 23.

31 Vgl. ders., S. 16.

32 Ders., S. 34.

33 *Jugend*, 2. September 1899, Nr. 36.

34 Vgl. Meyer, S. 101.

35 Ebd.

36 Lily Braun, *Memoiren einer Sozialistin*, 2 Bde. (München, Bd. I: 1908, Bd. II: 1911); Bd. II, S. 653.

37 Vgl. Schlüpmann, S. 177.

38 Vgl. Evans, S. 117.

39 Tille wollte Darwinismus und Nietzscheanismus miteinander verbinden. Vgl. Paul Weindling, *Health, Race and German Politics. Between National Unification and Nazism 1870–1945* (Cambridge 1989), S. 254.

40 Helene Stöcker, »Die Liebe der Zukunft«, in *Deutsche Revolution*, hg. von H. H. Houben und E. Menke-Glückert, Bd. VII (Leipzig 1922), S. 3 ff. (= Kap. 1: »Liebe und Krieg«).

41 Weindling, S. 255.

42 Weeks, S. 43.

43 Vgl. Amy Hackett, »Helene Stöcker: Left-Wing Radical and Sex Reformer«, in *When Biology Became Destiny. Women in Weimar and Nazi Germany*, hg. von Renate Bridenthal, Atina Grossmann und Marion Kaplan (New York 1984), S. 109–130. Auf S. 119 schreibt sie: »In ihrem Interesse an der Eugenik wurde Stöcker von Nietzsche bestärkt. Seine Hoffnung auf den ›Übermenschen‹, seine Forderung, den Nachwuchs anhand qualitativer und nicht quantitativer Kriterien zu messen, und seine Vorstellung, daß die Wahl der Ehegattin durch den Wunsch nach einem gemeinsamen Kind bestimmt werden solle, waren sehr viel ehrgeiziger als der normale Sozialdarwinismus.«

44 Vgl. Evans, S. 134–136.

45 Stöcker wurde u. a. bezichtigt, Gelder der Institution veruntreut zu haben; an einer Kampagne zu ihrer Unterstützung beteiligte sich auch Grete Meisel-Heß.

46 Christl Wickert, *Helene Stöcker 1869–1943. Frauenrechtlerin, Sexualreformerin und Pazifistin. Eine Biographie* (Bonn 1991), S. 58.

47 Diese Behauptung gründet sich auf ein Konvolut von Briefen im Goethe-Schiller-Archiv, das bislang noch nicht gründlich gesichtet worden ist.

48 Helene Stöcker, »Nietzsche und die Frauen«, in *Täglicher Anzeiger für Berg und Mark*, 19. April 1903; die Ansprache war am Tag zuvor gehalten worden.

49 Vgl. Hoffmann, S. XIII.

50 Helene Stöcker, »Lou Andreas-Salomé zum 70. Geburtstag«, in *Berliner Tageblatt* vom 13. Februar 1931. dies., »Lou Andreas-Salomé zum 75. Geburtstag«, in *Der Bund*, Bern, 14. Februar 1936.

51 Helene Stöcker, »Neues zum Nietzsche-Problem«, in *Sonntagsblatt der Basler Nachrichten* vom 28. August 1938, S. 139 f.

52 Helene Stöcker, *Lieben oder Hassen?* (Melle b. Hannover 1915), S. 19. Sonderausgabe von *Die neue Generation*.

53 A. Fenner Brockway, in *Artikel und Reden zu Helene Langes 60. Geburtstag* (Berlin 1929 [13. Nov.]), S. 30.

54 Am 8. Mai 1929 druckte *La Tribuna* einen Glückwunschbrief Elisabeths an Mussolini anläßlich der Unterzeichnung der Lateranverträge. Oscar Levy reagierte darauf mit einem »Offenen Brief an Frau Elisabeth Förster-Nietzsche«, der in *Das Tagebuch*, 10, Nr. 21, vom 25. Mai 1929 erschien. Er konzediert, daß Mussolini viele seiner Ideen von Nietzsche übernommen habe, vertritt aber die Meinung, daß der Anlaß selbst – Mussolinis Aussöhnung mit der Katholischen Kirche – mit Nietzsche nun wirklich nichts zu tun habe. Kein treuer Schüler des Philosophen würde mit dem Christentum einen Pakt schließen, und darum, so Levy wörtlich: »Glückwunsch, wo Glückwunsch am Platze ist«.

55 Unveröffentlichter Brief an Elisabeth Förster-Nietzsche vom 28. Mai 1895 (GSA 72/114a).

56 »Friedrich Nietzsche und die Frauen«, in *Bühne und Welt*, 6, Nr. 20, 1904, S. 857–860; das Zitat S. 857.

57 Vgl. dazu Marielouise Janssen-Jurreits Aufsatz »Nationalbiologie, Sexualreform und Geburtenrückgang – über die Zusammenhänge von Bevölkerungspolitik und Frauenbewegung um die Jahrhundertwende«, in Gabriele Dietze (Hg.), *Die Überwindung der Sprachlosigkeit. Texte aus der neuen Frauenbewegung* (Darmstadt 1979), S. 139–175.

58 »Friedrich Nietzsche und die Frauen«, S. 860.

59 Vgl. meine Rezension von Paul Pattens Buch *Nietzsche, Feminism and Political Theory* (1994), in *Journal of Nietzsche Studies*, 8, Herbst 1994, S. 123–127.

60 Ich beziehe mich auf folgende Passage aus Derridas Essay *Sporen. Die Stile Nietzsches:* »Vielleicht ist sie [die Frau] als Nicht-Gestalt, *simulacrum*, der Abgrund der Distanz, ... die Distanz selbst.« In: Werner Hamacher (Hg.), *Nietzsche in Frankreich. Essays von Maurice Blanchot u. a.* (Frankfurt/M.-Berlin 1986), S. 129–168; das Zitat S. 135.

61 Vgl. Alcoff, S. 417, die diesen Punkt umfassender erörtert.

62 Vgl. dazu Carol Diethe, »Nietzsche's New Woman after a Century«, Vortrag auf der dritten Konferenz der Internationalen Gesellschaft zum Studium europäischer Ideen, Graz, 22.-26. August 1994. In *The European Legacy: Journal of the International Society for the Study of European Ideas*, Bd. 2, Ausg. 2, April 1997, S. 271–276.

Bibliographie

Adorno, Theodor W., *Minima Moralia. Reflexionen aus dem beschädigten Leben* (Frankfurt/M. 1951).

Alcoff, Linda, »Cultural Feminism versus Post-structuralism: the Identity Crisis in Theory«, in *Signs*, 13, Nr. 3, 1988, S. 505–436.

Andreas-Salomé, Lou, »Ein Apokalyptiker«, in *Das Magazin für Literatur*, 61, Nr. 47, 1892, S. 753–755, und Nr. 48, 1892, S. 777–779.

–, *Friedrich Nietzsche in seinen Werken.* Mit Anm. von Thomas Pfeiffer. Hg. von Ernst Pfeiffer (Frankfurt/M. und Leipzig 1994).

–, »Ketzereien gegen die moderne Frau«, in *Die Zukunft*, 7, Nr. 26, 1889, S. 237–240.

–, *Fenitschka. Eine Ausschweifung. Zwei Erzählungen* (Frankfurt/M. 1982).

–, »Der Mensch als Weib«, in *Die Erotik. Vier Aufsätze* (München 1979).

–, *Ma* (Stuttgart 1901).

–, *Lebensrückblick. Grundriß einiger Lebenserinnerungen* (Zürich und Wiesbaden 1951).

Aschheim, Steven, *The Nietzsche Legacy in Germany 1890-1990* (Berkeley, Los Angeles und Oxford 1986).

Ashton, Rosemary, *George Eliot* (Oxford und New York 1983).

Baeumler, Alfred, »Nietzsche und der Nationalsozialismus«, in *Nationalsozialistische Monatshefte*, 49, April 1934, S. 1–10.

Bashkirtseff, Marie, *Journal de Marie de Bashkirtseff*, 2 Bde. (Paris 1903).

Behler, Diana, »Nietzsche's View of Woman in Classical Greece«, in *Nietzsche-Studien*, 18, 1989, S. 359–376.

Behr, Shulamith, *Women Expressionists* (Oxford 1988).

Beiser, Katharina (Hg.), *Ebenso neu als kühn: 120 Jahre Frauenstudium an der Universität Zürich* (Zürich 1988).

Berg, Elizabeth, »Third Woman«, in *Diacritics*, 12, 1982, S. 11–20.

Berghoffen, Debra B., »On the Advantage and Disadvantage of Nietzsche for Women«, in *The Question of the Other. Essays in Continental Philosophy*, hg. von A. B. Dallery und C. E. Scott (New York 1989), S. 77–88.

Bernoulli, Carl Albrecht, *Franz Overbeck und Friedrich Nietzsche: eine Freundschaft*, 2 Bde. (Jena 1908).

Beyreuther, Erich von, »Die Erweckungsbewegung«, in *Die Kirche und ihre Geschichte*, Hg. von Kurt Dietrich und Ernst Wolf (Göttingen 1977), S. 4–8.

Binion, Rudolph, *Frau Lou. Nietzsche's Wayward Disciple* (Princeton 1968).

Bleibtreu, Carl, *Geschichte der deutschen National-Literatur von Goethes Tod zur Gegenwart*, Hg. von Georg Gellert, 2 Bde. (Berlin 1912).

Bohley, Reiner, »Nietzsches christliche Erziehung«, in *Nietzsche-Studien*, 18, 1989, S. 377–395.

Bradley, William S., *Emil Nolde and German Expressionism: A Prophet in his own Land* (Michigan 1986).

Brann, Henry Walter, *Nietzsche und die Frauen* (Bonn 1976).

Braun, Lily (s. a. Gizycki, Lily von), *Memoiren einer Sozialistin*, 2 Bde. (München 1908 [Bd. I], 1911 [Bd. II]).

Bridenthal, Renate; Grossman, Atina und Kaplan, Marion (Hg.), *When Biology Became Destiny. Women in Weimar and Nazi Germany* (New York 1984).

Brockway, A. Fenner, unbetitelter Beitrag in *Artikel und Reden zu Helene Langes 60. Geburtstag* (Berlin 1929), S. 30.

Burgard, Peter J., *Nietzsche and the Feminine* (Charlottesville und London 1994).

Chickering, Roger, »›Casting Their Gaze More Broadly‹: Women's Patriotic Activism in Imperial Germany«, in *Past and Present*, 118, Februar 1988, S. 156–185.

Cixous, Hélène und Clement, Catherine, *The Newly Born Woman* (Minneapolis 1986).

Cocalis, Susan L. und Goodman, Kay, *Beyond the Eternal Feminine. Critical Essays on Women and German Literature* (Stuttgart 1982).

Cocalis, Susan L. und Lennox, Sara, *Nietzsche heute. Die Rezeption seines Werkes nach 1968* (Bern und Stuttgart 1988).

Craig, Gordon A., *Deutsche Geschichte 1866–1945* (München 1993).

Derrida, Jacques, »Sporen. Die Stile Nietzsches«, in *Nietzsche aus Frankreich*, Hg. von Werner Hamacher (Frankfurt/M.-Berlin 1986), S. 129–168.

Diethe, Carol, *Aspects of Distorted Sexual Attitudes in German Expressionist Drama* (New York etc. 1988).

–, »Nietzsche and the Woman Question«, in *History of European Ideas*, 14, Nr. 2, 1992, S. 227–234.

–, »Lou Andreas-Salomé and Female Sexuality«, in *German Women Writers 1900–1933*, Hg. von Brian Keith-Smith (New York etc. 1993), S. 23–40.

–, »Bettina von Arnim and the »Ewig-Kindliche«, in *Women Writers of the Age of Goethe* (Lancaster University: Modern Languages Occasional Papers VI, 1994), S. 3–19.

–, »Nietzsche and the New Woman«, in *German Life and Letters*, 48, Nr. 4, Oktober 1995.

Dohm, Hedwig, *Plein Air* (Berlin 1891).

–, *Wie Frauen werden/Werde, die Du bist! Zwei Novellen* (Breslau 1894).

–, *Sibilla Dalmar* (Berlin 1896).

–, »Herrenrechte«, in *Die Zukunft*, 14, 1896, S. 508–512.

–, »Nietzsche und die Frauen«, in *Die Zukunft*, 24, Dezember 1898, S. 534–543.

–, »Reaktion in der Frauenbewegung«, in *Die Zukunft*, 18, November 1899, S. 279–291.

Druskowitz, Helene von, *Zur neuen Lehre. Betrachtungen* (Heidelberg 1888).

–, *Eugen Dühring. Eine Studie zu seiner Würdigung* (Heidelberg 1889).

–, *International* (Wien 1890).

Eichner, Johannes, *Kandinsky und Gabriele Münter: Vom Ursprunge moderner Kunst* (München 1954).

Evans, Richard J., *The Feminist Movement in Germany 1894–1933* (London und Beverly Hills 1976).

–, »Prostitution, State and Society in Imperial Germany«, in *Past and Present*, 70, Februar 1976; S. 106–129.

Fäthke, Bernd, *Marianne Werefkin. Leben und Werk 1860–1938* (München 1988).

Favrat, Jean, *La Pensée de Paul Lagarde* (Paris 1979).

Förster-Nietzsche, Elisabeth, *Das Leben Friedrich Nietzsches.* 3 Bde. (Leipzig 1895 [Bd. I], 1897 [Bd. II, 1], 1904 [Bd. II, 2]).

–, *Friedrich Nietzsche und die Frauen seiner Zeit* (München 1935).

Franzoni, Barbara, »Work Options and Women's Choices«, in *German Women in the Nineteenth Century. A Social History*, Hg. von John C. Fout (New York und London 1984), S. 257–269.

Freud, Sigmund, »Über Psychoanalyse« (1910), in ders., *Gesammelte Werke*, Bd. VIII, S. 1–60.

Fritz, Helmut, *Die erotische Rebellion. Das Leben der Franziska zu Reventlow* (Frankfurt/M. 1980).

Frost, Laura, *Die Persönlichkeit Friedrich Nietzsches* (Königsberg 1906).

Gallwitz, Sophie (Hg.), *Paula Modersohn. Briefe und Tagebuchblätter* (Berlin 1949).

216 *Bibliographie*

Gay, Peter, *The Bourgeois Experience. Victoria to Freud,* 2 Bde. (New York und Oxford 1984 [Bd. I], 1986 [Bd. II]).

Gilman, Sander L., *Begegnungen mit Nietzsche* (Bonn 1985).

Gittings, Robert und Manton, Jo, *Dorothy Wordsworth* (Oxford 1985).

Goch, Klaus, *Nietzsche über die Frauen* (Frankfurt/M. und Leipzig 1992).

Gizycki, Lily von (s. a. Braun, Lily), *Die neue Frau in der Dichtung* (Stuttgart 1896).

Hackett, Amy, »Helene Stöcker: Left-Wing Radical and Sex Reformer«, in Bridenthal, Renate u. a., *When Biology Became Destiny,* S. 109–130.

Haeberle, Erwin, *Anfänge der Sexualwissenschaft. Historische Dokumente* (Berlin und New York 1983).

Hahl-Koch, Jelena, *Marianne Werefkin und der russische Symbolismus. Studien zur Ästhetik und Kunsttheorie* (München 1967).

Hayman, Ronald, *Nietzsche: A Critical Life* (New York 1980).

Hecht, Marie, »Friedrich Nietzsches Einfluß auf die Frauen«, in *Die Frau,* 6, Nr. 8, 1898/99, S. 586–591.

Hillebrand, Bruno, *Nietzsche und die deutsche Literatur,* 2 Bde. (München 1978).

Hoetger, Bernhard, »Erinnerungen an Paula Modersohn-Becker«, in *Paula Modersohn-Becker,* Hg. von C. E. Uphoff (Leipzig 1920).

Hoffmann, David Marc, *Zur Geschichte des Nietzsche-Archivs* (Berlin und New York 1991).

Hollingdale, R. J., *Nietzsche* (London, Boston und Henley 1985).

Irigaray, Luce, *Marine Lover of Friedrich Nietzsche* (New York 1991).

Janssen-Jurreit, Marielouise, »Nationalbiologie, Sexualreform und Geburtenrückgang – über die Zusammenhänge von Bevölkerungspolitik und Frauenbewegung um die Jahrhundertwende«, in *Die Überwindung der Sprachlosigkeit. Texte aus der neuen Frauenbewegung,* Hg. von Gabriele Dietz (Darmstadt 1979), S. 139–175.

Janz, Curt Paul, *Friedrich Nietzsche. Biographie,* 3 Bde. (München und Wien 1978 [Bd. I u. II], 1979 [Bd. III]).

Jeffreys, Sheila, *The Sexuality Debates* (New York und London 1987).

Johnson, Richard, »Gabriele Reuter: Romantic and Realist«, in Cocalis, S. L. und Goodman, K., *Beyond the Eternal Feminine,* S. 225–244.

Kandinsky, Wassily, *Über das Geistige in der Kunst, insbesondere in der Malerei* (München 1912).

Kecht, Marina-Regina, »›In the Name of Obedience, Reason and Fear‹: Mother-Daughter Relations in W. A. Mitgutsch and E. Jelinek«, in *German Quarterly,* Nr. 62, Sommer 1969, S. 355–372.

Kjaer, Jørgen, *Friedrich Nietzsche. Die Zerstörung der Humanität durch Mutterliebe* (Opladen 1990).

Kleine, Gabriele, *Gabriele Münter und Wassily Kandinsky. Biographie eines Paares* (Frankfurt/M. 1990).

Koepcke, Cornelia, *Lou Andreas-Salomé* (Frankfurt/M. 1986).

Köhler, Joachim, *Zarathustras Geheimnis. Friedrich Nietzsche und seine verschlüsselte Botschaft* (Nördlingen 1989).

Krafft-Ebing, Richard von, *Psychopathia Sexualis* (New York 1950).

Krell, David Farrell, *Postponements: Women, Sensuality and Death in Nietzsche* (Bloomington 1986).

Krull, Edith, *Kunst von Frauen. Das Berufsbild der bildenden Künstlerinnen in vier Jahrhunderten* (Frankfurt/M. 1984).

Krummel, Richard Frank, *Nietzsche und der deutsche Geist,* 2 Bde. (Berlin und New York 1974 [Bd. I], 1983 [Bd. II]; 2., verb. und erg. Auflage in 3 Bänden 1998).

Lagarde, Paul de, *Mitteilungen* (Göttingen 1884–1891).

Lahnstein, Peter, *Münter* (Neuberg 1971).

Lange, Helene und Bäumer, Gertrud, *Handbuch der Frauenbewegung,* 5 Bde. (Berlin 1901–1906).

Lange, Helene, *Der vierte Weg zur Universität* (Berlin 1909).

–, *Lebenserinnerungen* (Berlin 1921).

–, *Kampfzeiten. Aufsätze und Reden aus vier Jahrzehnten,* 2 Bde. (Berlin 1928).

Langbehn, Julius, *Rembrandt als Erzieher* (Leipzig 1890).

Lattek, Christine, »Im englischen Exil 1852–59«, in *Malwida von Meysenbug. Ein Porträt*, Hg. von Günther Tietz (Frankfurt/M., Berlin und Wien 1985), S. 71–110.

Levy, Oscar, »Offener Brief an Frau Elisabeth Förster-Nietzsche«, in *Das Tagebuch*, 10, Nr. 21, 1929, S. 858–860.

Livingstone, Angela, *Lou Andreas-Salomé* (London 1984).

Lloyd, Genevieve, *The Man of Reason. »Male« and »Female« in Western Philosophy* (London 1984).

Lloyd, Jill, *German Expressionism: Primitivism and Modernity* (Newhaven und London 1991).

Macintyre, Ben, *Forgotten Fatherland. The Search for Elizabeth Nietzsche* (London 1992).

Marholm, Laura, *Das Buch der Frauen* (Paris und Leipzig 1895).

–, *Zur Psychologie der Frau*, 2 Bde. (Berlin 1897 [Bd. I], 1901 [Bd. II]).

–, *Die Frauen in der socialen Bewegung* (Mainz 1900).

–, »Der Erdboden des Talents«, in *Die freie Bühne*, 1, Nr. 7, März 1919, S. 201–205.

Martin, Biddy, *The (Life)Styles of Lou Andreas-Salomé* (Ithaca und London 1991).

Meisel-Heß, Grete, *Die Ehe als Erlebnis* (Halle 1919).

Metz, Peter, »Im Räderwerk der Justiz. Eine tragische Episode im Leben der Dichterin Meta von Salis-Marschlins«, in *Bündner Jahrbuch*, Nr. 23, 1981, S. 46–59.

Meyer, Alfred G., *The Feminism and Socialism of Lily Braun* (Bloomington 1985).

Meysenbug, Malwida von, *Individualitäten* (Berlin und Leipzig 1901).

–, *Memoiren einer Idealistin* (Berlin und Leipzig 1905).

Mochon, Anne, *Gabriele Münter: Between Munich and Murnau* (Cambridge, Mass. 1980).

Montinari, Mazzino, »Nietzsche and Wagner One Hundred Years Ago: 1980 Addendum«, in *Nietzsche in Italy*, Hg. von Thomas Harrison (Saratoga, Ca. 1988).

Nye, Andrea, *Feminist Theory and the Philosophies of Man* (New York und London 1989).

Oehler, Adalbert, *Nietzsches Mutter* (München 1941).

Pannwitz, Rudolf, *Einführung in Nietzsche* (München 1920).

Patten, Paul, *Nietzsche, Feminism and Political Theory* (London 1993).

Patzer, Andreas (Hg.), *Franz Overbeck – Erwin Rohde. Briefwechsel* (Berlin und New York 1990).

Pauli, Gustav, *Paula Modersohn-Becker* (Leipzig 1919).

Pecht, Friedrich, »Über Berliner Damenmalerei«, in *Die Kunst für alle*, 6, Nr. 4, 15. Nov. 1890, S. 49–52.

Pernet, Martin, *Das Christentum im Leben des jungen Nietzsche* (Wiesbaden 1989).

Perry, Gillian, *Paula Modersohn-Becker. Her Life and Work* (New York etc. 1979).

Peters, H. F., *Zarathustras Schwester. Fritz und Lieschen Nietzsche – ein deutsches Trauerspiel* (München 1983).

Pfeiffer, Ernst, *Friedrich Nietzsche, Paul Rée, Lou von Salomé. Die Dokumente ihrer Begegnung* (Frankfurt/M. 1970).

Pieper, Annemarie, *»Ein Seil geknüpft zwischen Tier und Übermensch«. Philosophische Erläuterungen zu Nietzsches erstem Zarathustra* (Stuttgart 1990).

Pletsch, Carl, *Young Nietzsche. Becoming a Genius* (New York etc. 1981).

Podach, Erich F., *Gestalten um Nietzsche* (Weimar 1932).

–, *Friedrich Nietzsche und Lou Salomé. Ihre Begegnung 1882* (Zürich und Leipzig 1938).

–, *Ein Blick in die Notizbücher Nietzsches: Ewige Wiederkunft, Wille zur Macht, Ariadne* (Heidelberg 1963).

Pomeroy, Sarah, *Goddesses, Whores, Wives and Slaves. Women in Classical Antiquity* (New York 1975).

Ragland-Sullivan, Ellie, und Bracher, Mark (Hg.), *Lacan and the Subject of Language* (London und New York 1991).

Radycki, J. Diane, *The Letters and Journals of Paula Modersohn-Becker* (Matuchen, New Jersey und London 1980).

Reuter, Gabriele, *Aus guter Familie* (Berlin 1895).

–, *Liselotte von Reckling* (Berlin 1903).

–, »Die Erziehung zum Glück«, in *Nord und Süd*, 32, 1910, S. 45–67.

–, *Vom Kinde zum Menschen. Die Geschichte meiner Jugend* (Berlin 1921).

Reventlow, Franziska zu, *Ellen Olestjerne. Eine Lebensgeschichte* (München 1903).

–, *Tagebücher 1895–1910* (München und Wien 1971).

–, »Viragines oder Hetären«, in *Zürcher Diskussionen*, 2, Nr. 22, 1899.

–, *Herrn Dames Aufzeichnungen oder Begebenheiten aus einem merkwürdigen Stadtteil* (München 1969).

Ringbom, Sixten, *The Sounding Cosmos. A Study in the Spiritualization of Kandinsky and the Genesis of Abstract Painting* (Åbo 1970).

Rosenberg, Arthur, *Der Mythus des 20. Jahrhunderts* (München 1930).

Rousseau, Jean-Jacques, *Bekenntnisse* (Frankfurt/M. und Leipzig 1983).

–, *Emil oder Über die Erziehung* (Paderborn u. a. 1981).

Ruprecht, Erich und Bansch, Dieter, *Literarische Manifeste der Jahrhundertwende 1890–1910* (Stuttgart 1970).

Sagarra, Eda, *An Introduction to Nineteenth Century Germany* (London 1980).

Salis-Marschlins, Meta von, *Die Schutzengel,* 2 Bde. (München 1889 [Bd. I], 1891 [Bd. II]).

–, *Philosoph und Edelmensch. Ein Beitrag zur Charakteristik Friedrich Nietzsches* (Leipzig 1897).

–, »The Position of Women in Europe« und *Aus meinem Leben*, in Doris Stump (Hg.), *Die unerwünschte Weiblichkeit* (Zürich 1988).

–, *Auserwählte Frauen unserer Zeit* (Marschlins, Graubünden 1900).

–, *Gemma* (Marschlins, Graubünden 1918).

–, *Die Zukunft der Frau* (München 1886).

Salomé, Lou, s. u. Andreas-Salomé, Lou.

Scheffler, Karl, *Die Frau und die Kunst* (Berlin 1908).

–, »Neue Bücher«, in *Kunst und Künstler*, 19, 1921, S. 331 f.

Schirmacher, Käthe, *Die moderne Frauenbewegung* (Leipzig 1909).

Schirnhofer, Resa von, »Vom Menschen Nietzsche«, Hg. von Hans Lohberger, in *Zeitschrift für philosophische Forschung,* 22, 1969, S. 250–260.

Schleicher, Berta, *Meta von Salis-Marschlins* (Berlin 1932).

–, *Briefe von und an Malwida von Meysenbug* (Berlin 1920).

Schlüpmann, Heide, »Zur Frage der Nietzsche-Rezeption in der Frauenbewegung gestern und heute«, in Cocalis, S. L. und Lennox, S., *Nietzsche heute*, S. 177–193.

Schmidt, Hermann Josef, *Nietzsche Absconditus...*, 2 Bde. (Berlin-Aschaffenburg 1991 [Bd. I], 1993 [Bd. II]).

–, »›Du gehst zu Frauen?‹ – Zarathustras Peitsche – ein Schlüssel zu Nietzsche oder einhundert Jahre lang Lärm um nichts?«, in *Nietzscheforschung. Eine Jahresschrift* Hg. von H. M. Gerlach, R. Eichberg und H.-J. Schmidt (Berlin 1994).

Schreiber, Adèle, *Mutterschaft* (München 1912).

Schürer, Oscar, »Das Werk der Paula Modersohn-Becker«, in *Der Cicerone*, 15, 1923, S. 813–826.

Schutte, Ofelia, *Beyond Nihilism: Nietzsche Without Masks* (Chicago 1984).

Schwarz, Joel, *The Sexual Politics of Jean-Jacques Rousseau* (Chicago und London 1984).

Scott-Jones, Marilyn, »Laura Marholm and the Question of the Female ›Nature‹«, in Cocalis, S. L. und Goodman, K., *Beyond the Eternal Feminine,* S. 203–223.

Shaw, George Bernard, *Mensch und Übermensch*

Soergel, Albert, *Dichtung und Dichter der Zeit* (Leipzig 1911).

Solowjew, Wladimir, *Kurze Erzählung vom Antichrist* (München 1986).

Spengler, Oswald, *Der Untergang des Abendlandes* (München 1918).

Stöcker, Helene, »Nietzsche und die Frauen«, in *Täglicher Anzeiger für Berg und Mark,* 19. April 1903.

–, »Friedrich Nietzsche und die Frauen«, in *Bühne und Welt,* 6, Nr. 20, 1904, S. 857–860.

–, *Die Liebe und die Frauen* (Minden i. Westf. 1906).

–, *Lieben oder hassen?* (Melle b. Hann. 1915).

–, *Die Liebe* (München 1922).

–, *Die Liebe der Zukunft,* in *Deutsche Revolution. Eine Sammlung zeitgemäßer Schriften,* Hg. von H. H. Houben und E. Mencke-Glückert (Leipzig 1922).

–, »Neues zum Nietzsche-Problem«, in *Sonntagsblatt der Basler Nachrichten,* 28. Aug. 1938, S. 139 f.

Stump, Doris, *Sie töten uns – nicht unsere Ideen* (Zürich 1986).

–, (Hg.), *Die unerwünschte Weiblichkeit* (Zürich 1988).

Stunt, Timothy, »Geneva and British Intellectuals in the Early Nineteenth Century«, in *Journal of Ecclesiastical History,* 32, I, 1981, S. 39–46.

Szekely, Johannes, *Franziska Gräfin zu Reventlow. Leben und Werk* (Bonn 1971).

Thomas, R. Hinton, *Nietzsche in German Politics and Society* (Manchester 1983).

Treiber, Hubert, »Paul Rée – ein Freund Nietzsches«, in *Bündner Jahrbuch,* Nr. 29, Dez. 1986, S. 35–59.–,

–, »Gruppenbild mit einer Dame«, in *Forum,* 35, Jan.-Feb. 1988, S. 40–54. Volz, Daniele Pia, *Nietzsche im Labyrinth seiner Krankheit. Eine medizinische Untersuchung* (Würzburg 1990).

Weber, Mathilde, *Ein Besuch bei den Studierenden der Medizin. Ein Beitrag zur Klärung der Frage des Frauenstudiums* (Stuttgart 1888).

Weeks, Jeffrey, *Sex, Politics and Society. The Regulation of Sexuality since 1800* (London und New York 1982).

Werefkin, Marianne, *Briefe an einen Unbekannten 1901–1905,* Hg. von Clemens Weiler (Köln 1960).

Weindling, Paul, *Health, Race and German Politics Between National Unification and Nazism 1870–1945* (Cambridge 1989).

Weininger, Otto, *Geschlecht und Charakter* (Wien 1903).

Wickert, Christl, *Helene Stöcker 1869–1943. Frauenrechtlerin, Sexualreformerin und Pazifistin. Eine Biographie* (Bonn 1991).

Wiesener, Michaela, »Leben in seinem Ursinn – Lou Andreas-Salomés Essays zur Erotik«, in *Blätter der Rilke-Gesellschaft,* 11/12, 1984–85, S. 39–41.

Wollstonecraft, Mary, *Vindication of the Rights of Woman* (Harmondsworth 1982).

Wolzogen, Ernst von, *Das dritte Geschlecht* (Berlin 1899).

Woycke, James, *Birth Control in Germany 1871–1933* (London und New York 1988).

Personenregister

Danksagung

Danken möchte ich der British Academy für ihr Forschungs-stipendium, das mir den Besuch des Goethe-Schiller-Archivs in Weimar ermöglichte, sowie der Robert Gore Rifkind Foundation, Los Angeles für eine Gastdozentur, die mich in die Lage versetzte, das im Los Angeles County Museum of Art befindliche Robert Gore Rifkind Centre for German Expressionism zu besichtigen. Vor allem in bezug auf die Illustrationen im zweiten Teil des Buchs bin ich dem Institute for Germanic Studies in London für tatkräftige Hilfe dankbar.